U0869608

贵州省社会科学院甲秀文库·创新工程系列

离婚

巨变时代乡村社会之殇

陈讯 著

人民东方出版传媒
東方出版社

贵州省社会科学院甲秀文库
编辑委员会

主　任：吴大华　张学立

副主任：唐显良　郑云跃　黄　勇

成　员：许　峰　戈　弋　刘　岚

出版说明

近年来，贵州省社会科学院坚持“出学术精品、创知名智库”的高质量发展理念，资助出版了一批高质量的学术著作，在院内外产生了良好反响，提高了贵州省社会科学院的知名度和美誉度。经过几年的探索，现着力打造“甲秀文库”和“博士/博士后文库”两大品牌。

甲秀文库，得名于贵州省社会科学院坐落于甲秀楼旁。该文库主要收录院内科研工作者和战略合作单位的高质量成果，以及院举办的高端会议论文集等，分为创新工程系列、高端智库系列、院省合作系列等。每年根据成果质量数量和经费情况，全额资助若干种著作出版。

在中国共产党成立100周年之际，我们定下这样的目标：再用10年左右的功夫，将甲秀文库打造为在省内外、在全国社科院系统具有较大知名度的学术品牌。

贵州省社会科学院

2021年1月

序 言

2009 年，我在《中国村治模式实证研究丛书》总序中提出了中国农村“三变”的话题。2000 年以来，中国农村发生了巨变，包括治理之变、基础结构之变和价值之变。彼时，华中村治研究团队已经从乡村治理研究进入到乡村治理的社会基础研究阶段，对农村社会结构和农民价值的变迁进行了较多的经验观察和理论探索。

2010 年，陈讯考取了我的博士。按照我们团队的训练方法，陈讯在较短的时间内完成了“经典 + 经验”的训练。在博士训练期间，陈讯开展了广泛的农村调查，阅读了大量文献，最后选择了农村婚姻问题作为博士论文方向。2013 年博士毕业后，陈讯继续深耕农村婚姻问题研究，并有了《离婚：巨变时代乡村社会之殇》这一本新书。

我想，正因为当时我们整个团队都在力图理解中国农村的巨变，而婚姻问题又恰恰聚合了农村的基础结构和农民价值变迁，陈讯在调查和研究过程中便很自然地选择了婚姻研究。客观上，今天的中国社会，仍处于巨变过程之中。仅仅以农村离婚现象为例，近些年也发生了巨大的变化。这也是陈讯深耕于此，并能够写出新意的前提。

这部著作，是陈讯跨区域调查研究的结果。如同这本书所揭示的，无论是东部沿海发达地区，还是中西部欠发达地区，农村离婚率都在快速增长。诚然，农村离婚率大幅上升，受很多复杂的制度因素影响，但这本书从城乡关系的视角来解释离婚现象，具有启发性。当前，全国统一的劳动力市场和婚姻市场已经形成，这构成了离婚现象的背景，甚至是直接的影响因素。那些建立在传统婚姻圈，以及地方习俗、规范和价值基础上的婚姻关系模式，已经逐渐解体了。婚姻家庭的缔结、维系和解体，均与家庭内部的城乡二元结构有关。

具体说来，农村离婚的社会基础，包括人口流动、家庭离散、婚制改革和舆论式微，均是城乡互动的结果。乃至于，农村离婚的具体机制，如工具化、祛魅化和个体化，亦是以城乡互动为前提的。

过去，我们很容易将农村婚姻家庭等领域出现的问题，归结为外部冲击。在具体的城乡关系视角中，乡村总是被动的，而城市是主动的，乡村问题必然是城市带来的。但这本书并未将离婚现象简单地视作现代化、城市化的结果，而是深入到经验层面，揭示出农村离婚现象是内因和外因交互作用的结果。这一发现，不仅在农村离婚现象上具有解释意义，在其他乡村问题的解释上，也颇具启发性。

这些年来，在工作繁忙、家庭牵绊较多的情况下，陈讯克服各种困难，创造机会参加我们研究团队的集体调查。这些调查，都是以驻村为主，也没有专门的主题，并不一定能直接转化为学术产品，纯粹是“做无用功”的经验训练。但他仍然坚守学术初心，持续努力。这本书是他努力的成果，也是其初心的见证。

是为序。

贺雪峰

2021 年 1 月 25 日

目　录

绪论　巨变时代的农村婚姻：稳定性嬗变

中华人民共和国成立以来，在大力推进工业化的过程中，为了保护重工业的优先发展，尽快把我国建设成为工业化国家，实现国家的赶超战略，我国建立了一套高度集中的计划经济体制，通过一系列二元的政策措施和制度安排，形成了城乡严格分离的社会结构。[①] 这一社会结构的设置，一方面，有效地防止了农村人口流向城镇，尤其是户籍制度的推行把农村人口局限在农村从事农业生产，以促进农业的发展和农村的繁荣；另一方面，中华人民共和国成立初期在发展重工业过程中，未能创造很多的就业机会，加上当时我国的物质生产极其有限，各种资源短缺，还不能满足全国人民的生活需要。用建立城乡二元结构的方式，将一部分人安排在农村，用自己的劳动创造物质资料，这样既能养活农村人口，又能填补城市工业发展和城市人口对物质资料的需求，从而实现我国工业化战略目标。[②] 然而，也正是计划经济体制的这一功能，造就了我国工业和农业二元结构的独特发展路径，即工

① 陈瑞莲、李学：《城乡二元结构理论与国内现实》，《天津行政学院学报》2004年第4期。

② 李奋生、梁舒禹：《城乡二元结构对农民工的影响及对策探析》，《特区经济》2007年第11期。

业和农业二元结构迅速形成并呈不可逆转之势，由此形成了城乡二元社会结构。[①]家庭是社会的细胞，婚姻是建立家庭的基础，受城乡二元社会结构的影响，城乡人口流动规模小，农村的通婚圈被束缚在一个相对狭小的范围，通常以地域为基础，以生产生活为功能性需要，在熟人社会中通婚并组建家庭，从而维持农村家庭生产和人口再生产。随着社会主义改造的基本完成以及社会主义制度的建立，旧社会的婚姻陋习在农村被全面、彻底消除，“婚姻自由”“男女平等”的观念深入人心，一夫一妻制得以全面实现。受国家行政权力全面渗透的影响，维系农村婚姻稳定的纽带得到了相应的巩固。一方面，基层政府全面贯彻《婚姻法》[②]并建立相应的婚姻调解制度，有效防止了农村婚姻乱象；另一方面，农村社会中的婚姻内生性规范有效地遏制了婚姻破裂现象，“夫唱妇随”“男主外女主内”的家庭生产生活模式得以延续。因此，农村婚姻关系维持在一个相对封闭和稳定的状态，离婚率处于一个相对稳定的水平。

改革开放以来，我国经济迅速腾飞，但也造成了我国经济社会发展出现区域不平衡和城乡不平衡的现象。[③]一方面，东部沿海发达地区与中西部地区的经济发展差距拉大，导致了经济社会

① 潘九根等：《我国城乡二元结构的形成路径分析》，《求实》2006年第12期。

② 编注：2020年5月28日，十三届全国人大三次会议表决通过了《中华人民共和国民法典》，它又被称为新时代人民权利宣言书、社会生活百科全书，这部法律自2021年1月1日起施行。《婚姻法》同时废止，取而代之的是民法典中的婚姻家庭编。《民法典》实施的效果不属于本书的考察范围。

③ 许宪春等：《中国平衡发展状况及对策研究——基于“清华大学中国平衡发展指数”的综合分析》，《管理世界》2019年第5期。

发展的不平衡现象日益明显；另一方面，城乡经济社会发展差距拉大，导致了城乡之间发展不同步和不平衡现象，加剧了城乡二元社会结构矛盾。显然，我国城乡经济社会发展不平衡的现象表现在经济社会的各领域。首先，改革开放初期，随着乡镇企业的兴起，我国城镇第二、第三产业得到了快速发展，并带动了城镇非农就业。但是，对于农村来说，第一产业的发展相对滞后，尤其农村家庭的货币化收入相对于城镇家庭来说低很多，城乡之间的产业差异及各种制度性障碍使得非农化与城镇化进程脱节，农村居民越来越不适应城镇非农产业发展的需要，农村第一产业生产效率难以得到提高，进一步拉大了城乡收入差距。[①]其次，在改革开放进程中，虽然农村剩余劳动力获得了进城务工的机会，增加了农村家庭的货币化收入，但受户籍制度的影响，大多数进城打工的农民工只能达到养家糊口的水平，很难形成家庭经济积累，即大多数农村家庭收入只能满足家庭日常开支，客观上导致了城乡家庭经济水平差距拉大。[②]此外，随着经济社会的快速发展，城乡之间的人均收入、教育、医疗、交通及基础设施的差距也越拉越大。同时，农村家庭经济出现了分化，社会结构出现了分层，沿海地区与中西部地区、城镇与农村的收入差距日益拉大，导致地区之间和城乡之间差异性进一步扩大。

从农村经济社会发展的内生动力机制考察看，改革开放以来，

---

① 刘玉光等：《金融发展与中国城乡收入差距形成——基于分省面板数据的实证检验》，《南开经济研究》2013 年第 5 期。

② 卢向虎、张正河：《我国城乡差距形成和扩大的原因到底是什么？》，《调查世界》2005 年第 3 期。

随着农村分田到户政策的实施，农村生产力和生产关系得到了解放，农村不再以土地为单一的生产资料来发展传统农业经济，农村家庭生产方式发生了较大转变，尤其是家庭经济收入来源向多元化发展。一方面，受分田到户的影响，农村的生产力和生产关系得到了空前解放，农民的生产积极性提高，家庭经济收入来源向多元化发展。另一方面，以户籍制为基本特征的城乡二元结构开始松动，农村青壮年富余劳动力可以到城镇务工或经商，获取货币化收益，改善家庭的物质生活。[①]具体来说，改革开放和分田到户政策以及城乡二元结构的形成为农民提供了城乡流动的机会，即农民可以进城，也可以返乡，由此形成了城乡双向流动。农民有了非农就业的机会，农村剩余劳动力涌向城市进行非农就业，农村家庭逐步形成了半工半耕模式。据统计，1985—1990年，从农村迁出的总人数只有约335万，而同期乡镇企业新吸纳的农村劳动力已高达2286万人，乡镇企业仍是农民在职业上“农转非”的主渠道。[②]20世纪90年代中期是农民工流动方式的转折时期，外出打工的农民工逐步超过了乡镇企业吸纳的农民工，成为农村劳动力转移的主渠道。[③]国家卫生健康委员会发布的《中国流动人口发展报告2018》数据资料显示，2017年我国流动人口为2.44亿，其中外出农民工达1.72亿人。由此可见，随着打工潮的

① 王思斌：《“转型与发展：中国社会建设四十年笔谈”——改革开放以来我国社会政策的发展及其社会建设意涵》，《社会》2018年第6期。

② 李培林：《农民工流动的社会网络和社会地位》，《社会学研究》1996年第4期。

③ 李培林：《“转型与发展：中国社会建设四十年笔谈”——中国改革开放40年农民工流动的治理经验》，《社会》2018年第6期。

形成和农民非农化就业程度的提高，农民不再受土地束缚，农村家庭可以根据家庭内部分工整合家庭劳动力资源，实行“半耕半工”的家庭经济发展模式，其家计模式发生了较大的改变。①

打工潮形成以来，随着农村剩余劳动力纷纷进城打工，我国农村广大农民的家庭经营模式发生了根本性变化，农民家庭从传统的以土地为主要生产要素的单一性经营方式向“半耕半工”的双重性家庭经营模式转变。在市场化和现代性的渗透下，农民家庭生活成本逐渐提高，维持农民家庭简单的生产与消费平衡的传统农业经营模式受到了强烈冲击，农民生活被卷入到了市场消费之中，其消费欲望、面子竞争、人际关系维系等货币化程度逐步提高。为了应对家庭市场化高额的生活成本，对于广大农村家庭来说，仅依赖传统农业经济难以维持家庭再生产，农民为了减轻家庭经济负担和增加家庭财产收入，不得不充分利用家庭剩余劳动力在市场经济中积累家庭财富，这就逐步形成了农村家庭较为普遍的代际分工和夫妻城乡分工的家计模式，而这种家计模式也逐步成为农村家庭整合资源和优化劳动力的理想选择。因此，在农民不再被土地束缚的背景下，改革开放为农民流出村庄提供了制度条件，农民家庭随之出现了子代外出务工从事非农行业，父代留守农村从事传统农业经济的现象，即产生了家庭留守人员从事传统农业的收入与外出务工家庭人员的工资性收入。显然，农村家庭实行城乡分工和代际分工是基于生存理性考量的，为应对

① 王德福：《弹性城市化与接力式进城——理解中国特色城市化模式及其社会机制的一个视角》，《社会科学》2017 年第 3 期。

市场经济和现代性因素的渗透，大多数农村家庭不得不采取代际分工和城乡分工的模式，年老的父代在家务农带孩子，年轻的子代进城打工，形成了家庭经济发展中的拆分式发展经营模式。同时，为了节省在城市较高的生活成本、减轻家庭经济压力，或为家庭不断积累财富并参与村庄中的社会性竞争，农民工通常让妻子留守农村赡养老人和抚养孩子，这种分离式外出务工模式使农村家庭处于一种“半流动家庭”的状态，在农村家庭中夫妻城乡分工模式日益形成，① 客观上对婚姻家庭带来了较大的影响。

我国由计划经济向市场经济转型，由传统社会向现代社会转变，不断加速了社会分化和社会结构的变迁，农村社会呈加剧分化之势。②尤其是在现代化进程中，一方面，市场经济体制建立以来，人们的时间观念、效率观念、流动意识、竞争意识、公平观念甚至全球意识愈加彰显；另一方面，人们的理想主义精神日益消失，价值观变得越来越多元，生活世界的世俗化和功利化倾向日益明显，人的价值观和社会心态开始呈现鲜明的边际性。③一是受农村青壮年劳动力外流的影响，传统的通婚圈逐步瓦解，跨省跨地区通婚日益形成，农村的青年女性资源流失越来越严重，尤其是全国婚姻市场的形成，加剧了农村男性青年在婚姻市场上的竞争，从而推动了农村婚配资源的结构性变化，对农村婚姻的稳

① 夏柱智、贺雪峰：《“半工半耕”与中国渐进城市化模式》，《中国社会科学》2017年第12期。
② 李强：《“转型与发展：中国社会建设四十年笔谈”——改革开放40年中国社会分层结构之变迁》，《社会》2018年第6期。
③ 周晓红：《“转型与发展：中国社会建设四十年笔谈”——培育与大变迁时代相适应的社会心态》，《社会》2018年第6期。

定性造成了较大的影响。二是作为最基本的社会组织或细胞，家庭从未完全独立于社会变迁，尤其是家庭的结构和功能、夫妻关系和婚姻价值取向等。因此，在转型背景下，我国的家庭规模变小、代数变少，家庭关系既亲密又疏离，部分家庭功能社会化，婚姻家庭观念不断变迁。[①]

显然，改革开放以来，随着国家体制转型、经济转轨、社会转型加快、人口城乡流动加速，农村社会基础发生了巨大变化，传统的婚俗婚恋和婚姻观以及婚姻价值发生了较大的变迁，对婚姻的稳定性带来了全方位冲击。[②]当前，我国城乡均出现了越来越严重的离婚潮，婚姻的不稳定性日益凸显。民政部发布的《中国民政统计年鉴》数据显示，1978 年我国的离婚总数为 28.5 万对，1988 年我国的离婚总数为 65.5 万对，1998 年我国的离婚总数为 119.2 万对，2008 年我国的离婚总数为 226.9 万对，2019 年我国的离婚总数为 470 万对。由此可见，进入巨变时代，我国离婚率的快速上升态势已成为社会关注的重大现实问题。

事实上，离婚率急剧上升与时代发展紧密相关。随着我国经济社会发展进入巨变时代，农村婚姻家庭变迁加快、在市场化和全球化背景下个体权利意识不断增长、情感主义成为年轻人追求个性时尚的目标，婚姻日益向精细化和功利化转变，[③]从而导致了

① 杨菊华、何炤华：《社会转型过程中家庭的变迁与延续》，《人口研究》2014 年第 2 期。

② 陈讯：《婚姻要价、代际支持与农村青年城镇化——基于晋西北 W 村的调查》，《中国青年研究》2018 年第 2 期。

③ 吴小英：《婚姻的“祛魅”与家庭观的位移》，《探索与争鸣》2013 年第 5 期。

婚姻的稳定性嬗变。在传统的乡土社会中，维系婚姻稳定的核心要素是家庭（家族）与社会要素，以及国家相应的法律法规，物质要素和情感要素的作用相对较弱。然而，随着从乡土社会向城乡社会的转型，从传统社会向现代社会的过渡，受社会结构弱化和婚姻价值变迁的影响，婚姻的稳定性发生了革命性变化，物质要素进入了婚姻的维系过程之中，维系婚姻稳定的传统要素逐步削弱，物质要素在婚姻关系的维系中日益增强，当夫妻情感受阻或家庭矛盾加剧时，没有物质条件作为坚强后盾的夫妻离婚的概率随之增大。

因此，本书的核心主题涉及三个彼此紧密相关的问题。一是农村离婚的实然状态是什么？二是社会转型和婚姻价值变迁与农村离婚“互构共变”的社会基础和生成机制是什么？三是日益严峻的农村离婚问题究竟对乡村社会造成了什么样的影响？回答这三个层面的问题，不仅需要厘清“社会结构—个体行动”交汇于农村离婚事件的关联性作用，还要跳出“传统—现代”的二维分析框架，转而立足于不同区域的农村经验，运用机制分析法，透过农村离婚问题的现象看其本质。要回答和解释这三个问题，就需要深入农村经验层面进行研究：一是立足于我国不同区域的农村进行问卷调查和个案深度访谈，掌握和了解农村离婚问题的基本情况，分析农村离婚问题的发展趋势；二是分析在转型期农村离婚的社会基础变迁对婚姻价值嬗变的影响，从外因和内因两个层面分析农村离婚问题的生成机制，尤其是在转型背景下，农村人口流动、家庭离散、婚俗嬗变、婚制改革和舆论式微对婚姻稳定性带来的冲击，以婚姻价值变迁为视角考察婚姻的“工具化”不断增强、“祛魅化”日益凸显和“个体化”形成趋势下农村离婚问题的生成机制，回应学界研究农村离婚问题的解释路径。此外，要进一步分析转型期农村离婚问题受婚姻价值变迁的影响而造成的社会问题和衍生出来的社会风险，从现实层面审视和反思国家婚姻政策在农村的实践效果。

在研究路径上，本书将定性研究方法和定量研究方法相结合，此举是为了更好地立足农村实际情况，把握在社会转型期我国农村离婚的实质，分析农村离婚率上升的社会条件和社会基础，揭示在婚姻价值变迁视角下农村离婚的生成机制和演变逻辑，并在学理层面探讨农村离婚在市场、人口流动及现代性全面渗透下的遭遇。因此，在研究路径上，本书既避免了单一的理论假设与验证，又避免了陷入“直奔主题”式的问题与对策研究的泥潭，而是以学理解释和推论为基础，立足大量的实证调查数据和个案，在全面系统地把握农村离婚问题的基础上进行综合性研究，从而避免理论上的“拿来主义”、政策上的“休克疗法”以及单一研究方法的窠臼。

第一章　离婚具象：从样本挖掘共性

本书的离婚数据来源于两个部分。一是田野调查时的深度访谈农村离婚个案。[①] 调查时间为 2010 年 10 月至 2018 年 7 月，调查地点是：安徽省芜湖市繁昌区 X 乡 P 村、湖北省英山县 L 镇 Y 村、湖北省应城市 T 镇 C 村、重庆市渝北区 G 镇 X 村、湖北省公安县 S 镇 X 村、陕西省兴平市 N 镇 Y 村、江苏省南京市六合区 Y 镇 M 村、山东省昌乐县 Y 镇 W 村、江西省赣州市南康区 H 乡 Z 村和 H 村、贵州省都匀市 S 乡、湖北省武汉市江夏区 Z 街道 Z 村、广西壮族自治区龙州县 G 镇 G 村和 J 村、贵州省都匀市 S 乡、贵州省毕节市 Q 区 Y 乡和大方县 H 镇、湖北省荆门市 T 镇、广东省东莞市 G 镇和 S 镇、山西省五寨县 X 乡、北京市平谷区 J 镇和 X 乡等 12 省（区、市）21 个乡（镇），共访谈和收集离婚个案 423 例，构成本书个案分析文本。二是问卷调查时的农村离婚数据。问卷调查时间为 2016 年 1 月至 2018 年 7 月，其地点是：河南省林州市 C 乡、范县 W 乡，山东省平阴县 K 乡，湖南省宁

① 注：同一个调查点（既是田野调查点，又是问卷调查点）的深度访谈个案已纳入问卷统计，且在每个乡（镇）的问卷调查中，问卷调查员都进行了个案深度访谈（每个问卷调查点不低于 5 个深度访谈个案），在后文中将具有代表性的个案进行呈现与论述。

乡市J乡，甘肃省康县C乡、秦安县L乡，内蒙古自治区赤峰市W镇，江西省赣州市南康区H乡，广西壮族自治区龙州县J镇，贵州省毕节市七星关Y乡、大方县H镇和S乡，四川省射洪市D镇、荣县X乡、米易县B乡、兴文县W乡、邻水县D镇，湖北省荆门市T镇、英山县Y乡，山西省神池县B镇、五寨县X乡，浙江省临海市H乡、温岭市D乡、湖州市D乡，广东省东莞市G镇和S镇，北京市平谷区J镇和H乡等14省（区、市）28个乡（镇），共采集了1836份有效问卷，运用统计分析软件SPSS（V22.0）进行统计与分析，构成本书数据分析文本。

第一节　用数据说话：勾勒农村离婚群体

一、离婚夫妻的基本状况

在农村离婚问题的基本概况中，需要对数据样本采集的性别结构进行说明，对离婚夫妻的民族构成、文化程度、年龄分布、就业情况进行统计与分析，以呈现出农村离婚夫妻基本状况的全貌。这是分析不同离婚对象的心理特征、不同时段的离婚行为以及分析婚姻家庭稳定性的重要基础。

（一）性别结构

根据1836份问卷调查与统计，在农村离婚夫妻的问卷调查被访谈者中男性为1091人，占样本总量59.42%；女性为745人，占样本总量40.58%。众所周知，在农村社会中“从夫居”是一种普遍现象。根据调查，一方面，农村夫妇离婚之后一部分妇女会选择离开夫家，要么远嫁到他处，要么选择返回娘家，这样一来，在问卷调查时男性相对比女性多。同时，受农村青壮年劳动力外出的影响，农村青年妇女离婚之后通常会选择再嫁，或者进城打工。因此，相对来说，在农村做问卷调查时，青年离婚妇女的样本相对较少，但可以通过深度个案访谈来掌握和了解其状况。另一方面，农村离婚具有相对隐蔽性，作者在某些地方调查时，有些女性通常不愿接受问卷调查，相对来说男性要容易接受问卷调查，这客观上导致了出现问卷调查时男性多于女性的状况。但从总体上看，这并不影响我们对农村离婚问题的统计分析。

（二）民族构成

根据1836份问卷调查与统计，在民族构成中，汉族为1582人，占样本总量86.17%；少数民族为254人，占样本总量13.83%。在第七次全国人口普查中，汉族约占91.11%，各少数民族约占8.89%，可以看出问卷调查抽样与第七次全国人口普查中汉族与少数民族的比重较为接近。因不同农村地区离婚发生率并非一致，以及本书在采集数据时男性接受问卷调查常常多于女性，客观上具有差异性，但总体上看来，在我国农村离婚中汉族占了绝大多数，这与我国的国情相符合。在农村社会中，汉族与少数民族在婚姻习俗、婚姻维系及生活方式上存在差异性，尤其是一些少数民族的婚俗规范对婚姻稳定性具有相应的影响，这就导致了少数民族农村地区与汉族农村地区、各少数民族地区农村之间在离婚问题的表现形式上存在一定的差异性。比如，贵州省册亨县 X 乡两个相邻的村庄，一个是苗族村庄、一个是布依族村庄，苗族村庄近 5 年来的离婚率是布依族的 3 倍之多，布依族村庄的内生性婚姻秩序对离婚有制约作用，从而使布依族村庄的离婚率低于苗族村庄。这表明在农村离婚中，不同民族、不同区域之间存在一定差异，但随着人口流动的加剧、社会变迁的加快、婚姻观念嬗变的加速，这种差异性将缩小。

（三）文化程度

了解农村离婚夫妻的文化程度是考察婚姻关系的基础之一。根据 1836 份问卷调查与统计，其文化程度统计详情参见下表：

表 1–1　农村离婚夫妻的文化状况

文化程度	频率（人 / 次）	百分比（%）	有效百分比（%）	累计百分比（%）
不识字	32	1.74	1.74	1.74
小学	439	23.91	23.91	25.65
初中	897	48.86	48.86	74.51
高中（中职）	341	18.57	18.57	93.08
大专及以上	127	6.92	6.92	100.00
总计	1836	100.00	100.00	—

从表 1-1 中可以看出农村离婚夫妻的文化程度状况，不识字为 32 例，占样本总量 1.74%；小学文化程度为 439 例，占样本总量 23.91%；初中文化程度为 897 例，占样本总量 48.86%；高中（含中专、中师等）为 341 例，占样本总量 18.57%；大专及以上为 127 例，占样本总量 6.92%。如果我们进行归类，将小学文化程度及以下累计相加，共有 471 例，累计占比为 25.65%，这表明在我们调查的农村离婚群体中，四分之一以上的人只有小学以下文化。同时，以初中文化为界来分类，具有初中及以下文化的共有 1368 例，累计占比为 74.51%，这说明在转型期农村离婚群体中大多数人的文化程度较低。具有高中文化程度及以上的累计为 468 例，累计占比为 25.49%，即农村离婚群体具有高中、大专以上文化程度的占总样本的四分之一。由此可见，在农村离婚群体的文化程度考察中，具有小学及以下文化程度和具有高中及以上文化程度的群体在数量上基本相当，而具有初中文化水平的群体接近总样本的一半，如果将具有初中文化程度的群体与具有高中文化程度的群体相加，共有 1238 例，占样本总量 67.43%，这表明在农村离婚群体中，具有中学文化水平的人占多数，而具有大专文化及以上、接受过高等教育学习的人较少，仅占样本总量 6.92%。

从农村离婚群体的文化程度考察看，受教育的程度客观上受各地区经济、教育发展不平衡的影响，从某种意义上来说，各地区之间的教育发展不平衡会带来较为明显的影响。比如，在贵州省都匀市 S 乡 149 份问卷调查中，不识字的离婚人士共有 6 例；

相反，在北京市平谷区J镇调查时，在2例50岁以上离婚个案中，1人具有初中文化、1人具有高中文化，这说明受地区教育发展不均衡的影响，不同农村地区的离婚群体受教育程度具有差异性。同时，从纵向时间维度考察农村离婚群体，则会发现青年群体的文化教育水平普遍高于年老一代。比如，将甘肃省康县、秦安县和贵州省都匀市、大方县的调查与北京市平谷区、广东省东莞市的田野调查相比较发现，发达地区青年一代受教育水平普遍高于西部地区，在北京市平谷区和广东省东莞市，青年人初中毕业后大多数人要么继续上高中，要么选择读中等职业技术学校，很少有人会直接选择打工，虽然西部农村地区受国家义务教育嵌入的改造，青年人普遍接受九年制义务教育，但跨越初中之后，西部地区农村青年与东部发达地区农村青年受教育程度和普及面就会形成反差，并呈现出差距不断拉大之势，这就导致了青年一代受教育水平的不均衡，从而使离婚群体中的差异性就体现出来。

从对离婚夫妻的调查来看，农村大多数离婚女性的文化程度普遍低于男性，尤其是中西部地区农村表现较为突出。一方面，受家庭资源禀赋的影响，在家庭中受教育资源通常向男孩倾斜，导致女孩受教育程度低；另一方面，受传统观念的影响，在一些地方家长认为“女子无才便是德”，导致了女孩受教育程度低于男孩，及男女在接受现代教育文化水平上的差异。

（四）年龄分布

了解农村离婚夫妻的年龄分布是考察婚姻关系的基础之一。

根据1836份问卷调查与统计，离婚夫妻离婚时的年龄分布情况统计详情参见下表：

表1-2 农村离婚夫妻离婚时的年龄分布状况

年龄	频率（人/次）	百分比（%）	有效百分比（%）	累计百分比（%）
19岁及以下	22	1.20	1.20	1.20
20—24岁	267	14.54	14.54	15.74
25—29岁	599	32.63	32.63	48.37
30—34岁	449	24.46	24.46	72.83
35—39岁	301	16.39	16.39	89.22
40—44岁	116	6.32	6.32	95.54
45—49岁	50	2.72	2.72	98.26
50—54岁	21	1.14	1.14	99.40
55—59岁	7	0.38	0.38	99.78
60岁及以上	4	0.22	0.22	100.00
总计	1836	100.00	100.00	—

从表1-2中可以看出农村离婚夫妻离婚时的年龄分布状况。其中，19岁及以下的共有22人，占样本总量1.20%；年龄在20—24岁的共有267人，占样本总量14.54%；年龄在25—29岁的共有599人，占样本总量32.63%；年龄在30—34岁的共有449人，占样本总量24.46%；年龄在35—39岁的共有301人，占样本总量16.39%；年龄在40—44岁的共有116人，占样本总量6.32%；年龄在45—49岁的共有50人，占样本总量2.72%；年龄

在50—54岁的共有21人，占样本总量1.14%；年龄在55岁及以上的共有11人，占样本总量0.60%。由此可见，在农村巨变的背景下，农村离婚夫妻的年龄主要集中在20—44岁，共有1732人，占样本总量94.34%。相反，19岁及以下和45岁及以上的较少，仅占离婚总样本的5.66%。

从对农村离婚夫妻的调查来看，近年来的“闪婚闪离”“早婚闪离”在西部农村地区较为常见，尤其是老少边穷地区。在性别资源外流的背景下，父母为了儿子能早日娶上媳妇，先办酒、后办证的情况较为常见。比如，在贵州省大方县H镇、贵州都匀市S乡调查时发现，17—18岁的青年人结婚的并不少见。在20—30岁这个年龄段，尤其是在农村女性25岁之后，父母常常会为她们选择婆家着急，催相亲、催婚行为时有发生，并导致了“闪婚闪离”的现象。比如，在苏北S村和X村，两个自然村庄共有人口495人，近十年来由于父母催相亲、催婚而闪婚的共有27例，并有16例夫妻“闪离”。从上表统计分析看，农村离婚夫妻的年龄主要集中在20—44岁，占总样本的94.34%。一方面，在这个年龄段离婚后，双方都有再婚机会；另一方面，从时间维度的动态上看，它说明在最近十余年，农村离婚率上升。从45岁及以上的农村离婚群体考察看，其仅占样本总数的4.46%，虽然占比不高，但随着时间的推移这类群体的数量会越来越大，尤其是在打工潮的冲击下，农村人口高频流动对传统婚姻观念、婚姻行为及婚姻伦理会造成巨大冲击，离婚风险仍在不断加剧，并逐步表现出来。

（五）就业结构

了解农村离婚夫妻的就业结构是考察其家庭经济和婚姻质量的重要基础。根据1836份问卷调查与统计，农村离婚夫妻的就业结构分布统计详情参见下表：

表1-3　农村离婚夫妻的就业结构状况

就业	频率（人/次）	百分比（%）	有效百分比（%）	累计百分比（%）
务农	439	23.91	23.91	23.91
打工	755	41.12	41.12	65.03
经商	300	16.34	16.34	81.37
半工半耕	282	15.36	15.36	96.73
其他	60	3.27	3.27	100.00
总计	1836	100.00	100.00	—

从表1-3中可以看出农村离婚夫妻离婚时的就业结构状况，在1836份问卷调查中，务农的共有439对夫妻，占样本总量23.91%；外出打工的共有755对夫妻，占样本总量41.12%；经商（做大小生意）的共有300对夫妻，占样本总量16.34%；半工半耕的共有282对夫妻，占样本总量15.36%；其他情况的有60对夫妻，占样本总量3.27%。由此可见，在农村离婚群体的就业结构中，就业分层现象较为明显，从事纯农业的离婚夫妻仅占23.91%，半工半耕的夫妻占15.36%，非农就业的夫妻已经达到了57.46%，从事其他行业的占3.27%。这表明改革开放以来农村离

婚夫妻在就业结构上已不再是单一地从事传统农业，而是已经日益形成了多元化的就业结构模式。

从务农和经商两个方面考察看，务农的离婚夫妻年龄普遍偏大，大多数人文化程度低、就业技能单一，导致了他们即使进城打工也难以从事非农产业，而留在农村务农是较好的选择。在经商的离婚夫妻中，大多数人具备商业头脑、有一定的资本及家庭资源禀赋。比如，家住乡镇和村中心的集市具备开商店的地理优势，家庭经济状况较好的夫妻具备经商的资本等。经商获得的收益普遍高于从事传统农业的，且通常没有从事传统农业辛苦。此外，从事其他职业的夫妻占总样本的 3.27%，这类群体在就业特征上要么是综合性就业，难以归类，要么是其就业具有不确定性。比如，有时打零工、有时做小本生意、有时承包小工程、有时跑运输等。在务农的离婚夫妻中，大多数夫妻是因性格不合而离婚，尤其是包办婚姻的较多；而在经商和从事其他职业的离婚夫妻中，因夫妻一方越轨导致离婚的现象较多，这类现象与所从事职业具有较强的关联性。比如，根据在农村的调查，承包工程项目和跑运输的男性越轨率较高，打零工和做小本生意的女性是越轨的高危群体等，这些都说明就业结构与离婚之间具有相关性。

从打工和半工半耕两个方面考察看，改革开放以来，沿海发达地区农村家庭率先发生转变。比如，广东省东莞市 G 镇和 S 镇，在“三来一补”政策实施下，从 1979 年 9 月开始大量征用农地大兴土木建工厂，当地农村家庭在就业上从传统农业向工业和服务业转变。随着市场经济体制的建立，中西部农村大量劳动力纷纷进城打工，从而形成了大规模的打工潮。在打工潮冲击下，农村就业结构由传统的从事单一的农业向多元化转变。在表 1–3 中，农村离婚夫妻外出打工和半工半耕两项占总样本的 56.48%，这说明农村离婚夫妻超过一半是与打工经济高度关联的。同时，从表中统计看，年轻夫妻结婚后一起进城打工的较多，占样本总量 41.12%。在这个群体中，大多数夫妻具备两个特征：一是夫妻较为年轻；二是家中有老人帮忙带管（监护）孩子，或者夫妻两人将孩子一起带到城里打工。从农村的调查来看，虽然夫妻是一起进城打工的，但大多数夫妻并不是在同一工厂或单位上班，使婚外情发生概率增大。此外，在半工半耕的群体中，大多数夫妻要么是因孩子、老人及家庭其他情况实行半工半耕，要么是基于家庭经济收入来源实行夫妻城乡分工。显然，无论是夫妻外出打工就业，还是实行半工半耕，就业结构发生了变化，对婚姻关系产生了相应的影响。

二、离婚夫妻结婚前的状况

为了深入了解转型期农村离婚的基本状况，需要将离婚问题的逻辑链条延长，从离婚夫妻的结婚上进行考察，全面认识和了解他们的婚姻缔结、婚姻维系及离婚的全过程。本书将分别从离婚夫妻的择偶标准、相识途径、通婚圈、婚姻缔结及婚姻类型等方面进行考察，以厘清农村离婚夫妻的基本状况。

（一）择偶标准

了解农村离婚夫妻的择偶标准是考察婚姻目的的重要因素之一。根据1836份问卷调查与统计，离婚夫妻的择偶标准统计详情参见下表：

表1-4　农村离婚夫妻的择偶标准状况

择偶	频率（人/次）	百分比（%）	有效百分比（%）	累计百分比（%）
选择本人	1200	65.36	65.36	65.36
门当户对	195	10.62	10.62	75.98
家族强大	45	2.45	2.45	78.43
物质基础	184	10.02	10.02	88.45
无所谓	171	9.31	9.31	97.76
其他	41	2.23	2.23	99.99
总计	1836	100.00	100.00	—

从表1-4中可以看出农村离婚夫妻当初的择偶标准，选择本人的共有1200人，占样本总量65.36%；选择门当户对的共有195人，占样本总量10.62%；选择物质基础的共有184人，占样本总量10.02%；选择无所谓的共有171人，占样本总量9.31%；选择家族强大和其他的分别为45人和41人，占样本总量2.45%和2.23%。由此可见，在农村离婚夫妻的择偶标准中，选择本人的占大多数，超过样本总量65%，选择门当户对和家族强大的比重相对不高，仅占样本总量13.07%，选择物质

基础的和选择无所谓及其他的占样本总量21.56%。这表明，在转型背景下，农村婚姻择偶观发生变化，虽然选择本人的比重较大，但选择物质基础、门当户对以及家族强大的比重不小，接近总样本的四分之一。从深层次来看，一方面，国家推行的婚姻自由政策和男女平等的观念在农村得以普遍实践，婚姻当事人可以根据各自的喜好选择结婚对象；另一方面，受农村经济分化的影响，婚姻当事人在物质基础和门当户对以及家族强大的择偶取向上仍占一定比重，这在婚姻关系维系中是不可忽视的重要因素之一。

在社会转型期，农村择偶观经历了较为快速的变迁。在打工潮未形成以前，农村处于相对封闭的状态，农村家庭经济分化较小，相对来说呈均质化状态，门当户对的择偶标准主要体现在家族强大、家族（家庭）男丁数量多、势力大以及家族（家庭）社会关系网络广等。随着打工潮的兴起，农民的非农就业逐步形成，农村家庭经济收入分化越来越明显，均质化的形态被打破，“门当户对”从传统的家族强大、家族（家庭）男丁数量以及家族（家庭）社会关系网络转向物质性（家庭经济）竞争，婚姻的内涵发生了变化，物质因素逐步成为择偶的标准。同时，在择偶中选择本人的离婚夫妻择偶标准主要体现在：一方面，男性青年的身强力壮、勤劳简朴、忠诚可靠等成为女性青年择偶的首选；另一方面，女性青年的勤俭持家、勤劳节俭、善良知性等成为男性青年择偶的首选。但是，受打工潮冲击和婚姻自由观念的影响，在择偶中选择本人的状况逐步发生转变。一方面是婚姻当事人可以根据自己的喜好自由选择；另一方面男性青年赚钱、精明、能干成为女性青年择偶时青睐的标准，对人品要求日益降低。而女性的长相是否漂亮则成为男性青年择偶时的主要标准。此外，在表1-4中对择偶持无所谓态度或其他原因的大多数是“闪婚闪离”夫妻。总的来看，择偶标准的变迁对农村婚姻的稳定性带来了较大的影响。

（二）相识途径

了解农村离婚夫妻的相识途径是考察婚姻目的的重要因素之一。它不仅是考察农村婚姻自由度的重要因素，还是考察婚姻内生性制度和通婚圈的重要参考之一。根据1836份问卷调查与统计，离婚夫妻在结婚前的相识途径统计详情参见下表：

表1-5　农村离婚夫妻的相识途径统计

相识	频率（人/次）	百分比（%）	有效百分比（%）	累计百分比（%）
很早认识	345	18.79	18.79	18.79
介绍认识	717	39.05	39.05	57.84
打工认识	484	26.36	26.36	84.20
相亲认识	149	8.12	8.12	92.32
网络认识	123	6.70	6.70	99.02
其他	18	0.98	0.98	100.00
总计	1836	100.00	100.00	—

从表 1–5 中可以看出农村离婚夫妻婚前相识途径，很早就认识的共有 345 对夫妻，占样本总量 18.79%；通过介绍认识的共有 717 对夫妻，占样本总量 39.05%；通过打工认识的共有 484 对夫妻，占样本总量 26.36%；通过相亲认识的共有 149 对夫妻，占样本总量 8.12%；通过网络认识的共有 123 对夫妻，占样本总量 6.70%；通过其他途径认识的共有 18 对夫妻，仅占样本总量 0.98%。由此可见，在农村离婚群体中，夫妻很早认识的比重不高，不足样本总量的五分之一，这表明在农村离婚群体中，超过 80% 的夫妻是通过介绍、打工、相亲、网络或其他途径认识的。一方面说明离婚夫妻的通婚圈较大，夫家和娘家的居住地相距较远，需要通过别人介绍或打工、相亲、网络等途径相识；另一方面说明农村离婚夫妻在相识途径上呈日益多元化之势，为婚姻自由提供了条件，如以打工和网络为途径相识的夫妻占比高达 33.06%，在这两类群体中，绝大多数人是通过自由恋爱结婚的。而在很早就认识和介绍认识的夫妻中，有一些是通过父母包办建立婚姻关系的。

在打工潮兴起之前，农村社会是一个相对封闭的社会，人口流动性小，人们以生产合作和生活互助为基础构建熟人社会交往圈，婚姻圈囿于一定的地域内，基于熟人社会关系的各种网络进行婚配，大多数是同村、邻村和距离较近的乡镇之间进行通婚。因同处于一个相对封闭的熟人社会网络，很多夫妻相识较早，尤其是同村通婚的夫妻，他们中很多从小就认识。但是，随着打工潮的兴起和大规模人口流动的形成，农村通婚圈扩大，夫妻相识的途径发生了改变，打工、互联网、自媒体等成为夫妻相识的重要途径，尤其是随着网络的普及，便捷的现代电子通信手段日益成为青年男女相识和交流的重要选择。此外，亲朋好友介绍、相亲以及其他途径也是农村离婚夫妻相识的重要方式。

（三）通婚圈

了解农村离婚夫妻的通婚圈是考察婚姻关系的重要基础之一。根据 1836 份问卷调查与统计，离婚夫妻的通婚圈统计详情参见下表：

表 1–6　农村离婚夫妻的通婚圈状况

通婚圈	频率（人 / 次）	百分比（%）	有效百分比（%）	累计百分比（%）
同村（社）	231	12.58	12.58	12.58
同乡（镇）	595	32.41	32.41	44.99
同县（市、区）	535	29.14	29.14	74.13
同市（州）	198	10.78	10.78	84.91
同省（区、市）	122	6.65	6.65	91.56
不同省	155	8.44	8.44	100.00
总计	1836	100.00	100.00	—

从表 1–6 中可以看出农村离婚夫妻的通婚圈，同村（社区）内通婚的共有 231 对夫妻，占样本总量 12.58%；同乡（镇）内通

婚的共有 595 对夫妻，占样本总量 32.41%；同县（市、区）内通婚的共有 535 对夫妻，占样本总量 29.14%；同市（州）内通婚的共有 198 对夫妻，占样本总量 10.78%；同省（区、市）内通婚的共有 122 对夫妻，占样本总量 6.65%；不同省（跨省）通婚的共有 155 对夫妻，占样本总量 8.44%。由此可见，在农村离婚夫妻之中，同村（社区）、同乡（镇）和同县（市、区）通婚的总计占 74.13%，约占总样本的四分之三。其中，一部分夫妻是很早就相识的，尤其是同村和同乡镇的夫妻，因通婚距离相对较近，生活习俗和婚姻礼俗差异性较小。同市（州）和省（区、市）内通婚的离婚夫妻数量占样本总量 17.43%，这表明随着人口流动的加快，农村传统的通婚圈逐步瓦解。此外，随着打工潮的形成和电子通信科技的普及，跨省婚姻在农村离婚群体中日益呈现出来。

农村传统的通婚圈在打工潮冲击下瓦解，与人口流动有紧密关系，与农村婚姻市场上的性别结构失衡、婚姻观念转变和婚俗变迁相关，与农村区域经济发展不平衡、农民分化和通婚圈的结构变迁有着内在的关联。农村传统的通婚圈瓦解和全国婚姻市场的形成带来的直接后果是农村女性资源外流和婚姻稳定性的风险增大。比如，在北京市平谷区 J 镇和 H 乡调查时发现，40 岁以上身心健康的男性是不会打光棍的，因为北京市具有得天独厚的区位优势和户籍优势，这使得它在全国婚姻市场上占据了顶端位置。相反，在河南省安阳市、贵州省都匀市、云南省文山州等地调查时发现，农村男性青年超过 35 岁仍未找到对象的，他们一辈子打光棍的风险极大。农村通婚圈扩大客观上是婚姻自由实践的表现形式之一，在农村传统通婚圈内，夫妻的婚姻主导权往往会受到父母以及长辈的约束，婚姻不自由是较为普遍的现象。但是，随着打工潮的形成，农村青年进城打工远离了父母和长辈的掌控，不仅可以自由选择婚恋，还可以摆脱村庄舆论和内生性规范的束缚，进行自由婚恋。

（四）婚姻缔结

全面了解和掌握农村离婚夫妻的婚姻缔结是考察婚姻稳定性的基础之一。从农村调查的情况来看，农村离婚夫妻的婚姻缔结过程分为三类。第一类是农村离婚夫妻在婚姻缔结过程中先到婚姻管理部门办理结婚证，然后再按照夫家或娘家的婚礼习俗举行结婚仪式，在问卷调查的1836例农村离婚夫妻样本中，这类现象共有1375对，占样本总量74.89%。第二类是农村离婚夫妻只办理结婚证，但没有办结婚酒，这类现象在问卷调查的1836例农村离婚夫妻样本中共有238对，占样本总量12.96%。第三类是农村离婚夫妻在婚姻缔结过程中先在夫家或娘家按当地婚礼习俗办结婚酒，然后再到婚姻管理部门办理结婚证，这类现象在问卷调查的1836例农村离婚夫妻样本中共有223对，占样本总量12.15%。由此可见，农村离婚夫妻在婚姻缔结时的基本形式，按照农村风俗和法律规定，办理结婚证且办结婚酒的夫妻，既合法又符合地方婚俗。在办理了结婚证但未办结婚酒的夫妻中，虽然他们从法律上看是合法夫妻，但在农村熟人社会中，在某种程度上不一定会被村庄社会所接纳，尤其在某些少数民族地区，受内生性秩序的影响，婚俗仪式是婚姻缔结的重要议程之一。此外，对于那些先办结婚酒后办理结婚证的夫妻来说，虽然他们符合地方婚俗传统，但客观上为婚姻的不稳定性增加了风险。

在农村社会中，夫妻办理结婚证并办结婚酒的这一类型，在结婚形式上是既合法而又符合地方婚俗的结婚形式。在经济发达、教育条件较好、法律意识较强的东中部地区，绝大多数年轻人结婚时都会办理结婚证和举办结婚酒宴，从而结为合法夫妻。但相对于西部农村，尤其是欠发达的少数民族地区来说，他们法治观念较弱。同时，先办结婚酒后办理结婚证的这一类型夫妻，是在亲朋好友及邻里、乡亲的见证下结婚生子的，当孩子出生后要上户口或升学时，夫妻再去办理结婚证。这种类型的结婚形式多出现于2000年之前，且以西部农村地区居多，尤其是在少数民族地区较为常见，如在贵州省都匀市、广西壮族自治区崇左市、云南省文山州、四川省邻水县等地调查时均有发现，主要原因是农村内生性规范较强，人们的法治观念意识淡薄，国家制度嵌入农村社会不足。此外，夫妻只办理结婚证并未办结婚酒的类型，其结婚形式主要以跨省或跨市（州）通婚居多，且大多数是在外打工的青年夫妻，因夫家与娘家距离较远，他们往往嫌麻烦，所以放弃举办结婚酒宴。

显然，在这三种不同结婚形式的婚姻中，从离婚的外因上考察看：第一类结婚形式，既是法律上认可的，又是农村熟人社会习俗上承认的，其婚姻不稳定的外部风险相对较低。第二类婚姻在法律上存在不稳定性的风险最大，如在贵州省都匀市 S 乡，杨某的儿子结婚时只举办了结婚酒宴，还未来得及办理结婚证，因儿子和儿媳妇闹矛盾，儿媳妇扔下夫家逃跑了（并非骗婚），并向杨某和亲人声明其不再是夫妻关系。这类现象在农村婚姻关系中具有一定的普遍性，如在赣南、鄂东南、黔南等地农村均有发现，要么是夫妻一方未达到结婚年龄而无法到民政部门办理结婚证，要么是时间匆忙（如怀孕待产）或法律意识淡薄。第三类婚姻在地方婚俗上存在不稳定的风险较大，一方面是作为外来的媳妇需要按照传统的婚姻习俗融入夫家所在的村落社会，从而获得人生意义；另一方面是在农村熟人社会中，婚姻仪式往往比法律上办理结婚证更能获得人们的认同，尤其是在少数民族地区。因此，仅办理结婚证而没有办结婚酒宴举行婚姻仪式，客观上为婚姻的不稳定性留下了风险。

（五）婚姻类型

全面了解和掌握转型期农村离婚夫妻的婚姻类型不仅是考察离婚原因的重要切入点之一，还是考察婚姻自由的重要途径。根据 1836 份农村离婚的问卷调查与统计，离婚夫妻的婚姻类型统计详情参见下表：

表 1–7　农村离婚夫妻的婚姻类型状况

婚姻类型	频率（人 / 次）	百分比（%）	有效百分比（%）	累计百分比（%）
自由恋爱	1097	59.75	59.75	59.75
包办婚姻	112	6.10	6.10	65.85
亲友介绍	627	34.15	34.15	100.00
总计	1836	100.00	100.00	—

从表 1–7 中可以看出农村离婚夫妻的婚姻类型，在 1836 例农村离婚夫妻之中，自由恋爱并结婚型夫妻共有 1097 对，占样本总量 59.75%；包办型夫妻共有 112 对，占样本总量 6.10%；通过亲朋好友介绍结婚型夫妻共有 627 对，占样本总量 34.15%。由此可见，农村离婚夫妻的婚姻类型中自由婚恋占绝大多数，这表明在当前的农村社会中，国家的婚姻自由政策得到了有效执行，农村结婚自由得到了全面贯彻和实施。但受传统文化的影响，包办婚姻现象仍然存在，并在农村离婚夫妻中占有一定的比重。

事实上，包办婚姻主要发生在 20 世纪 90 年代中期以前，主要特征是通婚距离近、父母或长辈认识，甚至父母或长辈之间沾亲带故。随着打工潮的兴起，人口流动加快，在男女平等、婚姻自由观念的影响下，农村青年夫妻中的包办婚姻越来越少，自由婚恋越来越多。同时，从亲友介绍型婚姻考察看，大多数离婚夫妻是通过亲朋好友介绍认识并结婚的，尤其是打工潮形成以来这种类型的结婚形式在农村越来越普遍，其特征主要是婚姻的自主权掌握在当事人手中，父母及亲人往往会在当事人择偶过程给出建议，也有少数婚姻当事人在择偶时因顾及父母的感受而进行婚姻缔结，但相对于包办婚姻来说，其婚姻的外部干扰因素影响较低，介于自由恋爱与包办婚姻之中。

三、离婚夫妻的家庭状况

在农村离婚问题的基本概况中，全面了解离婚夫妻的家庭状况是把握离婚问题的重要内容之一，因此需将离婚问题放到家庭场域中去考察。从离婚夫妻的家庭状况考察看，重点要考察他们离婚时的子女状况和子女抚养情况，以为后文分析离婚原因、生成机制及影响做铺垫。

（一）子女状况

全面了解和掌握转型期农村离婚夫妻的子女状况是考察婚姻关系的基础。根据 1836 份农村离婚的问卷调查与统计，农村离婚夫妻婚后生育子女的状况统计详情参见下表：

表 1–8　农村离婚夫妻婚后生育子女状况

孩子数	频率（人 / 次）	百分比（%）	有效百分比（%）	累计百分比（%）
没有孩子	459	25.00	25.00	25.00
1 个孩子	927	50.49	50.49	75.49
2 个孩子	377	20.53	20.53	96.02
3 个孩子	55	3.00	3.00	99.02
4 个孩子及以上	18	0.98	0.98	100.00
总计	1836	100.00	100.00	—

从表1–8中可以看出农村离婚夫妻生育子女的情况，在1836例农村离婚夫妻之中，没有生育子女的有459对，占样本总量25.00%；[①] 生育1个孩子的有927对，占样本总量50.49%；生育2个孩子的有377对，占样本总量20.53%；生育3个孩子的有55对，占样本总量3.00%；生育4个孩子及以上的有18对，占样本总量0.98%。

从农村调查的情况来看，离婚夫妻生育子女的状况可以分为几类。一是没有生育子女的离婚夫妻。在这类离婚夫妻中，要么是夫妻一方没有生育能力导致离婚，要么是闪婚闪离，或者夫妻结婚之后出于各种原因未生育子女而离婚。二是生育1个子女的离婚夫妻。在这类离婚夫妻中，要么是生育1个子女后夫妻不想再生育了，要么是生育1个子女后出于各种原因离婚。三是生育2个孩子的离婚夫妻。在这类离婚夫妻中，通常是一孩为女儿，再生二孩的较多。四是生育3个及以上子女的离婚夫妻。在这类离婚夫妻中，要么是年龄偏大，在计划生育政策未全面贯彻前已生育多个子女，或者是因为需要传宗接代超生，在这一部分离婚夫妻中，包括子女已长大成人，不再需要抚养，以及年龄偏大的离婚夫妻。总的来看，在农村离婚夫妻中已生育子女的离婚夫妻累计占比高达四分之三，夫妻离婚将会对子女成长产生负面的影响。

---

① 需要指出的是，在这类离婚夫妻中含夫妻双方或一方再婚再离，或夫妻一方是再婚、另一方是初婚，当他们结婚之后再离婚的现象。

（二）子女抚养

全面了解和掌握转型期农村离婚夫妻子女抚养情况是考察离婚造成的社会问题的关键变量之一。根据1836份农村离婚的问卷调查与统计，剔除459对未生育子女的离婚夫妻之后，对1377对离婚夫妻子女抚养的情况进行了统计与分类，其子女抚养统计详情参见下表：

表1-9 农村离婚夫妻子女抚养情况

子女抚养	频率（人/次）	百分比（%）	有效百分比（%）	累计百分比（%）
父养、母助	265	19.24	19.24	19.24
母养、父助	248	18.01	18.01	37.25
父亲单独养	422	30.65	30.65	67.90
母亲单独养	82	5.95	5.95	73.85
爷奶养父母助	164	11.91	11.91	85.76
外公婆养父母助	26	1.89	1.89	87.65
亲人抚养	6	0.44	0.44	88.09
无须抚养	92	6.68	6.68	94.77
夫妻分养	72	5.23	5.23	100.00
总计	1377	100.00	100.00	—

从表1-9中可以看出农村离婚夫妻的子女抚养情况，由父亲抚养（子女与父亲居住）、母亲支付一部分抚养费进行帮助的频数为265，占样本总量19.24%；由母亲抚养（子女与母亲居住）的频数为248，占样本总量18.01%；由父亲单独抚养、母亲不承担

任何抚养费的频数为 422，占样本总量 30.65%；由母亲单独抚养、父亲不承担任何抚养费的频数为 82，占样本总量 5.95%；由爷爷奶奶抚养（与爷爷奶奶居住）、父亲外出打工或经商、母亲每年逢年过节时给予子女钱物的频数为 164，占样本总量 11.91%；由外公外婆抚养、母亲外出打工或经商、父亲每年逢年过节时给予子女钱物的频数为 26，占样本总量 1.89%；出于家庭原因由亲人抚养的频数为 6，占样本总量 0.44%；因子女已成人无须再抚养的频数为 92，占样本总量 6.68%；由夫妻各自抚养 1 个或多个子女的频数为 72，占样本总量 5.23%。由此可见，夫妻离婚后子女居住在父亲家的占比高达 61.80%，居住在母亲家的占比为 25.85%，居住在亲人家的占比为 0.44%，自由选择（无须抚养）或独立成家的占比为 6.68%，分别跟父母居住的占比为 5.23%，这表明农村夫妻离婚之后，在子女抚养问题上是多元化的。

在农村离婚夫妻群体中，夫妻离婚之后在承担子女抚养问题上，受传统文化的影响，大多数子女由夫家承担抚养责任（夫家承担监护责任），相对来说作为嫁入夫家村落社会的妻子，她们主要以丈夫为依托生活于村落社会中，当婚姻关系解体之后，大多数妇女会选择离开夫家村落社会，尤其是通婚距离较远的离婚夫妻，离婚之后她们在孩子抚育上承担相对较少的责任。同时，在农村多个子女的离婚夫妻中，根据调查表明，离婚之后一些夫妻将子女的抚养权进行分割，各自承担子女抚养的责任，比如，父亲养儿子、母亲养女儿，或按照实际情况协商进行子女抚养权分割。此外，因一方犯罪或其他原因离婚的夫妻，在子女抚养上由亲人或老人负责就不足为奇了。

（三）家庭人口

全面了解和掌握农村离婚夫妻离婚之后的家庭人口情况非常重要。根据1836份农村离婚的问卷调查与统计，离婚夫妻离婚后的家庭人口统计见下表：

表 1-10　农村夫妻离婚后的家庭人口数统计

家庭人口数	频率（人 / 次）	百分比（%）	有效百分比（%）	累计百分比（%）
2 人及以下	279	15.20	15.20	15.20
3 人	531	28.92	28.92	44.12
4 人	465	25.33	25.33	69.45
5 人	375	20.42	20.42	89.87
6 人及以上	186	10.13	10.13	100.00
总计	1836	100.00	100.00	—

从表 1-10 可以看出农村夫妻离婚之后的家庭人口基本状况：家庭人口数是 2 人及以下的频数为 279，占样本总量 15.20%；家庭人口数是 3 人的频数为 531，占样本总量 28.92%；家庭人口数是 4 人的频数为 465，占样本总量 25.33%；家庭人口数是 5 人的频数为 375，占样本总量 20.42%；家庭人口数是 6 人及以上的频数为 186，占样本总量 10.13%。由此可见农村夫妻离婚之后的家庭人口情况，其中家庭人口为 3 人及以下的累计占比

为 44.12%，家庭人口为 4 人及以上的累计占比为 55.88%，这显示出的是农村夫妻离婚之后的家庭负担状况。家庭成员为 3 人及以下的大多数是单亲父亲和孩子或单亲母亲和孩子，而家庭成员在 4 人及以上的大多数是离婚当事人上有老下有小的状况，家庭负担不轻。事实上，在农村社会中大多数夫妻离婚之后，都会进行家庭的代际关系重组，与父代共爨（分户），尤其是单亲父母和孩子，进行代际整合有利于父代帮忙养孩子，同时也有利于自己外出务工。而对于单亲母亲并带着（监护责任）孩子的家庭来说，他们更需要父母（娘家）进行代际支持了。

四、离婚时间

为全面认识和了解农村离婚夫妻的分年段离婚时间状况，本书将农村离婚夫妻的离婚时间和结婚之后夫妻经营婚姻的时间情况做了统计分析，从纵向维度分别考察农村离婚率上升之势和夫妻结婚之后多少年离婚，这样的统计分析更有利于认识农村离婚的基本情况。

（一）离婚时间分段统计

本书以 5 年为一个年段进行划分，将农村离婚夫妻的离婚时间分为 8 个年段进行统计。根据 1836 份问卷调查与统计，详情参见下表：

表 1-11　农村离婚的时间分年段统计

离婚时间	频率（人 / 次）	百分比（%）	有效百分比（%）	累计百分比（%）
1978—1985 年	9	0.49	0.49	0.49
1986—1990 年	28	1.53	1.53	2.02
1991—1995 年	41	2.23	2.23	4.25
1996—2000 年	148	8.06	8.06	12.31
2001—2005 年	263	14.32	14.32	26.63
2006—2010 年	522	28.43	28.43	55.06
2011—2015 年	671	36.55	36.55	91.61
2016 年以来	154	8.39	8.39	100.00
总计	1836	100.00	100.00	—

从表 1-11 中可以看出农村离婚夫妻的离婚时间分布：1978—1985 年共有 9 对，占样本总量 0.49%；1986—1990 年共有 28 对，占样本总量 1.53%；1991—1995 年共有 41 对，占样本总量 2.23%；1996—2000 年共有 148 对，占样本总量 8.06%；2001—2005 年共有 263 对，占样本总量 14.32%；2006—2010 年共有 522 对，占样本总量 28.43%；2011—2015 年共有 671 对，占样本总量 36.55%；2016 年以来共有 154 对，占样本总量 8.39%。[①] 由此可见转型背

① 注：需要说明的是在本书统计的 1836 份离婚问卷中，在 2016 年上半年完成的共有 739 份，2016 年下半年完成的共有 149 份，2017 年 3 月底前完成 812 份，其余的问卷均在 2017 年下半年之后至 2018 年暑假之前完成调查。因此，在问卷统计中，2016 年以来的离婚样本量相对较少，这与问卷调查的时间相关，如 2016 年 1 月做问卷调查时是不可能知晓 2016 年 1 月之后的离婚状况的。总的来看，这并不影响我们对转型期（因时间跨度长）农村离婚问题研究的总体分析和判断。

景下我国农村离婚夫妻的离婚时间分布状况，从改革开放至1995年，我国农村离婚人数分布较少，累计占样本总量4.25%。但是，1996年到2005年的十年间我国农村离婚人数的分布开始增多，累计占样本总量38.94%，尤其是2006年以来，我国农村离婚人数开始呈现高速增长之势，对农村婚姻家庭带来了较大冲击。

（二）婚后年数统计

以农村离婚夫妻的结婚时间为起点，考察他们婚姻存续的时间，这样分时间段考察的目的是更好地理解农村离婚夫妻的婚姻维持状况。本书将以3年为一个时间段进行划分，共分9个时间段进行统计。根据1836份农村离婚的问卷调查与统计，其详情参见下表：

表1–12　农村离婚夫妻婚姻维持年限统计

婚后多少年离婚	频率（人／次）	百分比（%）	有效百分比（%）	累计百分比（%）
3年及以下	504	27.45	27.45	27.45
4—6年	490	26.69	26.69	54.14
7—9年	312	16.99	16.99	71.13
10—12年	200	10.89	10.89	82.02
13—15年	138	7.52	7.52	89.54
16—18年	71	3.87	3.87	93.41
19—21年	50	2.72	2.72	96.13

续表

婚后多少年离婚	频率（人/次）	百分比（%）	有效百分比（%）	累计百分比（%）
22—24年	35	1.91	1.91	98.04
25年及以上	36	1.96	1.96	100.00
总计	1836	100.00	100.00	—

从表1-12中可以看出农村离婚夫妻结婚后维持婚姻的年限状况：夫妻结婚之后在3年以内离婚的共有504对，占样本总量27.45%；夫妻结婚之后在4—6年离婚的共有490对，占样本总量26.69%；夫妻结婚之后在7—9年离婚的共有312对，占样本总量16.99%；夫妻结婚之后在10—12年离婚的共有200对，占样本总量10.89%；夫妻结婚之后在13—15年离婚的共有138对，占样本总量7.51%；夫妻结婚之后在16—18年离婚的共有71对，占样本总量3.87%；夫妻结婚之后在19—21年离婚的共有50对，占样本总量2.72%；夫妻结婚之后在22—24年离婚的共有35对，占样本总量1.91%；夫妻结婚之后在25年及以上离婚的共有36对，占样本总量1.96%。由此可见，在转型期我国农村离婚夫妻结婚之后，在6年以内离婚的情况占一半以上，高达54.14%；而在9年以内的离婚发生率累计占比高达71.13%，这表明在转型期我国农村离婚风险主要集中在9年以内，即农村夫妻结婚之后在9年以内发生离婚的概率相对较大。从表1-12还可以看出，随着婚姻持续时间的推移，在结婚10年之后我国农村夫妻的离婚发生率开始下滑，其累计占比为28.87%，而夫妻结婚12年之

后，其离婚发生率进一步下滑，累计占比仅为17.97%，这表明在转型期我国农村夫妻结婚之后随着婚龄增长，其离婚风险开始下降。

第二节　管窥的力量：发现农村离婚群体的特征

通过对农村离婚问题的问卷统计与描述，并结合定性研究中的田野调查访谈描述，我们对农村离婚的基本概况有了较为全面的认识和了解，这时需对农村离婚的特征进行总结与归纳。在研究方法选择上，本书基于问卷统计和分析，用定量研究方法进行交叉分析，在此基础上结合在农村驻村调查时的深度访谈和观察，用定性研究方法进行阐述，对转型期农村离婚问题的特征进行归纳和提炼，为全面认识和了解农村离婚问题的特征提供较为翔实的参考。概括来说，农村离婚群体的文化程度较低，就业分层较大；大多数人年龄差距小，家庭功能整合较强；婚龄较为稳定，子女抚养较为理性化。

一、文化程度普遍较低

根据1836份农村离婚的问卷调查与统计，在农村离婚群体中，大多数人只有初中及以下文化程度，具有高中（中职）文化程度的人较少，接受高等教育的人就更少了。表1–1中的数据显示：具有小学及以下文化程度的占比 25.65%，具有初中文化程度占比 48.86%，具有高中（含中职）文化程度的占比 18.57%，受过高等教育文化程度的占比 6.92%。我们可以将这一结果与全国劳动力就业人口受教育的文化程度进行比较。根据国家统计局发布的《中国人口和就业统计年鉴（2018）》数据，[①]2017 年我国劳动力人口就业的文化程度为：小学以下文化程度占比 19.2%，初中文化程度占比 43.4%，高中（含中职）文化程度占比 18.0%，受过高等教育的文化程度占比 19.2%。由此可见，在农村离婚群体中，具有高中及以下文化程度的占比明显高于全国劳动力人口中同等文化程度人员的就业水平，而受过高等教育文化程度的农村离婚群体明显低于全国劳动力人口中同等文化程度人员的就业水平，这表明在转型背景下，我国农村离婚群体的文化程度呈现出整体较低的特征。

在国家教育政策全面推行的背景下，农村离婚青年群体的受教育程度有所提高，尤其是从 2006 年开始，国家对农村义务教育阶段实施“两免一补”政策，并在农村全面推行九年义务教育，有效地提高了农村青年的受教育水平。但是，对于那些因年龄较大而错过九年义务教育的离婚群体来说，他们大多只具有小学文化水平，甚至有不少“文盲”，尤其是在西部偏远的农村地区。显然，这与农村经济社会发展和教育政策实施的效果相关，在不同

① 注：在《中国人口和就业统计年鉴（2018）》发布的数据中，其百分比小数只保留一位，我们在引用比较时按发布的法定数据进行比较，所以在百分比位数上存在不一致，但不影响我们对这一现象的判断。

地区存在差异性。比如，在北京平谷农村50—70岁的人普遍具有初中文化水平，而在贵州、云南、甘肃等地农村，这个年龄段普遍只有小学文化水平，甚至“文盲”也不少。总体来看，当前我国农村离婚群体的文化程度普遍较低，但随着人口自然更替和农村经济社会快速发展、国家教育政策的有效推进，未来这一现象将会得到很大程度上的改善。

从文化程度与离婚的关联性上考察看，在农村调查的实践表明：一方面，文化程度相对较高的农村青年因接受过现代文化教育，流动性更强，更愿意进城打工，从而加剧了农村家庭的离散化，其离婚风险高于留守在村庄中文化程度相对较低的群体。另一方面，文化程度相对较高的农村青年进城打工之后，容易接受城市现代文化和习得非农产业就业技能，因而在婚姻观念、家庭观念及人生观念上发生较大改变，其婚姻的不稳定性风险大于农村留守群体。因为他们在城市打工期间更容易接触异性，婚外情、婚外性行为发生概率较大，对婚姻的稳定性冲击更大。当然，因具备了相对较高的非农产业就业技能，农村青年离婚之后再婚的概率提高，因为文化程度较高的群体相对于文化程度较低的群体来说，在婚姻市场上参与竞争的优势更大，更容易获得再婚机会。但总体来说，农村离婚群体具有文化程度普遍较低的特征。

二、就业分层比较明显

根据1836份农村离婚的问卷调查与统计，农村离婚夫妻的就业结构已不再是从事单一的农业工作，而是分布在第二、三产业，呈现出较为明显的分层现象，尤其是打工潮的形成使离婚夫妻从农村转移到城镇从事第二、三产业。根据问卷调查和统计分析，农村离婚夫妻中从事传统农业的占样本总量23.91%、半工半耕占样本总量15.36%、打工（主要从事第二、三产业）占样本总量41.12%、经商占样本总量16.34%、其他占样本总量3.27%。这表明，在转型背景下我国农村离婚夫妻在就业结构分布方面具有明显的分层特征。就业结构上的分层与年龄是否有关联性影响呢？我们将农村离婚夫妻离婚时的年龄进行分类，其中19岁及以下的占样本总量1.20%，20—24岁的占样本总量14.54%，25—29岁的占样本总量32.63%，30—34岁的占样本总量24.46%，35—39岁的占样本总量16.39%，40—44岁的占样本总量6.32%，45—49岁的占样本总量2.72%，50岁及以上的占样本总量1.74%。由此可见，农村离婚群体的年龄主要集中在20—39岁，累计占比88.02%，具有较为年轻化的特征。

将农村离婚夫妻离婚时的年龄与就业进行交叉分析，1836份问卷统计结果表明，农村离婚夫妻的年龄（非离婚时的年龄）25岁以下123人、26—30岁321人、31—35岁322人、36—40岁390人、41—45岁322人、46—50岁182人、51岁及以上176人，分别占样本总数6.70%、17.48%、17.54%、21.24%、17.54%、9.91%、9.59%。离婚时务农的439人、打工的755人、做生意或经商的300人、半工半耕的282人、做其他工作的60人，分别占样本总数的23.91%、41.12%、16.34%、15.36、3.27%。同时，我们可以看出每种组合的实际计数、预期计数、百分比均在年龄内和就业内。例如，年龄在25岁以下且打工的实际计数为78，预期计数为50.60，在所有25岁以前离婚就业的人群中占比63.41%，离婚者年龄25岁以下的占10.33%。例如，年龄在26—30岁打工的实际计数为183，预期计数为132.00，在26—30岁就业人员中占比57.01%，在所有年龄阶段打工的人中占24.24%。年龄在31—35岁的年轻人，打工和做生意的实际计数分别为165和49，预期计数为132.40和52.60，分别占31—35岁打工人数的51.24%、15.22%，分别占所有年龄阶段打工人数的21.85%、16.33%。年龄在41—45岁、46—50岁以及50岁以上的年龄较大的人中，务农的实际计数分别为91、74、96，预期计数分别为77.00、43.50、42.10，分别占年龄在41—45岁、46—50岁以及50岁以上的人群中工作人数的28.26%、40.66%、54.55%，在所有年龄阶段中务农的比例分别占20.73%、16.86%、21.87%。其卡方检验的结果如下表：

表1-13　农村离婚夫妻年龄与就业交叉分析卡方检验

	数值	df	渐进Sig（双侧）
Pearson卡方	259.756a	24	.000
概似比	259.954	24	.000
线性和线性组合	9.869	1	.002
有效观察值个数	1836		
a.1资料格（2.9%）预期计数小于5，预期计数下限为4.02			

从表 1–13 中可以看出卡方检验的结果，卡方检验的零假设是：农村离婚夫妻的年龄与就业无关。显著性水平 α 设为 0.05，预期计数小于 5 的单元格数为 1，预期计数下限位 4.02，N=1836>40，c2=259.756，自由度 df=24，两种检验的双向显著性水平都小于 0.05，按 α =0.05 的水准拒绝零假设，卡方检验有效。由此可见，农村离婚年龄与就业的性质具有相关性。其条形图参见图 1–1：

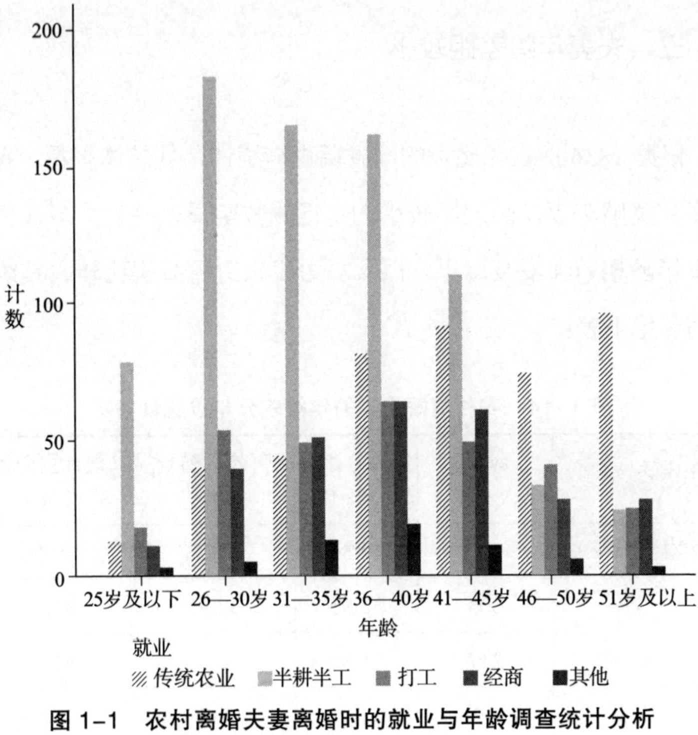

图 1–1　农村离婚夫妻离婚时的就业与年龄调查统计分析

通过对农村离婚夫妻年龄与就业分布的交叉分析可以看出，在农村离婚夫妻中，年龄较大的往往在家务农，而年轻的往往外出打工从事非农产业。从农村调查来看，因农村离婚夫妻的文化程度普遍较低、技能单一，大多数人在城镇从事的第二、三产业都是技术含量较低、收入不高的行业，这一现象与离婚夫妻的年龄紧密相关。这表明，在转型背景下我国农村离婚夫妻已从单一的农业就业向多元就业转变，受从业性质和收入的影响，夫妻在婚姻关系的维系中已逐步发生了变化，即维系婚姻稳定的纽带发生了较大变化，农村婚姻家庭关系的稳定性面临新的挑战。

三、夫妻年龄差距较小

根据 1836 份农村离婚的问卷调查与统计，从总体来看，农村大多数离婚夫妻年龄差距较小的特征比较明显，并且大多数离婚夫妻年龄相差 4 岁及以下。以 2 岁为段来进行分类比较，其统计详情参见下表：

表 1-14　农村离婚夫妻的年龄差分年段统计情况

夫妻年龄差	频率（人 / 次）	百分比（%）	有效百分比（%）	累计百分比（%）
2 岁及以下	910	49.56	49.56	49.56
3—4 岁	605	32.95	32.95	82.51
5—6 岁	217	11.82	11.82	94.33
7—8 岁	49	2.67	2.67	97.00
9—10 岁	26	1.42	1.42	98.42
11—12 岁	12	0.65	0.65	99.07
13—14 岁	10	0.55	0.55	99.62

续表

夫妻年龄差	频率（人/次）	百分比（%）	有效百分比（%）	累计百分比（%）
15—16岁	3	0.16	0.16	99.78
17岁及以上	4	0.22	0.22	100.00
总计	1836	100.00	100.00	—

从表1-14中可以看出，农村离婚夫妻群体中近一半的夫妻年龄相差2岁以内，夫妻年龄相差4岁以内的累计占比82.51%，夫妻年龄相差6岁以内的累计占比94.33%。相反，夫妻年龄相差大于7岁的累计占比仅为5.67%，从农村调查来看，这部分离婚夫妻大多数是一方离婚再婚（含再婚后又离婚的现象）而导致夫妻年龄差距较大。从总体上看（参考曾毅等人对夫妻年龄差距的划分标准），在转型背景下农村大多数离婚夫妻具有年龄差距小的特征。

为了全面考察农村离婚问题，需考察结婚之后多少年离婚与离婚时间是否存在关联性，即婚姻维系与离婚年代是否具有关联性。本书将农村离婚夫妻的婚姻维系年限分为六类，即结婚3年及以下离婚的占样本总量27.45%，4—6年内离婚的占样本总量26.69%，结婚7—9年内离婚的占样本总量16.99%，结婚10—12年内离婚的占样本总量10.89%，结婚13—15年内离婚的占样本总量7.52%，结婚16年及以上离婚的占样本总量10.46%。同时，将农村离婚夫妻的离婚时间分年段进行统计，其中2000年以前离婚的占样本总量12.31%，2001—2005年离婚的占样本总量

14.32%，2006—2010 年期间离婚的占样本总量 28.43%，2011—2015 年期间离婚的占样本总量 36.55%，2016 年以来离婚的占样本总量 8.39%。

从交叉分析结果来看，在 1836 名离婚受访者中，婚后 3 年及以内离婚的 504 人、4—6 年离婚的 490 人、7—9 年离婚的 312 人、10—12 年离婚的 200 人、13—15 年离婚的 138 人、16 年及超过 16 年离婚的 192 人，分别占样本总数的 27.45%、26.69%、16.99%、10.89%、7.52%、10.46%。2000 年以前离婚的 226 人、2001—2005 年离婚的 263 人、2006—2010 年离婚的 522 人、2011—2015 年离婚的 671 人、2016 年以后离婚的 154 人，各占样本总数的 12.31%、14.32%、28.43%、36.55%、8.39%。2000 年以前且是在结婚后 4—6 年离婚的，实际计数为 62，预期计数为 62.60，在结婚后 4—6 年离婚的群体中占比 12.60%，在所有结婚后若干年又离婚且是在 2000 年以前离婚的群体中占 27.43%。2011—2015 年且是在婚后 3 年之内离婚的实际计数为 214，预期计数为 184.20，占婚后 3 年或 3 年以内离婚群体的 42.46%，在所有结婚后离婚的且是在 2011—2015 年离婚的群体中占比 31.89%。结婚后 4—6 年且是在 2011—2015 年离婚的实际计数为 198，预期计数为 179.80，占结婚后 4—6 年离婚群体的 40.24%，在所有结婚后离婚且是在 2011—2015 年离婚的群体中占比 29.51%。离婚时间在 2016 年以后且是在结婚 3 年以内离婚的被调查者人数，占所有结婚后若干年离婚且在 2016 年以后离婚群体的 65.58%。可见，随着离婚时间的向后推移，农村离婚群体的婚姻存续时间普遍越来越短。其卡方检验结果参见下表：

表 1–15 农村离婚夫妻结婚年限与离婚时间交叉分析卡方检验

	数值	df	渐进 Sig（双侧）
Pearson 卡方	196.765a	20	.000
概似比	189.114	20	.000
线性和线性组合	48.072	1	.000
有效观察值个数	1836		
a.0 资料格（0.0%）预期计数小于 5，预期计数下限为 11.58			

从表 1–15 中可以看出卡方检验的结果，卡方检验的零假设是：婚姻存续时间的长短与离婚时所处的时间段无关。显著性水平 α 设为 0.05，预期计数小于 5 的单元格数为 1，预期计数下限位 11.58，N=1836>40，c2=196.755，自由度 df=20，两种检验的双向显著性水平都小于 0.05，按 α =0.05 水准拒绝零假设，卡方检验有效。由此可见，婚姻存续时间的长短与离婚时所处的时间段具有相关性。其条形图参见图 1–2。

在传统社会中，男女两性的年龄基本相适应是重要的择偶标准之一，在离婚夫妻的性别特征方面，“男大女小”仍然是当前农村主要的婚配年龄模式，尤其是初婚婚配年龄，但“男女同龄”婚配模式有所波动，这种波动主要取决于不同农村地区通婚圈的大小。然而，在打工潮背景下受婚姻挤压冲击的影响，农村离婚夫妻在婚姻缔结的年龄上“女大男小”的情况呈增加之势，尤其是在性别失衡较为严重的中西部贫困农村地区，“初婚男娶二婚女”

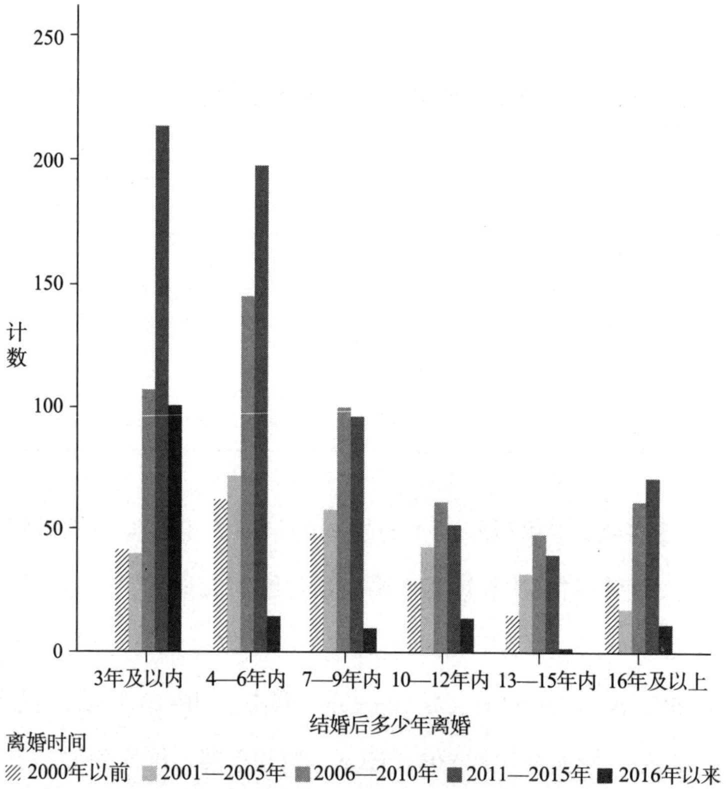

图 1-2　农村离婚夫妻离婚时间与婚姻维持时间调查统计分析

已初显端倪，这客观上拉大了“女大男小”婚配模式的比重，但是从总体上看大多数离婚夫妻年龄差距较小，并没有出现大规模快速分散化的发展之势。

四、家庭功能整合较强

根据 1836 份农村离婚的问卷调查与统计，在转型期我国农村离婚夫妻中，大多数离婚夫妻的家庭功能（离婚前）呈现出整合化发展趋势，这一现象与打工潮的兴起紧密相关。从表 1–3 中我们可以看出，农村离婚夫妻家庭中，从事非农产业（打工或经商）的高达 57.46%，半工半耕的为 15.36%，两者占比高达 72.82%。在这些家庭中，因为涉及家庭非农就业，家庭经济功能和抚育、赡养等方面往往不会是单一模式。比如，子代进城打工或经商、父代在家务农照顾小孩，或采取夫妻城乡分工模式等现象较为普遍。这说明在转型背景下，受打工潮的影响，农村离婚家庭呈现出子家庭与母家庭进行功能整合之势。

在打工潮背景下，农村家庭普遍实行代际分工和城乡分工模式，即年轻夫妻进城打工，孩子留守农村由亲属代管，家庭内部劳动力进行整合。农村离婚夫妻的家庭功能整合化在不同农村地区表现有所不同，从分家情况上看，华南地区农村子家庭与母家庭分离较慢，而中西部地区农村子家庭与母家庭分离加快，这与各地农村经济发展和市场化渗透、农村社会结构变迁、分家的传统习俗等相关。但是，分家仅是母家庭和子家庭在形式上的区别，在实质上不少农村家庭内部母家庭和子家庭功能重叠或整合的较多，比如代际分工合作中分户不分爨的现象。总的来看，农村离婚家庭功能已呈整合化演变。换言之，子代进城打工，父代在家务农，当子代逢年过节回家时又在一起吃饭，子代与父代分户不分爨的形式普遍存在，也就是说分户分财（两个会计单位）但不分灶，这种现象在农村较为普遍，尤其是在中西部地区的农村。

五、夫妻婚龄趋于稳定

根据1836份农村离婚的问卷调查与统计，农村离婚夫妻的婚龄时间总体上趋于稳定，但农村“闪离”行为有所上升，农村婚姻面临的离婚风险日渐严峻，尤其是青年群体中的跨省婚姻发生“闪离”的风险较大，这一现象在未来一段时期内仍有可能持续上升。表1-12中的数据显示，夫妻结婚3年以内解除婚姻关系的占27.45%，6年以内解除婚姻关系的累计占比54.14%，这与曾毅等人对20世纪80年代我国离婚研究的结论基本一致，但可以观察到的是这一现象随着时间的推移，尤其是农村夫妻“闪离”行为的增加，未来可能会逐步改变。同时，从表1-12中可以看出，农村离婚夫妻婚龄达到10年以后，离婚发生率开始逐步下降。这表明，在转型背景下农村离婚夫妻在经营婚姻的时间上总体来说具有趋于稳定的特征。

从农村离婚的调查情况来看，大多数农村离婚夫妻结婚之后维持婚姻的年限主要集中在6年以内，这与调查问卷的统计分析结果较为一致。例如，在广东省东莞市G镇和S镇、湖北省荆门市T镇、贵州省都匀市S乡等，虽然近年来青年夫妻群体中“闪离”行为逐步上升，但相对于年龄较大的离婚夫妻来说，他们离婚往往会考虑孩子因素，其婚姻维系时间相对有所拉长，这与“闪离”行为呈反向关系，从某种程度上来说抑制了离婚夫妻婚龄快速缩小之势。可以预见的是，随着农村离婚率不断上升，尤其是“闪婚闪离”行为不断增加，未来这一相对稳定之势会出现变动。一方面受婚姻挤压的影响，跨年龄段婚配有所增加，婚姻不稳定风险会持续加剧；另一方面受通婚圈扩大的影响，女性在婚姻博弈中的主导权加强。受婚姻资源禀赋和婚姻价值变迁的影响，农村离婚风险增大，农村离婚夫妻原本相对稳定的婚龄可能会逐步改变。

六、子女抚养较为理性

根据 1836 份农村离婚的问卷调查与统计，农村离婚夫妻在承担子女抚养责任和义务上呈日益理性化的发展趋势，在抚养方式上也日趋多元化，这种发展趋势与现代性因素全面渗透到农村社会中及人们生活的货币化程度提高有较强的相关性。表 1–9 中的数据显示，在 1377 对离婚夫妻（剔除没生育子女的离婚夫妻）子女抚养的统计中，子女由父亲家（监护）抚养的累计占比 61.80%，由母亲家抚养的累计占比 25.85%，其他情况累计占比 12.35%。在抚养方式上，由父亲单独负责的占比为 30.65%、由母亲单独负责的占比为 5.95%。这表明，在转型背景下农村离婚夫妻在子女抚养上具有理性化特征。

在农村离婚问题中，离婚夫妻的年龄与子女抚养是否存在关联性？为了考察这一现象，本书将农村离婚的年龄与子女抚养状况进行交叉分析。从农村离婚夫妻年龄分布情况看，离婚年龄在 24 岁及以下的占样本总量 15.74%，离婚年龄在 25—29 岁的占样本总量 32.63%，离婚年龄在 30—34 岁的占样本总量 24.46%，离婚年龄在 35—39 岁的占样本总量 16.39%，离婚年龄在 40 岁及以上的占样本总量 10.78%。同时，我们将离婚夫妻的子女抚养情况进行归类统计：子女由男方抚养（以监护来划分，含女方支付生活费和爷爷奶奶监护）的占样本总量 61.80%，子女由女方抚养（含男方支付生活费和外公外婆监护）的占样本总量 25.85%，子女由夫妻各自抚养（如两个孩子）或亲人抚养的占样本总量 5.67%，子女无须抚养的占样本总量 6.68%。我们将其进行交叉分析，考察其关联性。

分析结果显示，在农村 1377 名离婚被访者的问卷调查中，孩子主要由男方或男方亲戚抚养的共有 851 例、由女方或女方亲戚抚养的共有 356 例、由其他人抚养的共计 78 例、不需要抚养的共计 92 例，分别占样本总数的 61.80%、25.85%、5.67% 和 6.68%，可见不管处于哪个离婚年龄段，在孩子抚养的问题上，男方或男方亲戚是主要承担者。所有离婚时年龄在 24 岁以下且离婚后孩子由男方或男方亲戚抚养的实际计数为 113，预期计数为 94.60，在 24 岁以下离婚后抚养孩子的对象中占 73.86%，在所有离婚后孩子由男方抚养的计数中占 13.27%。25—29 岁离婚且离婚后由男方或男方亲戚抚养孩子的实际计数为 262，预期计数为 250.30，在 25—29 岁离婚且所有离婚后抚养孩子的对象中占 64.69%，在所有离婚后孩子由男方抚养的计数中占 30.79%。卡方检验结果详情参见表 1–16。

表 1-16　农村离婚夫妻的离婚年龄与子女抚养交叉分析卡方检验

	数值	df	渐进 Sig（双侧）
Pearson 卡方	329.552a	12	.000
概似比	251.832	12	.000
线性和线性组合	156.852	1	.000
有效观察值个数	1377		
a. 0 资料格（0.0%）预期计数小于 5，预期的计数下限为 8.67			

从表 1-16 中可以看出卡方检验的结果，卡方检验的零假设是：离婚后孩子由谁抚养的情况与离婚时的年龄无关。显著性水平 α 设为 0.05，预期计数小于 5 的单元格数为 0，预期计数下限位 8.67，N=1377>40，c2=329.552，自由度 df=12，两种检验的双向显著性水平都小于 0.05，因此按 α =0.05 的水准拒绝零假设，卡方检验有效。由此可见，离婚后孩子由谁抚养的情况与离婚时的年龄显著相关。其条形图参见图 1-3。

从在农村的调查来看，受市场化冲击和现代性因素全面渗透的影响，农村婚配资源出现转移及失衡。比如，中西部农村性别资源向东部沿海发达地区转移，导致中西部农村地区普遍出现性别资源失衡状态，农村离婚理性化程度逐步提升，彩礼加重、婚礼攀比、光棍涌现等，导致了离婚夫妻在子女抚养上呈理性化趋势。一方面受婚配资源失衡的影响，中西部农村离婚夫妻在对待子女抚养问题上往往会考虑再婚负担，尤其是男性再婚负担重，在一些地方出现了离婚后一部分人认为抚养子女加重经济负担，再婚的机会就会减少，导致了理性化算计加强。另一方面受打工

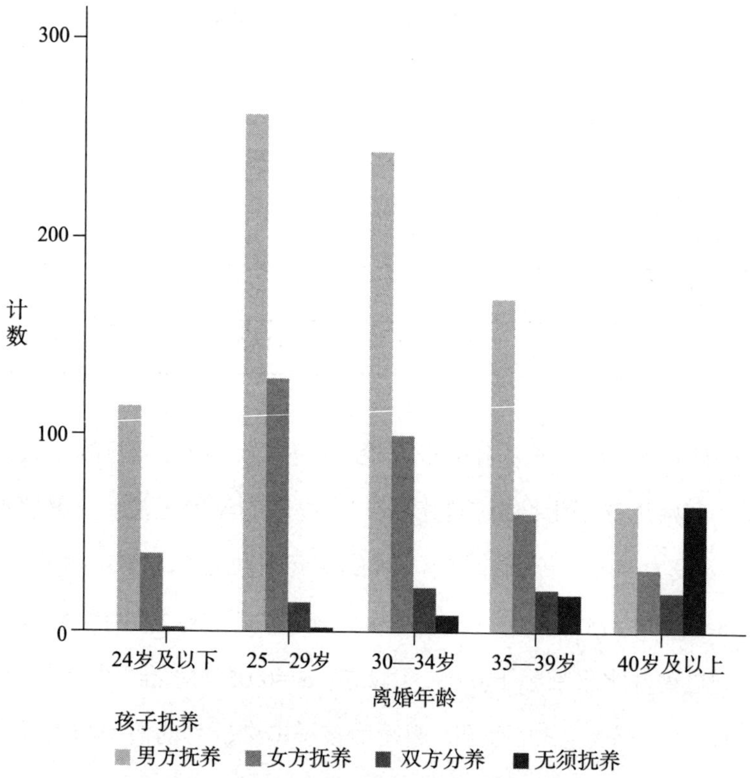

图 1-3　农村离婚夫妻的离婚年龄与子女抚养统计分析

潮的影响，离婚夫妻在抚养子女过程中往往依靠代际支持来完成，一旦夫妻离婚，其子女抚养就失去了原有家庭亲代与子代进行资源整合共养的局面，理性选择子女抚养的行为加强，从而出现子女依靠双方父母代管抚养，离婚夫妻各自务农、打工或经商等赚钱抚养的局面。需要指出的是，同一夫妻离婚后将多子女进行分割抚养的家庭，大多数是按性别进行子女抚养负担分割的。比如，父亲抚养儿子既有性别优势，又可以满足传宗接代的需求；母亲抚养女儿既有性别优势，又具有带女儿相对好再婚、即使不考虑再婚到晚年也有依靠等。总的来看，当前农村离婚夫妻在子女抚养选择上呈理性化、在抚养路径上呈多元化的特征，这一特征随着农村人口流动加速，婚姻不稳定风险凸显，在未来还将进一步加剧，并成为农村离婚夫妻抚养子女理性化选择的常态。

综上所述，在转型背景下，农村离婚夫妻的文化程度整体较低，且具有地区差异，离婚年龄主要集中在 44 岁以下，在就业结构分布上打工的离婚夫妻占比较高，超过 40%，然后才是务农、经商以及半耕半工等。从农村离婚夫妻的结婚状况考察看，在择偶上选择本人的占多数，超过 65%，然后才是选择门当户对和物质基础。在婚前的相识途径上亲朋好友介绍认识结婚的占多数，接近 40%，除此之外打工认识和很早就认识占有一定的比重。在结婚形式上办证且办酒的占多数，超过 70%，且主要以自由婚恋的形式居多，接近 60%，这说明民众法律意识逐步增强。在离婚时间上，20 世纪 90 年代中后期以来，农村离婚呈快速上升之势，夫妻婚后维持 6 年以内就离婚的占大多数，累计占比超过 54%。同时，从农村离婚特征上考察看，大多数离婚夫妻的年龄差距小，从总体上看文化程度较低，家庭功能呈整合化趋势，就业结构呈现出多元化之势，子女抚养也越来越理性化。

第二章　幕后台前：复杂的原因和明朗的趋势

婚姻是组建家庭的核心纽带，是传宗接代、延续香火及继承家产的重要载体，其本质在于它的社会属性。离婚，作为夫妻双方婚姻关系的结束，是一种社会行为，必然有其内在决定因素，这些因素往往随着社会发展而变化，人们对这些因素的认识，也在随着经济和社会发展而改变。[①]按照我国《婚姻法》的规定："夫妻双方自愿离婚的，应当签订书面离婚协议，并亲自到婚姻登记机关申请离婚登记。"在转型背景下，我国农村离婚率逐步上升，已成为社会关注的热点问题。在学界关于离婚原因的研究中，巫昌祯的研究观点具有代表性，她将离婚总结为十大原因：因性格不同、志趣各异提出离婚，因经济开支等家庭琐事提出离婚，因第三者插足提出离婚，因草率结婚或未建立起感情提出离婚，因封建残余思想影响提出离婚，因违法婚姻关系提出离婚，因夫妻一方受到法律制裁或处罚提出离婚，因夫妻一方有病提出离婚，因家庭成员不和提出离婚，因感情变化而提出离婚。[②]此后，国内

① 曾毅主编：《中国八十年代离婚研究》，北京大学出版社1995年版，第88页。
② 巫昌祯等：《当代中国婚姻家庭问题》，人民出版社1990年版，第251—297页。

学界对离婚原因进行不断的丰富和拓展，为本书提供了宝贵的学术借鉴。

鉴于此，本书将充分借鉴和吸纳巫昌祯、曾毅等学人关于离婚原因的划分，立足于转型期我国农村离婚的实际情况，将农村离婚的原因划分为感情不和、性格不合、家庭矛盾、生育问题、家庭经济原因、夫妻一方伤残或疾病、夫妻一方犯罪、征地拆迁以及其他原因等九个方面，运用定性研究与定量研究相结合的方法，对农村离婚原因和发展趋势进行分析和阐释。

第一节　复杂的原因：个体、家庭和社会因素的交织

为了全面和深入地分析转型期我国农村离婚问题的原因，本书将结合在农村调查的个案深度访谈和问卷调查统计进行综合分析和研究。一是立足于在农村田野调查中的个案深度访谈，选取具有代表性和典型性的离婚个案进行分析和阐述，以个案访谈的深度描述呈现农村离婚夫妻的婚姻观念、婚姻行为及离婚抉择，以社会结构与个体行动为理论视角，从微观层面将离婚当事人的个体心理和行为逻辑进行全面呈现。二是基于在全国 14 个省（区、市）采集到的 1836 份问卷进行统计分类，并通过对农村离婚当事人的统计和描述，从面上呈现转型期农村离婚问题的原因，从而形成以个案和问卷相结合的研究路径，分析农村离婚问题的原因。

为了从面上考察农村离婚问题的原因，本书对在全国 14 个省（区、市）的 28 个乡（镇）问卷调查进行统计与分析。需要指出的是，本书中已界定了离婚群体，即指夫妻双方（已办理结婚登记）到婚姻（民政）部门或法庭，按照相应政策规定或法律程序解除婚姻关系的，不包括事实离婚（抛夫弃子）现象。根据 1836 份农村离婚的问卷调查与统计，转型期农村夫妻离婚的原因统计详情参见下表：

表 2–1　农村夫妻离婚的原因统计情况[①]

离婚原因	频数（次）	占总频数比（%）
感情不和	1135	37.18
性格不合	824	26.99
家庭矛盾	578	18.93
生育问题	184	6.03
家庭贫困	186	6.09
一方伤残（疾病）	43	1.41
一方犯罪	36	1.18
征地拆迁	11	0.36
其他	56	1.83
总计	3053	100%

① 注：农村离婚问题的原因具有多重性和复杂性，为了更为全面、深入了解和掌握农村离婚问题的原因，我们在进行问卷调查时采用复合式问卷，即接受调查的离婚夫妻在离婚原因上可以进行多选（最多三项）。因为调查问卷设计了复合式多项选择，所以在问卷数据处理中我们按照统计学原理取频数来进行统计和分析，这就是频数（次）总量和样本总量不一致的原因。

从表 2-1 中可以看出农村离婚的主要原因分布状况，因感情不和选择离婚的频数为 1135 次，占总频数比为 37.18%；因性格不合选择离婚的频数为 824 次，占总频数比为 26.99%；因家庭矛盾选择离婚的频数为 578 次，占总频数比为 18.93%；因生育问题选择离婚的频数为 184 次，占总频数比为 6.03%；因家庭贫困选择离婚的频数为 186 次，占总频数比为 6.09%；因夫妻一方伤残或疾病选择离婚的频数为 43 次，占总频数比为 1.41%；因夫妻一方犯罪选择离婚的频数为 36 次，占总频数比为 1.18%；因征地拆迁选择离婚的频数为 11 次，占总频数比为 0.36%；因其他原因选择离婚的频数为 56 次，占总频数比为 1.83%。由此可见，在转型期农村夫妻离婚的原因中，感情不和、性格不合和家庭矛盾分别排在前三位，在总频数中占比分别为 37.18%、26.99% 和 18.93%。这表明，在转型背景下农村夫妻离婚的主要原因集中在感情不和、性格不合和家庭矛盾上，其中感情不和居于首位，在总频数中的比重超过 37%。值得注意的是，因家庭贫困和生育问题离婚的频数在总频数中的占比均超过 6%；因夫妻一方伤残（或疾病）、夫妻一方犯罪和征地拆迁离婚的频数在样本总量中均占有一定比重，这表明在转型期农村夫妻离婚的原因已逐步向多元化转变，传统乡土社会中“嫁鸡随鸡、嫁狗随狗”的婚姻誓言日渐式微。

曾毅等人在对我国 20 世纪 80 年代离婚主要原因的统计分析中发现，因性格志趣不同离婚的占 50.2%，因家务矛盾离婚的占 14.5%，因草率结婚离婚的占 13.1%，因第三者插足离婚的占 8.7%，因性生活不协调离婚的占 3.6%，因一方疾病离婚的占 2.6%，因一方犯罪离婚的占 0.8%，因其他原因离婚的占 6.4%。[①] 本书将草率结婚、第三者插足和性生活不协调三项进行合并，归为夫妻感情不和，其占比为 25.4%。由此可看出，在曾毅等人对我国 20 世纪 80 年代离婚问题的研究中，夫妻主要离婚原因排序为：性格志趣不同占 50.2%，排序第一；感情不和占 25.4%，排序第二；家务矛盾占 14.5%，排序第三；随后分别是其他原因、夫妻一方疾病和夫妻一方犯罪。

本书在研究农村夫妻离婚的原因统计排序中，前三的分别是感情不和、性格不合和家庭矛盾，分别占总频数比的 37.18%、26.99% 和 18.93%。如果不考虑城乡因素差异，仅从时间维度上进行参考和比较，可以推导出改革开放以来离婚原因的变化趋势，感情因素在婚姻维系中的作用不断提高，而夫妻性格不合方面的原因下降。从农村离婚夫妻调查的情况来看，这一现象与婚姻的自由度具有相关性。随着改革开放的深入推进，尤其是市场经济体制建立以来，农村剩余劳动力大量转移到城镇就业，由此兴起了打工潮。就业和地理空间上远离父母管控的农村青年，在婚恋上的自由度空前提升，直接导致了父母和长辈无法再干预子代婚姻大事，使性格不合在农村离婚主要原因的比重有所下降。此外，在家庭矛盾、家庭经济条件、夫妻一方伤残或疾病、夫妻一方犯罪及其他原因的比较方面，因受研究对象选取和研究时间、空间

① 曾毅主编：《中国八十年代离婚研究》，北京大学出版社 1995 年版，第 94 页。

不同而无法科学和严谨地进行对比，不过可以初步推断出，在转型背景下农村夫妻离婚的主要原因已开始嬗变，这种变化对婚姻稳定性的影响在不同时期表现出来的问题具有差异性。

一、感情不和

在国外学界关于夫妻感情的研究中，主要选择的解释路径是将夫妻的情感交流和感情的维系放到婚姻互动论中去考察，试图通过将夫妻的日常互动强弱与婚姻质量相结合，从心理学和社会学视角进行解释。[①]国内学界从婚姻质量的视角对夫妻情感进行了相应的研究。徐安琪和叶文振在婚姻质量研究中，通过建立指标体系对婚姻预期、夫妻冲突和情感维系进行了测量。[②]也有学者从夫妻亲密关系维度对夫妻感情和婚姻的满足度进行研究。[③]鉴于此，本书在考察农村离婚夫妻感情不和问题上，将它划分为六个层面进行调查和分析，即夫妻一方越轨、性生活不和谐、夫妻一方没有责任心、对方不尊重人、夫妻一方有家庭暴力及其他原因，其样本量是基于表2–1中选择夫妻感情不和的频数即1135人/次，并进一步统计和分析。统计详情参见表2–1–1。

---

① L.S.Matthews，&K.A.S.Wickrama，“Predicting Marital Instability from Spouse and Observer Reports of Marital Interaction”，*Journal of Marriage and the Family*，Vol.3，No.58，1996.

② 徐安琪、叶文振：《婚姻质量：婚姻稳定的主要预测指标》，《学术季刊》2002年第4期。

③ 卢淑华、文国锋：《婚姻质量的模型研究》，《妇女研究论丛》1999年第2期。

表 2-1-1　农村离婚夫妻感情不和的统计情况

感情不和	频数（次）	占总频数比（%）
夫妻一方越轨	671	32.97
性生活不和谐	109	5.36
夫妻一方没有责任心	497	24.42
对方不尊重人	347	17.05
夫妻一方有家暴	242	11.89
其他原因	169	8.30
总计	2035	99.99

从表 2-1-1 中可以看出农村离婚夫妻在感情不和方面的主要原因：在 1135 例样本统计中，因夫妻一方越轨的频数为 671 次，占总频数比为 32.97%；因夫妻性生活不和谐的频数为 109 次，占总频数比为 5.36%；因夫妻一方没有责任心的频数为 497 次，占总频数比为 24.42%；因对方不尊重人的频数为 347 次，占总频数比为 17.05%；因夫妻一方有家庭暴力的频数为 242 次，占总频数比为 11.89%；因其他原因的频数为 169 次，占总频数比为 8.30%。这表明转型期农村离婚夫妻感情不和问题是由多方面原因引起的，并非单一的原因导致。但是，从农村离婚的问卷统计来看，离婚夫妻感情不和主要集中在夫妻一方越轨、夫妻一方没有责任心和对方不尊重人这三个方面，总频数占比均超过 15%。显然，在个案深度访谈中，这三个方面的原因往往具有关联性和重叠性。比如，夫妻一方越轨后，另一方（一部分人）往往会认为对方对婚姻没有责任心和对自己不尊重。在一些离婚夫妻中，一方的越轨

行为跟夫妻性生活不和谐相关。总之，在农村离婚夫妻的群体中，感情不和具有复杂性和多重性，并非用单一调查问卷和相应的数据模型分析可以将其内在机制揭示出来，需要研究者深入到农村社会中去进行无结构访谈，从微观心理变化和行为逻辑转变方面进行全面把握。因此，需要将农村调查的深度访谈个案与之相结合，并进一步分析其复杂性和多重性，全面和深入地呈现离婚夫妻感情不和的原因。

（一）夫妻一方越轨

婚姻的本质属性是它的社会性，是夫妻之间履行婚姻权利和义务的基础，在婚姻维系中夫妻的感情基础是重要的因素之一，尤其是在自由婚姻中夫妻的感情因素是维系婚姻稳定非常重要的纽带。在婚姻关系的维系过程中，婚姻缔结的完成就意味着男女结为合法夫妻，并得到社会承认，需要彼此履行相应的责任和义务，即夫妻以感情为纽带建立的婚姻关系在权利和义务上处于相对平衡的关系。但是，在婚姻维系过程中一旦一方出现越轨行为，婚姻中权利和义务的平衡关系就被打破，不仅给另一方造成巨大的心理伤害，还会给夫妻感情和婚姻带来致命打击。问卷调查的统计数据显示，夫妻一方越轨导致离婚的频数为 671 次，占总频数比为 32.97%，在夫妻感情不和中排序第一，这说明超过 30% 的农村离婚夫妻的感情不和是由夫妻一方越轨导致。

我（杨某）是 1970 年 1 月出生的，1988 年 2 月经朋友介绍认识王某，谈了一年多恋爱我们就结婚了，大女儿在长沙打工，小女儿上高中，当初我们的感情还可以。但是，后来就变了，原因是我做了对不起他的事（越轨）。我与邻居（相隔 400 米）周某平时相处不错，对他有好感，但一直没有发生关系。2007 年 5 月的一天中午，天上下着雨，我路过周某家门口时没雨伞，他看到后拿了一把雨伞并撑着雨伞送我回家，我们走了一会儿，他就开始用手摸我的胸和下面，我说来月经了，周送了我一段路就走了。过了两天，我一个人在家，周某来我家，他把我抱到房中，把我裤子脱了就发生了关系，弄了一会儿他发现有血就没有继续了（月经没完），因太紧张了他把我衬衣扯烂了，晚上我老公回家看到衣服烂了，对我产生了怀疑，我老公盘问了很久我都没有承认，这事就过去了。又过了十多天，我一个人在家，周某中午来到我家，有了第一次的经历，他胆子也大了起来，不听我劝说直接把我拉到房中抱到床上，把我裤子脱了并发生了关系。我对他说："我没有上环，也没有做结扎手术，怀孕了你要负责。"他说："负责就负责，怕什么。"我老公回家后看到我忐忑不安，发现不对劲儿就狠狠地打我，我忍受不了就承认了。这事闹到了派出所，派出所罚了周某 1200 元给我老公做精神损失费，之后我和周某再没发生关系。本以为这事就算过去了，但从那以后，我们夫妻感情开始急剧恶化，他经常发脾气，有时还动手打我。因无法再生活下去，

2009年3月我们就离婚了（YXH，女，46岁，湖南省宁乡市J乡人，NO：HN-NX-D20160001）。[①]

从杨某的离婚原因可以看出，他们夫妻感情一直不错，自从她开始对邻居周某有好感并发生越轨行为之后，夫妻关系发生了根本性变化，丈夫经常对她发脾气，有时候还动手打她，无法像从前一样和睦地生活下去，他们因此选择了离婚。性在婚姻关系中具有对象上的唯一性和使用权上的排他性，是维持夫妻感情生活与婚姻稳定的润滑剂，俗话说“夫妻床头吵架床尾和”，既表明了性在夫妻感情中的重要性，又说明了性具有隐蔽性。在婚姻关系的维系过程中，感情要素是维持夫妻关系的重要基础，以感情为纽带建立的婚姻关系客观上需要夫妻彼此履行与之平衡的权利和义务，一旦这一平衡的权利和义务关系被一方率先打破，就会导致另一方处于失衡状态，而这种失衡状态的程度取决于另一方对待婚姻的态度。显然，杨某的越轨行为彻底打破了这种平衡的权利与义务关系，且她的丈夫不原谅她，从而导致他们夫妻感情彻底破裂并离婚。

（二）性生活不和谐

美国学者古迪纳夫认为，婚姻关系是一种协议和有效契约，规定了一个男子建立起对某女子在性方面的持续关系，该项权利

① 注：文中个案的年龄均以我们在农村调查访谈当年的时间为准，个案编号中的D是取（Divorce/离婚）的第一个字母，D后四位数字是调查访谈当年的时间（年）；按照学术惯例文中的人名和地名已进行学术化处理，下同。

优先于目前或以后与她有性关系的任何人，该协议的时效直到该协议所产生的契约终止为止。[①] 这表明，婚姻不仅具有社会属性，还具有满足人的自然（生理）属性，即婚姻还具有满足夫妻性体验的需求和意义。在婚姻关系维系过程中，当一方不能为另一方提供合理的性需求时，夫妻的感情就会受到相应的影响，轻则引起夫妻感情不和，重则直接加剧夫妻矛盾，并由此引发夫妻离婚。问卷调查的统计数据显示，在农村离婚夫妻因感情不和的 1135 个样本统计中，因夫妻性生活不和谐的频数为 109 次，占总频数比为 5.36%，即占有一定的比重。

杨某（女）与罗某结婚一年多以来，夫妻经常吵架，甚至大打出手，他们的夫妻关系一直处于冲突之中。有一次在吵架时，当着寨子上大伙的面，杨某对罗某大骂着说："跟你过一辈子有什么意义呢？每次（性生活）像杀猪一样，把我按倒在床上，不到一分钟就完事了，像太监一样没用，我才 29 岁呢！"杨某当众指责丈夫罗某性无能之事，很快传遍了全寨子，从此罗某被寨子上的同龄人称为"找杨哥"，寓意之一是罗某的妻子姓杨，有事找杨哥帮助，其二是谐音为"早泄阳痿"哥的别称，隐含着罗某性无能，尤其是在村庄内公众场合便成为同龄伙伴们谈笑的对象，在强大的村庄舆论压力下，罗某很快与杨某办理了离婚手续，解除了婚

① 转引自杨善华编著：《家庭社会学》，高等教育出版社 2006 年版，第 39 页。

姻关系（YM，女，31 岁，贵州省都匀市 S 乡人，NO：GZ-DY-D20120002）。

从杨某与罗某的吵架中可以看出，一方面性在夫妻情感维系中的重要性，当一方不能满足另一方生理需求时，夫妻感情就会受到冲击。另一方面性在杨某的婚姻关系中具有非常重要的意义，她把性当成婚姻幸福的重要标准之一，当丈夫不能满足她对性的诉求时，她便表露出对丈夫的不满，并当众辱骂丈夫罗某的性无能，从而使夫妻感情降到冰点。在传统社会中，性具有隐秘性，夫妻之间的亲密关系在于共同体验性带来的生理上的满足和精神上的体验。因此，夫妻之间通常不会将这一隐秘话题公之于众。同时，性在婚姻关系中又具有功能性作用，不仅是夫妻感情维系的重要因素，还是调节婚姻关系的重要手段和提升婚姻质量的有效途径。在婚姻维系过程中，当夫妻一方不能满足另一方的这一功能性需求，而另一方将这一隐秘性事件公之于众时，那么在村庄舆论场域中就会造成不良社会后果。这种社会后果的程度取决于两个因素：一是村庄舆论力的大小与当事人承受能力的强弱；二是夫妻不满意的一方对性在婚姻关系中的期待，通常情况下夫妻在性生活上不和谐也会保持沉默和忍受，不会因此而大张旗鼓地吵架，但可能会以其他形式表现出来，并衍生出离婚风险。

在农村社会中，夫妻之间因性不和谐通常会选择不声张式的冷处理，主要是为了给对方尊重和面子，更重要的是避开村庄舆论压力带来的影响。而杨某当众指责丈夫罗某性无能，既让罗某在村庄场域中丢了面子，伤害了夫妻感情；又不能解决夫妻在性方面的隐秘性问题，反而将丈夫推向对立面，而作为丈夫的罗某选择离婚便成为一种解脱。事实上，在这个离婚个案中，还反映了杨某对婚姻的根本看法和立场，她能将隐秘性问题公之于众并当众指责丈夫，这说明她在追求幸福婚姻生活中对夫妻感情的期待。她将性置于夫妻感情和婚姻关系的重要位置，当丈夫不能满足她的生理需求时，她便认为婚姻就没有了意义，即她才 29 岁，未来的人生还长。但是，她并没有因丈夫的性无能而违背婚姻伦理去越轨，这表明婚姻关系中的协议仍然在发挥较大作用，她通过舆论压力抗争去争取婚姻关系中应该享有的权利，透视出在市场化和现代性因素全面渗透下农村女性对个体的权利诉求全面崛起。因此，随着性革命的兴起与渗透，女性在性方面的权利诉求和变化主导了这一革命。[①]由此可见，在转型背景下农村离婚夫妻对性生活的需求与夫妻感情关系呈正向相关，即性生活是维系夫妻感情的重要因素。[②]

（三）夫妻一方没有责任心

费孝通在《乡土中国　生育制度》中指出："婚姻的目的是确立社会性父亲，其意义是建立双系抚育。"[③]夫妻不只是男女间的两性关系，还需要共同对子女承担抚养的合作关系，这两种关系

---

① 转引自黄盈盈、潘绥铭：《21 世纪我国女性的多伴侣性行为变迁之分析》，《中国青年研究》2011 年第 3 期。

② 徐安琪、叶文振：《婚姻质量：度量指标及其影响因素》，《中国社会科学》1998 年第 1 期。

③ 费孝通：《乡土中国　生育制度》，北京大学出版社 1998 年版，第 127—129 页。

不能分别独立，夫妻关系以亲子关系为前提，亲子关系以夫妻关系为必要条件。[①]这表明在婚姻关系中，夫妻不仅具有共同维护两性关系的义务，还要承担起抚养子女的共同责任。然而，在婚姻维系过程中，一旦夫妻一方没有尽到相应的婚姻义务，便可能引发夫妻感情破裂，使婚姻的稳定性受到冲击，导致婚姻破裂。问卷调查的统计数据显示，在农村离婚夫妻1135例感情不和的样本中，因夫妻一方没有责任心的频数为497次，占总频数比为24.42%，占比不低。

王某（女）与汪某（男）是远房亲戚，在亲人的牵线搭桥下于1996年订婚，次年结婚，婚后育有1子，夫妻关系一直以来都比较和睦，很少发生争吵。2002年丈夫汪某去南京打工，王某在家种田和带孩子。2004年王某与村里李某发生了婚外情，这事通过亲人调解后对他们的婚姻关系并未产生太大的冲击。但经历了这事之后，王某经常对公公和婆婆发脾气，常指责丈夫没有本事，因丈夫汪某常年在南京打工，夫妻两地分居，关系越来越差。2007年王某与在镇上收废品的杨某发生了婚外情，并扔下儿子和家庭跟杨某到芜湖同居不回家，几经调解无效，于2009年夫妻解除了婚姻关系（WYM，女，38岁，安徽省芜湖市繁昌区P镇人，AH-FC-D2010003）。

① 费孝通：《乡土中国　生育制度》，北京大学出版社1998年版，第159页。

> 黄某（女）与张某（男）于1984年结婚，婚后育有子女2人，女儿1988年出生（已外出打工）、儿子1992年出生，婚后夫妻经常吵架，吵架原因是张某好吃懒做，家里的农活不干，因懒惰，打零工也没有人请他做，是村里有名的懒汉，没有家庭责任心，家里的生活来源全靠黄某支撑。2005年女儿（17岁）在市里餐馆打工，每个月工资收入600元，张某因好吃懒做不去赚钱，经常向女儿要钱花，夫妻矛盾和家庭矛盾不断恶化，甚至双方大打出手。2006年4月，张某带着14岁的儿子去抓泥鳅，因夜深儿子在铁路轨道上睡着了，张某没有尽到做父亲的监护职责，以致儿子被火车轧死，此事发生之后，夫妻矛盾全面激化，不仅亲人和村民们指责张某没有责任心，政府干部也对他进行了批评教育，但他仍无改变，夫妻双方便于2006年7月办理了离婚手续，解除了婚姻关系（HHH，女，51岁，湖南省宁乡市J乡人，NO：HN-NX-D20160004）。

从上面的2个个案中可以看出，王某因没有做到履行婚姻关系中两性的责任搞婚外情扔下孩子不回家，使夫妻感情破裂，导致离婚。张某因好吃懒做和没有监护责任心，导致儿子被火车轧死，从而使婚姻关系破裂。在婚姻关系中，夫妻感情是夫妻情绪和情感的总称，是夫妻在共同经营婚姻过程中内心的各种感觉、思想和行为的一种综合心理和生理状态，是夫妻对婚姻的主观体验和感受，在这种体验和感受中责任心是关键变量之一。因为在婚姻过程中，夫妻之间的责任心强弱与夫妻感情呈正向相关，是维系两性关系和承担抚育责任的核心要素之一。从农村调查来看，在农村离婚群体中像王某一样缺乏婚姻责任心的人不少，像张某一样好吃懒做、缺乏家庭责任感的人也较为常见。显然，在婚姻关系中夫妻感情是维系婚姻稳定的重要因素，而维系夫妻感情由多种要素组成，但责任心是夫妻感情纽带中的重要环节。俗话说“执子之手，与子偕老”，这不仅是对婚姻与爱的承诺，更是婚姻责任的体现。在夫妻感情和婚姻维系中，假如夫妻一方没有责任心，离婚风险就会增大。

（四）对方不尊重人

恩格斯在《家庭、私有制和国家的起源》中指出：“如果说只有以爱情为基础的婚姻才是合乎道德的，那么也只有继续保持爱情的婚姻才合乎道德。”[①] 爱情不仅是衡量婚姻合法性的基础，还在维系婚姻稳定中发挥重要作用，这表明在婚姻关系中夫妻感情稳定是保持婚姻稳定的重要因素之一。保持感情稳定需要夫妻相互尊重和彼此忠诚。俗话说“相敬如宾”，就是指夫妻在婚姻和家庭中互相敬重、互相爱护、彼此尊重以及建立平衡和谐的两性关系，这不仅是增进感情的有效方式，还是婚姻家庭幸福的重要条件。然而，在农村离婚夫妻群体中因不懂得尊重人，使夫妻感情破裂，最终走上离婚之路的比例较高。根据问卷调查的统计数据，

① 《马克思恩格斯选集》第四卷，人民出版社 2012 年，第 94 页。

在农村离婚夫妻1135例感情不和的样本中，因对方不尊重人引起感情不和而离婚的频数为347次，占总频数比为17.05%。

> 我（边某）在1990年头部摔伤，脑内有血球，手术后双眼二级伤残，原本已不打算嫁人，但1995年经人（孟家亲戚）介绍认识了孟某，婚前我娘家多次告知夫家我不能干重活，孟家已承诺不让我干体力活。1996年与孟某结婚后生有1子，婚后孟某经常强迫我从事体力劳动，尤其是他一旦生气就经常辱骂我。比如，骂我是瞎子、不得好死、要死早点死等，有时候还殴打我，打过我很多次，亲人多次调解，他仍没有改过，夫妻关系越来越差，看在孩子分上我也就忍着继续维持婚姻关系。2009年12月，我刚做完宫外孕手术第6天，他就强制跟我同房，使我下面受到了感染，后来去医院治疗了十多天。2011年7月，因家庭琐事又开始辱骂我，我当时没有忍住，就跟他吵了起来，他狠狠地打了我几巴掌，把我左耳打聋了（医院检查为左耳鼓膜破裂）。这事发生后，两边亲戚来调解，没有调解好，于是，我决定跟他离婚，但他又不同意去民政局离婚，后来我去法院起诉离婚了（BYP，女，47岁，湖南省宁乡市J乡人，NO：HN-NX-D20160005）。

从边某的婚姻遭遇中可以看出，婚前已通过娘家多次告知了孟家不能干重活，但婚后孟某不但没有理会，还侮辱性地打骂边某，让她干重活，此举不仅失信，而且变本加厉地加码要求边某从事体力劳动，使夫妻感情遭受打击。更严重的是，孟某不尊重、不爱惜边某的身体，刚做完宫外孕手术后不久便开始强制同房，以满足其生理需求，将夫妻关系推到无法承受的地步，但边某看在孩子分上并没有就此结束这段婚姻。压倒婚姻的致命事件是因夫妻争吵中孟某打聋了边某的左耳，导致婚姻关系破裂。显然，在婚姻关系中，坦诚相待、彼此尊重是保持夫妻感情良性运行和健康发展的条件。在这个个案中边某自始至终是坦诚的，也是遵守夫妻义务的，不但婚前没有隐瞒病情，而且婚后即使刚做完手术也忍受痛苦满足孟某的生理需求，并没有因为手术后孟某强制同房而提出离婚。但是，边某不断忍让造成的结果是自己左耳被丈夫打聋，出于自保，她不得不去法院起诉离婚，从而结束不幸福的婚姻。

婚姻关系的建立意味着夫妻在日常生活中要彼此尊重，在感情上要相互忠诚，在生活中要相互关心呵护，既要理解对方，也要包容对方的不足，这样才能使夫妻感情牢固、婚姻关系稳定。但从对农村离婚夫妻群体的调查来看，对方不尊重人的现象主要包括婚姻当事人和家人、家庭事务和社会交往，尤其是在家庭场域中因对方不尊重人常常导致夫妻矛盾。从个体权利关系上来说，在婚姻中夫妻彼此尊重就需要将对方视为人格独立的个体，因为婚姻是由两个具有独立人格的个体组成，客观上需要尊重彼此的自主性（自我）和独立人格，要包容个体人生观念、行为举止以及行为逻辑的差异性，如此才能更好地维护夫妻感情和经营婚姻。事实上，婚姻关系中的独立人格既可以依附于对方，也可以独立于对方，这种依附与独立取决于夫妻的感情状况。因此，在婚姻维系过程中，一旦夫妻一方不尊重另一方的差异性和独立人格，那么夫妻感情就会遭受挫折，维系婚姻的稳定性就会受阻，离婚风险也就会随之而来。

（五）夫妻一方有家暴

夫妻一方有家庭暴力是破坏婚姻稳定与家庭和谐的重大风险，尤其对于那些情感基础较弱的夫妻来说，家庭暴力具有严重的破坏性。问卷调查的统计数据显示，在农村离婚夫妻 1135 例感情不和的样本中，因夫妻一方有家暴导致离婚的频数为 242 次，占总频数比为 11.89%，相对于其他原因来说，所占比例不低，尤其是对于年老的离婚夫妻来说。家庭暴力发生在家庭场域中，具有私密性和隐蔽性，当夫妻一方对另一方使用家暴之后，在家庭内部他们往往会选择“家丑不可外扬”或“大事化小、小事化了”的方式进行处理。事实上，在婚姻中一旦发生了一方对另一方实施家暴的行为，夫妻感情肯定会受到影响，影响程度大小取决于夫妻感情状况和对婚姻的态度。

我（蔡某）与张某是经人介绍于 1990 年 1 月登记结婚的，婚后育有 1 子。结婚后才发现他不仅大男子主义很严重，还很懒惰，没有责任心。他在家里独断专横，一生气就打人，我不知被他打了多少次（不严重），因为我们已经有了孩子，我能忍就忍了，家丑不可外扬。我们结婚之后，在乡里集市上开过鞋店，但在

> 生意上他从来不听劝，也从来不跟我商量，开了几年亏了2万多元，后来我们关店一起去长沙打工。2004年8月，因为给孩子借钱缴纳学费一事，他打了我一顿，打得我全身发紫，去医院做检查时，医院给出的结论是我身上多处软组织损伤，后经亲人调解和好了。2006年7月，他嫌天热不上班，但没有钱用了就要我给他钱用（我在超市上班，580元/月），因为8月要给孩子交学费（3560元），我自己节省下来的工资和找亲人到处借才凑了3000元，还差560元学费，所以我不给他钱，他就抓住我的头发狠狠地打我，拳脚相加，并将我按在床上掐住我的脖子，我当时是叫不出声来了，我儿子在旁边一边喊叫一边拉，邻居们赶来后他才放手，要不然我的命就没了。2006年12月，我去法院起诉判的离婚，离婚后孩子归我养，他一个月给孩子400元生活费（CHP，女，48岁，湖南省宁乡市J乡人，NO：HN-NX-D20160006）。

从蔡某的家暴遭遇中可以看出，结婚后张某多次打她，在没有威胁到生命安全的情况下，她坚持家丑不可外扬，选择了不声张式的处理。这背后的逻辑是他们已经有了孩子，丈夫脾气不好能忍就忍了。但是，当张某对她下狠手殴打时，她无法再忍受，所以只能选择离婚。在农村社会中，家暴的存在从某种意义上来说是受传统伦理文化影响的，如“男尊女卑”、“三从四德”以及“夫为妻纲”等根植于我国封建社会的婚姻家庭制度，当家庭暴力没有对人身安全构成威胁时，婚姻当事人潜意识里通常会选择不声张的处理方式，即夫妻之间会大事化小、小事化了，尤其是对于上了年纪的农村夫妻来说。但是，随着现代性因素渗透到农村社会中，年轻一代的女性权利意识崛起，在性别资源失衡背景下农村家庭暴力的表现形式发生了较大的变化。事实上，在农村年轻夫妻的家庭权力关系中，近年来女性在家庭中的地位日益提升，家庭暴力针对的主体和方式发生了转变，刚性的家庭暴力日渐式微，柔性的家庭暴力正在崛起，并成为农村青年夫妻家庭矛盾的普遍现象，比如在夫妻矛盾中妻子拒绝与丈夫同房，或用离婚等软暴力方式威胁丈夫。总之，夫妻一方有家暴行为会给夫妻感情带来较大影响，对农村婚姻稳定性带来较大威胁。

（六）其他原因

在农村离婚夫妻中，感情不和是离婚的重要原因之一，但它具有复杂性和多重性。从农村离婚夫妻的问卷调查数据显示看，在 1135 例样本中认为是其他原因导致夫妻离婚的频数为 169 次，占总频数比为 8.30%。这说明除了夫妻一方越轨、性生活不和谐、没有责任心、不尊重人以及家庭暴力之外，还存在一部分夫妻在感情不和层面的其他原因。这是因为，在问卷调查的结构化问题之外，还存在主导夫妻感情不和的变量，这客观上需要做大量的个案深度访谈，从微观机制层面进行认识和解释。事实上，在农村调查时发现，有些综合性因素是导致夫妻感情不和的诱因，在问卷检测时婚姻主体无法用既定的结构化问题来回答。比如山西

Y 村离婚妇女杨某在接受访谈时说："前夫在感情上不懂得呵护人，有时候好有时候坏，有时候蛮想跟他一辈子，有时候又恨不得马上分开，总是不温不火的；有时候感觉他很用心，有时候又感觉他太不用心了，既不是性格不合，也不是家庭矛盾，而是他不懂得经营婚姻，我也不知道具体应该怎么去做，在一起有种说不出来的痛苦，夫妻感情就慢慢变淡了，后来我们就离婚了。"

在农村离婚群体中，以感情为基础建立的婚姻在经营过程中是需要用感情来维护的，当夫妻感情慢慢淡化，尤其是进入家庭生活的日常琐事中，面对现代性因素诸如面子攀比、家庭消费欲望、人情与社会交往等，各种日常琐事、矛盾会交汇在一起时，即使可以一一化解，但在日常家庭生活中情感就会慢慢被冲淡，没有了结婚前想象的美满婚姻和幸福生活。然而，现实生活中各种物质与精神欲望、家庭琐事的缠绕、平淡生活与人生价值期盼取舍等不断交汇融合，而人们又不得不做出抉择时，离婚或许就是一种"解脱"。

二、性格不合

在关于离婚夫妻性格不合的研究中，国外学界主要从文化规范论和婚姻互动论视角进行解释。格伦（Glenn）等人从文化规范论视角对美国不同地区的离婚现象进行研究后指出，夫妻的婚姻观念、价值理念、性格特征以及社会交往的差异性是引起离婚的重要原因。比如受城市社区多元文化的影响，人们往往在婚姻观念、价值理念及社会聚合力方面不一致，从而导致了离婚率上升。[①]马修斯（Matthews）等人从婚姻互动论视角对美国中西部农村离婚现象进行研究后指出，夫妻在婚姻中互动强弱与个体的人生观念、性格及文化修养有紧密联系，与婚姻稳定性呈正向相关，并随着夫妻婚龄的增长会呈现出来。[②]国内学界主要从婚姻自由和婚姻质量视角对夫妻性格不合导致离婚进行解释，认为封建残余思想和草率结婚是导致离婚的重要原因之一；[③]包办婚姻使婚姻主体的自由权受到限制，也是导致离婚的重要原因之一。[④]为此，本书在考察农村离婚夫妻性格不合的各个方面时，将它划分为六个层面进行问卷调查和分析，主要包括离婚夫妻的爱好不同、家庭观念不同、人生观念不同、对方不浪漫、对方冷漠缺乏交流、生活习惯不同，样本量是基于表 2–1 中选择夫妻性格不合的样本 824 例，将其做进一步统计与分析。统计详情参见下表：

表 2–1–2　农村离婚夫妻性格不合的统计情况

性格不合	频数（次）	占总频数比（%）
爱好不同	371	20.66
家庭观念不同	512	28.51
人生观念不同	404	22.49

① Norval.D. Glenn&Beth. Ann. Shelton，"Regional Difference in Divorce in the United Sates"，*Journal of Marriage and the Family*，Vol.47，No.3，1985.

② L.S.Matthews，&K.A.S.Wickrama，"Predicting Marital Instability from Spouse and Observer Reports of Marital Interaction"，*Journal of Marriage and the Family*，Vol.3，Vo.58，1996.

③ 巫昌祯等：《当代中国婚姻家庭问题》，人民出版社 1990 年版，第 253—260 页。

④ 曾毅主编：《中国八十年代离婚研究》，北京大学出版社 1995 年版，第 90—92 页。

续表

性格不合	频数（次）	占总频数比（%）
对方不浪漫	178	9.91
对方冷漠缺乏交流	241	13.42
生活习惯不同	90	5.01
总计	1796	100

从表 2-1-2 中可以看出农村离婚夫妻在性格不合方面的主要原因分布：在 824 例统计样本中，夫妻爱好不同的频数为 371 次，占总频数的 20.66%；夫妻家庭观念不同的频数为 512 次，占总频数的 28.51%；夫妻人生观念不同的频数为 404 次，占总频数的 22.49%；对方不浪漫的频数为 178 次，占总频数的 9.91%；对方冷漠缺乏交流的频数为 241 次，占总频数的 13.42%；夫妻生活习惯不同的频数为 90 次，占总频数的 5.01%。从农村调查来看，离婚夫妻在性格不合方面，大多数具有多重性和关联性。比如，夫妻在人生观和兴趣爱好方面往往具有较高的关联性，这两项累计占总频数比高达 43.15%；爱好不同与对方不浪漫同样具有关联性，累计占总频数比高达 30.57%；对方不浪漫和对方冷漠也具有关联性，累计占总频数比为 23.33%；爱好不同与生活习惯不同两项累计占总频数比为 25.67%。此外，夫妻的生活习惯不同占比为 5.01%，这一现象在农村社会中大多数是受通婚圈扩大的影响所导致，尤其是在青年跨省婚姻中夫妻生活习惯不同的较多，在跨省婚姻实践中随着时间的推移，社会后果将不断显示出来。考虑到转型背景下农村离婚夫妻在性格不合上呈现出多元性和交叉性，

本书将结合定性的深度访谈从微观的家庭场域和个体的心理行为特征等方面进一步呈现深层次原因。

（一）爱好不同

在传统社会中，婚姻缔结的主要途径是父母之命或媒妁之言。从通婚圈上考察看，通常是以地域为基础在熟人社会中完成婚姻的缔结，也就是我们常说的包办婚姻主导模式。在包办婚姻中，夫妻双方因居住地域相近，又受父母或长辈及亲人之意建立夫妻关系，婚前的了解相对来说不一定深入，且在性格和爱好方面不一定合拍，在婚后的家庭生活和情感交流中各种矛盾可能进一步激化，从而导致夫妻离婚。打工潮形成以来，受通婚圈扩大的影响，农村婚姻缔结向自由婚恋转变，夫妻婚前对性格了解相对较多，尤其是自由恋爱结婚的夫妻。但是，一个人的兴趣爱好具有相对稳定性，它与个体婚姻实践和人生意义的圆满具有较强的关联性，当夫妻在日常生活中已存在明显的爱好不同时，维系夫妻感情稳定的因素会受到相应削弱，这无疑增加了婚姻的不稳定风险。问卷调查的统计数据显示，在农村离婚夫妻 824 例性格不合的样本中，因爱好不同的频数为 371 次，占总频数比为 20.66%。

> 我（王某）跟我前妻（李某）是 2012 年在重庆打工认识的，她是湖北宜昌人，2013 年 9 月儿子出生后我们回老家。在重庆打工时，我在建筑工地上当泥水工，她在一家理发店当理发师。回老家后，农闲时我喜欢在村里约朋友打麻将，她喜欢跑县城逛街买东西，我

们的爱好完全不一样，经常吵架，她嫌弃我打麻将输钱（其实也没有输多少），我责怪她买东西乱花钱，在家里待了一年多3万多积蓄就花光了，生活在一起总是吵架，性格合不来。2015年1月我们就把婚离了（WYB，男，29岁，四川省邻水县D镇人，NO：SC-LS-D20170007）。

我（黎某）跟前妻（田某）是2006年初在村里认识的，她老家是湖南永州那边的，在我们村一家鞋厂上班，我当时是村里的治安员，她在鞋厂打工期间跟她朋友在我家对面合租房住，我们谈了几个月就结婚了，主要是谈恋爱期间同居她怀孕了就匆忙结了婚，生活在一起后才发现性格上完全不同。我喜欢约朋友喝茶；她一有空就约她朋友去溜冰（旱冰）、K歌，尤其是周末不在家带孩子，要去K歌或溜冰，这事引起了我父母和长辈们的反感。我们为这事吵了很多次架，我改变不了她，她也改变不了我。2009年过完春节我们就去镇上办了离婚手续（LGH，男，36岁，广东省东莞市G镇人，NO：GD-DG-D20170008）。

在家庭日常生活中，夫妻常常因爱好不同引发矛盾，对夫妻感情和婚姻关系带来较大影响。显然，王某和李某、黎某和田某这两对夫妻是因性格不合才离婚的，他们都是自由恋爱并结为夫妻的，且都是跨省婚姻，婚前因各忙各的，对婚后日常生活中存在的问题并没有预想，不同的是黎某和田某因同居怀孕匆忙结婚，而王某和李某因对各自老家的休闲娱乐方式不了解，比如四川人农闲时喜欢打麻将等。但是，婚后在家庭日常生活和相处中，因夫妻在爱好上存在巨大差异而争吵，久而久之，感情淡化，容易离婚。事实上，在农村年轻夫妻的婚姻生活中，性格与爱好是从小养成的习惯，难以在短期之内改变，正如黎某说的“我改变不了她，她也改变不了我”，导致在婚姻维系中谁也不让谁，谁也改变不了谁，因此夫妻关系难以长久维持下去，离婚就成为可能。

从农村离婚夫妻在性格不合方面的考察看，受通婚圈的影响，婚姻缔结突破了地域限制，伴随而来的是不同地域的男女结为夫妻，尤其是对婚姻并未深入了解或被一时的激情冲昏了理性判断能力的青年人，一旦结婚夫妻进入家庭日常生活或参与村庄社会交往，因爱好不同引发的夫妻矛盾和家庭矛盾风险是相对较高的，控制这种风险则主要取决于夫妻之间对自己养成的习性和喜好做出适当让步，当互不相让和互不接受对方的爱好时，离婚风险就呈现出来。

（二）家庭观念不同

改革开放以来，农村正在向现代化快速迈进，在现代化进程中农村的家庭结构、家庭功能、家庭观念及生活方式正经历着较快的变迁。在市场化的全面渗透下，消费主义价值观兴起，驱使个体欲望膨胀，乡村传统伦理规范式微，家庭核心化、夫妻关系主轴化及生活体验个体化显现。农村家庭观念正在加剧变迁，传统的家本位思想、家族观和道德观等受到不同程度的冲击，为农村婚姻带来了一系列影响。比如，个体权利意识崛起、婚姻物质化增强、夫妻平等观念强化以及生育观和抚养观的嬗变等。家庭观念在婚姻关系维系中具有重要作用，不仅是夫妻感情维系的基础，还是考察婚姻风险的重要因素之一。问卷调查的统计数据显示，在农村离婚夫妻 824 例性格不合的样本中，因夫妻家庭观念不同的频数为 512 次，占总频数比为 28.51%，在测量夫妻性格不合的六个维度中排序第一。这表明转型期夫妻家庭观念不同在农村离婚原因中具有显著性，是离婚的重要原因之一。

我（赵某）和前妻（魏某）是在郑州打工认识、恋爱、结婚的，她是四川绵阳人，我们是 2011 年 1 月结婚，2012 年 3 月儿子出生。我们的家庭观念完全不一样，谈恋爱时没有感觉到，但从我们结婚之后，尤其是儿子出生以后，我俩经常为家庭开销这事吵架，矛盾越来越大，后来就离婚了（2015 年）。我家这边的人都非常勤俭节约，不太在乎“吃”这事，因为我们已经有儿子了，要为儿子以后盖房娶媳妇打算。我主张平时家里要勤俭节约，不要大吃大喝把钱花掉了。她家那边的人都非常在乎“吃”，完全不懂得持家（节约），她每天满脑子都是想着要怎么吃、要吃什么、要怎么享受生活，结婚以来我们家里的积蓄基本上都被拿去“吃”掉了。村里人都笑话我娶了一个吃货媳妇（老婆）。我们就是为了这事经常吵架，不仅感情没了，还成了仇人，我劝不了她，也养不起她，没有办法就只能选择离婚了

（ZY，男，29岁，河南省林州市C乡人，NO：HN-LZ-D20160009）。

赵某和前妻魏某在家庭观念上存在明显差异，赵某主张家庭日常开销要节约，魏某则追求“吃”好，主张要享受生活。他俩在家庭财富积累、生活消费与体验以及对子代（儿子）的抚养打算上存在较大差异。从他俩的人生观念上比较看，赵某的人生重心在儿子身上，要勤俭节约为儿子盖房和娶媳妇做打算，代际责任观念强。而前妻魏某的人生重心侧重于自己的日常生活体验，代际责任观念较弱，在家庭观念上与赵某存在较大的差异，从而使夫妻矛盾加剧以致最终离婚。随着市场经济全面渗透到农村社会，农民日常生活的货币化程度提高，对物质追求和体验的欲望日益增强，由此引发了家庭观念的变化。这种变化在我国不同农村具有不同的表现形式，这与各地农村的生活习惯和人们的家庭观念、民风民俗相关。比如，在华北农村调查时发现，华北农村的代际责任普遍较强，家庭生活重心从亲代向子代纵向转移。同时，在川西平原、江汉平原及长江中下游平原等农村调查时发现，这些地方的代际责任普遍比较弱，家庭生活重心主要是横向的，注重夫妻之间的物质生活消费和精神体验。

赵某夫妻因家庭观念不同导致离婚的现象并非特殊个案，它具有普遍意义。在当前农村社会中，受通婚圈扩大的影响，在突破地域束缚的婚姻关系中，因婚姻当事人的成长环境和生活场域不同，家庭观念往往存在较大差异，一旦结为夫妻之后，在家庭日常生产生活中往往容易产生矛盾。事实上，在农村离婚夫妻中，很多人认为导致夫妻之间吵架的根源之一是家庭观念不同。而家庭观念主要表现在家庭经济发展和积累、家庭分工、人情交往、生育抚育、夫妻权力关系等方面。因此，家庭观念不同往往导致夫妻矛盾加剧，甚至不可调和，离婚便成为一种选择。

（三）人生观念不同

改革开放以来，随着农村生产力和生产关系的解放，尤其是市场经济体制建立以来，农村出现了大规模的打工潮，在市场经济渗透下农村物质消费欲望和精神娱乐文化需求与日俱增。一方面推动了农民参与市场化的竞争意识、效益意识和个体权利意识的不断强化；另一方面使农民的心理欲望、个体动机、兴趣、爱好、理想及价值观念日趋向多元化发展，由此不断滋生了人们的享乐主义、利己主义及拜金主义的人生观和价值观，对婚姻观念和婚姻行为带来了巨大冲击。受全国婚姻市场形成的影响，农村通婚圈逐步扩大，跨省、跨区域通婚现象日益凸显，农村婚姻关系虽然突破了传统包办婚姻的束缚，同时也对跨省、跨区域通婚带来了相应的影响，如人生观念不同、生活习俗与文化差异，地域差异与维系婚姻纽带变迁等为婚姻稳定性带来一系列影响。从问卷调查与统计分析来看，在农村离婚夫妻 824 例性格不合的样本中，因夫妻人生观念不同的频数为 404 次，占总频数比为 22.49%，在测量夫妻性格不合的六个维度中排序第二，占比接近一半。这表明转型期夫妻人生观念不同是农村离婚的重要原因之一。

> 我（刘某）和她（周某）是2005年结婚的，她是邻镇人，我是搞运输的。我们有2个孩子，女儿上小学五年级，儿子上小学二年级，她除了带孩子（大多数是我父母管孩子）啥事也没有做，只知道享受生活。我们离婚的主要原因是人生观念不合。为了这个家、为了孩子，我累死累活地通过跑车辛苦赚来的钱被她拿去挥霍了，她平时是“每天早上起来铺点小粉粉（化妆）、穿上花裙裙、去街上瞎溜溜、到晚上叫上伙伴开着小轿车去县城吃小串串（夜宵）”。这是她的人生追求，每当我劝她时，我们夫妻准会吵架，有时候还会打架，没有办法，供养不起她，只能放弃这段婚姻了（2015年离婚），让她去追求她想要的生活吧（LDP，男，36岁，山西省五寨县X乡人，NO：SX-WZ-D20170010）。

在传统社会中，男主外、女主内是农村家庭普遍的分工模式，在这种分工模式中，夫妻同心协力形成了家庭经济发展和财富积累的合力，从而实现了家庭再生产。但是，由于市场化和现代性因素全面渗透到农村社会中，农村的家庭生活实现了货币化，个体消费欲望膨胀，婚姻主体的消费观和人生观发生了变化，婚姻中的物质消费和个体化体验日益增强。从周某的日常生活行为和习惯，我们可以看出她对待婚姻和人生的态度，化妆、服饰、逛街及生活体验是她婚姻观念和人生价值的重要组成部分，她的婚姻观和家庭观并不在家庭经济发展和财富积累上，而是在她眼前的物质消费和生活体验上，正如刘某描述的那样“每天早上起来铺点小粉粉（化妆）、穿上花裙裙、去街上瞎溜溜、到晚上叫上伙伴开着小轿车去县城吃小串串”。

从刘某离婚的个案中还可以看出，在转型背景下农村离婚夫妻群体中妇女的家庭地位得到了较大提升，其婚姻的主体性和家庭社会交往权日益增强。刘某虽然是家庭经济来源的创造者，但他并没有用经济收入优势去制约周某好吃好玩懒做的消费行为，而只有选择与周某离婚来结束这段婚姻，这表明在当前农村社会中妇女在家庭中依附性支配越来越成为一种普遍模式。[①]在农村的婚姻市场上受性别资源失衡的影响，年轻妇女在家庭权力关系博弈中往往处于优势地位，家庭地位不断提升。随着农村年轻妇女家庭地位的提升，她们在婚姻关系中主导权方面的优势也就展现出来。在自由缔结的婚姻关系中，婚姻当事人是基于自由恋爱并建立婚姻关系的，是相对独立的主体，而家庭场域中的婚姻维系主要依靠夫妻感情和兴趣爱好，由于感情与兴趣爱好源于个体的婚姻观和人生价值，当夫妻两人的人生观念不同时，在婚姻中便容易使夫妻感情受阻和矛盾加剧，导致离婚。

（四）对方不浪漫

在传统社会中，受父母和长辈对子女婚姻包办的影响，一些婚姻当事人在婚前缺乏了解，在性格上可能会存在较大差异，在

① 陈锋：《依附性支配：农村妇女家庭地位变迁的一种解释框架——基于辽东地区幸福村的实地调查》，《西北人口》2011 年第 1 期。

婚姻生活中难以适应对方，甚至难以和谐相处，这种现象在农村社会中并不少见。打工潮形成以来，农村青年纷纷进城打工，自由恋爱之风兴起，婚姻的自由度普遍提高，在婚前恋爱中彼此了解较多，婚姻往往会延续浪漫爱情，使夫妻在性格上相对来说差异影响不大。但是，在打工潮冲击下，农村“闪婚”和“闪离”现象客观上消解了这一判断，尤其是随着青年恋爱并同居的现象增多，甚至一夜情也不少见，未婚怀孕并“闪婚”的行为为婚姻维系埋下了巨大的恶种。从婚姻维系的稳定层面考察看，夫妻双方在经营婚姻生活中充满浪漫是有利于化解夫妻矛盾、增进夫妻感情、促进家庭和谐的。相反，假如夫妻一方对浪漫婚姻追求的诉求较强，而另一方在婚姻关系中不浪漫，那么他们的婚姻风险就会凸显出来，由此引发的越轨风险较高，离婚的概率相对来说较大。根据问卷调查的统计，在农村离婚夫妻 824 例性格不合的样本中，因对方不浪漫离婚的夫妻频数为 178 次，占总频数比为 9.91%。这表明在性格不合的夫妻关系中，对方不浪漫是农村离婚较为重要的原因之一。

我（汪某）和他（严某）是通过朋友介绍认识后结婚的。2013 年我在广东惠州打工回家过年时，在好朋友的介绍下认识了邻县的前夫，我们才相识几个月就结婚了。结婚后我们一起去广东顺德打工，他在家具厂打工，我在一家电子厂上班，平时上班都是各忙各的，但周末休息时，每天只能和他待在出租房看电视，他太不懂生活情趣。有时候想和他一起出去逛街，但他总找借

> 口不去；想一起出去看电影或逛公园，他也不会去的。我们结婚差不多2年，他没有给过我一次惊喜，像结婚纪念日、情人节、妇女节、七夕节等，他从来没有送过礼物给我，也没有特意意思一下，哪能跟人家夫妻（别的夫妻）比。他不仅不会创造浪漫，在平时生活中也不会说让人舒服的话（甜言蜜语）。跟他结婚后感觉婚姻太枯燥了，感觉就是从以前的单身女变成了每天多一个男人陪自己吃饭和睡觉的女人，不仅体会不到婚姻的美好，还要受到一些约束，太没意义，与我想象中的婚姻完全不一样。2016年1月（农历2015年12月）我们回家办了离婚手续（WX，女，26岁，贵州省毕节市七星关Y乡，NO：GZ-BJ-D20160011）。

在打工潮冲击下，农村年轻一代的婚姻观念和家庭观念逐步嬗变，以个体的婚姻生活为体验目标的浪漫婚姻模式日渐增多，并日益成为农村青年的婚恋目标。显然，在传统社会中，年轻人结为夫妻之后，以家庭为核心的生产生活模式就成为夫妻努力的方向，在家庭中男主外女主内、夫唱妇随等模式形成，夫妻关系和重心在家庭内部，实现和圆满人生意义需要丈夫勤劳苦干和妻子勤俭持家。因此，夫妻在日常情感表达和婚姻体验上，往往是既含蓄淡化又简单节俭的，不仅没有特意的礼物表达，通常也没有仪式化纪念。但是，随着物质消费、面子获得感及人生体验等全面渗透到农村社会，年轻一代夫妻在婚姻生活中的追求和体验已发生转向，不少青年夫妻注重将浪漫爱情延续到婚姻维系的过程中，客观上要求婚姻主体的另一方在婚姻维系中创造浪漫，从而维系婚姻稳定。汪某的离婚原因表明，她对婚姻是充满预期的，希望在婚姻中体验到人生快乐和浪漫生活，当丈夫严某不懂得浪漫也不会创造浪漫的婚姻生活时，她便感觉婚姻是枯燥的、没有意义的，解除婚姻便成为一种解脱手段。在婚姻关系维系中，创造浪漫情调可以增进夫妻感情，提升婚姻质量，促进家庭和谐。事实上，在汪某离婚的背后还隐含着她对未来美好生活的期待，她需要一个有情调、会创造浪漫的人共同体验美好的婚姻生活。从调查访谈农村离婚群体来看，年轻一代夫妻在婚姻生活中，尤其是有过打工经历的年轻夫妻，他们在婚姻价值上与年老一代已存在较大变化，传统的婚姻观念和婚姻价值日渐式微，以个体化体验为中心的婚姻观念和价值取向正在日益形成。

（五）对方冷漠缺乏交流

在我国从传统社会向现代社会快速转型的过程中，受人口流动的影响，农村婚配形式发生了较大变化。一方面农村跨省、跨地域通婚的现象不断增多，不同民族、不同职业、不同地域文化的青年婚配的人数日益增多。另一方面受婚姻资源流动的影响，婚姻市场中的介绍型婚配越来越多，婚姻当事人婚前了解不深的现象较为常见，有一些夫妻是经人介绍并短暂相处之后就匆忙结婚的，婚后相处时才发现夫妻性格不合，尤其是夫妻一方冷漠缺乏交流，这就为婚姻稳定带来了潜在风险。显然，夫妻性格不合是影响婚姻稳定的主要风险之一，因为夫妻在婚姻生活中的互动式交流至关重要，当夫妻一方在婚姻维系中冷漠且缺乏交流时，就会对婚姻带来较大的影响。积极和愉快的互动交流是夫妻相互依恋、体验温情、感受幸福的个体微观表达，是维系婚姻稳定的重要保障之一。相反，在婚姻关系中一旦夫妻一方冷漠且缺乏感情交流与互动，其婚姻风险就会凸显出来。根据问卷调查的统计数据，在农村离婚夫妻 824 例性格不合的样本中，因对方冷漠缺乏交流的夫妻频数为 241 次，占总频数比为 13.42%。这表明在性格不合的夫妻关系中，因对方冷漠缺乏交流是农村离婚较为重要的原因之一。

> 我（唐某）和前夫（侯某）是 2009 年通过亲戚介绍认识结婚的，女儿现已 6 岁，在上小学一年级。亲戚介绍时说他人踏实可靠，结婚后发现他做事踏实，为人老实厚道，但是他对我和我的家人、对婚姻太冷漠了，因为他冷漠，我们夫妻交流也少。比如说，我母亲来我们家给我们带孩子期间，他从来不喊妈；有时我出一趟远门，他从来不会打电话问是不是平安，也不会关心我，很多时候感觉他太冷血了。但是，他性格不是这样的，虽然他有点内向，但不至于这样对待婚姻和家庭，比如，他对他家人就不一样，不仅会主动关心，还会主动帮助，他跟别人（同事、朋友）交往也不会如此冷漠。我跟他沟通过很多次，他总是那样冷漠，让我太难受了，结婚几年从来没有体会过婚姻带给我的温暖，2016 年过完元宵节我们办理了离婚手续（TMY，女，30 岁，

湖北省荆门市T镇人，NO：HB-JM-D20170012）。

在农村离婚夫妻群体中，在夫妻性格不合方面，因一方冷漠导致夫妻缺乏交流，从而使夫妻感情受到影响并导致离婚是较为常见的。从唐某的婚姻遭遇可以看出，她对丈夫的不满主要是太冷漠了，在家里她丈夫不仅不与丈母娘打招呼，对她也同样冷漠，这让她感受不到婚姻带给自己的温暖，也体验不到婚姻带来的快乐，从而使她最终与其解除婚姻关系。显然，在婚姻关系维系过程中，夫妻的良性互动是至关重要的，一旦夫妻一方出现了冷漠缺乏互动时，夫妻感情就会受到相应的影响，而这种影响的程度取决于另一方对婚姻质量诉求的预期，尤其是在自由婚姻关系的维系中，一旦夫妻一方出现像侯某一样冷漠或者说冷暴力时，离婚风险会急剧上升。相反，在传统的包办婚姻中，夫妻因婚前没有认识和了解以及没有感情基础，婚后性格不合及夫妻之间出现冷漠缺乏交流，从某种意义上说比较正常。虽然夫妻一方冷漠缺乏交流会导致婚姻受到相应的影响，但相比自由婚姻来说，风险相对要低，因为在包办婚姻维系过程中出现夫妻矛盾时，父母或长辈往往会介入调解，客观上降低了离婚风险。

受人口流动和自由婚恋之风兴起的影响，在农村社会中，维系婚姻稳定的内生性规范日渐式微，维系婚姻稳定的外因日益弱化，但维系婚姻稳定的内因诸如感情交流、浪漫生活体验等因素日益增强，婚姻日益成为个体之事，夫妻矛盾不再是村级和乡级相关部门调解的中心工作，甚至夫妻离婚时家族或长辈介入调解的都越来越少等。在维系婚姻稳定的内因上，因婚姻个体化日益凸显，以婚姻主体的个体为核心的情感因素在婚姻维系过程中就显得愈发重要，而维系夫妻情感因素的关键变量之一是夫妻的亲密交流和两性互动，一旦在婚姻关系中一方出现冷漠行为时，夫妻感情就会受到冲击，离婚风险也就随之增加。

（六）生活习惯不同

受全国婚姻市场形成的影响，通婚圈扩大，跨省跨地区通婚越来越普遍，不少婚姻当事人不再是在同一地区出生和成长。受出生和成长地域生活习俗的影响，结婚之后，夫妻双方在家庭日常生活中往往存在较大差异，对婚姻稳定性带来较大的影响。比如日常生活习惯、饮食习惯、家庭规范、信仰差异、民族习俗差异以及社会交往差异等，都会给夫妻在婚姻关系维系中带来相应的影响。显然，生活习惯不同是夫妻性格不合的主要表现之一，是农村夫妻离婚的风险因素之一。根据问卷调查的统计数据，在农村离婚夫妻 824 例性格不合的样本中，因夫妻生活习惯不同的频数为 90 次，占总频数比为 5.01%。这表明在性格不合的夫妻关系中，生活习惯不同是农村离婚的原因之一。

> 我（熊某）和前妻（梅某）是在工厂里打工认识的，她是河南人，我们谈了近 1 年的恋爱，2011 年 6 月她怀孕了，我们就匆忙结了婚。结婚后才发现我们很多生活习惯不一样。比如我的生活是比较规律的，但她的生活很随意，尤其是作息时间很不规律；在饮食习惯上我们的差异也很大，她喜欢吃馒头、面条、咸菜等，我

们这里喜欢喝早茶、吃海参、吃米饭等，更为重要的是她在生活中没有规矩，我们村里的媳妇（妇女）每天起床要上香，每逢清明节、端午节，农历七月十四、八月十五都要拜月亮，九月九重阳节、过年等节庆要与婆婆一起去烧香拜神。但是，每次她都找各种借口推辞，都是我逼着她去的，因这事婆媳之间也产生了矛盾。2014年我跟她谈过很多次，她还是无法适应，我也无法继续把婚姻维持下去，我们就去镇民政局办理了离婚证（XY，男，32岁，广东省东莞市G镇人，NO：GD-DG-D20170013）。

从熊某的离婚个案中可以看出，他与梅某是跨省婚姻，夫妻从小的生活环境和地域习俗差异较大，导致他们结婚之后在家庭日常生活中难以继续相处下去。生活习惯不同表现出来的生活作息、饮食习惯、价值信仰等不同引起的夫妻冲突贯穿于他们的日常生活全过程，这无疑会给夫妻感情带来冲击。显然，在熊某的婚姻关系中，他们是以感情为基础的。未婚同居并怀孕结婚，说明他们婚前是有感情基础的。但是，结婚之后因夫妻性格不合、生活习惯不同导致了夫妻感情弱化，从而选择解除婚姻关系。从农村离婚的调查情况来看，在跨省或跨地域婚姻中，因夫妻在生活习惯上存在差异会导致日常生活冲突不断叠加，滋生出更多矛盾并上升为价值观上的冲突，从而使婚姻关系变得脆弱，离婚风险不断增大。

三、家庭矛盾

在学界关于离婚夫妻的原因研究中，将家庭矛盾作为离婚原因变量是重要的解释路径之一。国外学界主要理论视角有家庭压力论和代际传递论。康吉尔（Conger）认为，家庭经济对夫妻感情和离婚有显著性影响，是导致夫妻冲突和家庭矛盾的重要原因之一；[①]维诺库（Vinokur）等人认为，家庭就业、家庭矛盾与婚姻满意度紧密相关，是离婚风险源之一。[②]保罗·阿马托（Amato）从家庭代际传递视角对离婚现象进行解释，认为父母因矛盾导致离异后，与子女的婚姻稳定性呈紧密相关，特别是配偶双方的父母都经历过离婚的情况下，离婚风险很高。[③]国内学界主要从家庭压力论和社会结构论视角对农村离婚进行解释，主要因素包括家庭经济压力、生育抚育压力和赡养压力以及社会结构变迁等。为此，本书在考察农村离婚夫妻的家庭矛盾方面将它划分为八个层面进行问卷调查和分析，主要包括婆媳矛盾、妯娌矛盾、家族矛盾、经济支出矛盾、家庭事务决策矛盾、子女教育矛盾、赡养老人矛盾及其他原因。样本量是基于表 2-1 中选择家庭矛盾的频数

---

① Conger, R.D, Elder, G.H.Jr, Lorenz, F.O, "Linking Economic Hardship to Marital Quality and Instability", *The Journal of Marriage and Family*, Vol.8, No.3, 1990.

② Vinokur, A.D., R.H.Price&R.D.Caplan, "Hard Times and Hurtful Partners: How Financial Strain Affects Depression and Relationship Satisfaction of Unemployed Persons and Their Spouses", *Journal of Personality and Social Psychology*, Vol.71, No.1, 1996.

③ Paul R. Amato, "Explaining the Intergenerational Transmission of Divorce", *Journal of Marriage and Family*, Vol.58, No.3, 1996.

为 578 次，将它做进一步详细统计与分析，统计详情参见下表：

表 2–1–3　农村离婚夫妻家庭矛盾的统计情况

家庭矛盾	频数（次）	占总频数比（%）
婆媳矛盾	239	20.01
妯娌矛盾	50	4.19
家族矛盾	50	4.19
经济支出矛盾	224	18.76
家庭事务决策矛盾	416	34.84
子女教育矛盾	77	6.45
赡养老人矛盾	75	6.28
其他原因	63	5.28
总 计	1194	100

从表 2–1–3 中可以看出，农村离婚夫妻在家庭矛盾中的主要分布情况：在 578 例样本统计中，因婆媳矛盾离婚的频数为 239 次，占总频数比为 20.01%；因妯娌矛盾或家族矛盾离婚的频数均为 50 次，各占总频数比为 4.19%；因家庭经济支出矛盾离婚的频数为 224 次，占总频数比为 18.76%；因家庭事务决策矛盾离婚的频数为 416 次，占总频数比为 34.84%；因子女教育矛盾离婚的频数为 77 次，占总频数比为 6.45%；因赡养老人矛盾离婚的频数为 75 次，占总频数比为 6.28%；因其他原因离婚的频数为 63 次，占总频数比为 5.28%。由此可见，在农村离婚夫妻的家庭矛盾中，因家庭事务决策矛盾离婚的占总频数比高达 34.84%，这说明家庭事务决策权在农村夫妻离婚中具有较强的相关性。因婆媳矛盾和

经济支出矛盾离婚的占总频数比分别为 20.01% 和 18.76%，排名第二、三位。同时，在农村离婚夫妻的家庭矛盾考察中，子女教育、赡养老人、妯娌关系、家族关系及其他原因所占比重相对较低，均未超过 7%。上述数据表明，在转型背景下的农村夫妻离婚原因中，家庭事务决策、婆媳关系和家庭经济支出是引发家庭矛盾的几大主要因素，其中以家庭事务决策引发的家庭矛盾最为显著。但是，子女教育、赡养老人、妯娌关系、家族关系及其他原因引发的矛盾是不可忽视的，这些也是引发夫妻离婚的原因。显然，因家庭矛盾引发的农村离婚具有复杂性和交互性，为此本书将结合定性的深度访谈从微观的家庭场域和个体的行为逻辑方面进一步呈现农村离婚夫妻家庭矛盾的原因。

（一）婆媳矛盾

在家庭关系中，婆媳关系是因婚姻关系而形成的一种依附于父子一体的代际关系。它是以婚姻为纽带建立的代际关系，在家庭中既不像夫妻关系那样亲密，又不像血缘性母女关系那样稳定，其关联度相对于血缘性的父子关系是比较弱的。婆媳关系的实践场域主要集中在家庭内部，因此它是一种家庭性而非社会性的人际关系。一旦婆媳之间发生了冲突，那么这类冲突就具有内隐性和家庭性特征。在婚姻关系中，家庭矛盾中的婆媳矛盾往往是引发夫妻矛盾并导致离婚的根源之一，尤其是在主干家庭中，通常是因家庭资源的分配和家庭权力的支配导致婆媳关系恶化，从而冲击婚姻关系的稳定性，这是因为婆媳关系既依附于夫妻关系，又影响或束缚着婚姻关系。根据问卷调查的统计数据，在农村离婚夫妻 578 例家庭矛盾的样本中，因婆媳矛盾恶化导致离婚的频数为 239 次，占总频数比为 20.01%，这表明婆媳矛盾在农村夫妻离婚问题中是不可忽视的重要原因之一。

> 我（王某）与媳妇（妻子、肖某）2004 年结婚，育有 1 个儿子，因我是家里的独子，结婚以来一直没有分家。我母亲是家里的“会计”，掌管家里的财权。农闲时我会出去打零工，我媳妇很少外出，在家务农和料理家庭。我媳妇跟我母亲一直以来就有矛盾，因为我们住的房子是我父母盖的，我母亲又是家里的“会计”，负责管理家里的日常开销，我打零工的钱理所当然要交给母亲统一支出。为了这事，我媳妇跟我母亲经常闹别扭。2014 年腊月，我媳妇向我母亲要钱去买给娘家送的过年礼物，我母亲不给她，两人就大吵起来，她一气之下年都没有过就跑去青岛打工了，我去找了几次她都不回来，我就跟她提出离婚了（WX，男，32 岁，山东省昌乐县 Y 镇人，NO：SD–CL–D20110014）。
>
> 我（姜某）与老公（方某）是 2007 年通过亲戚介绍结婚的，儿子现在 8 岁多了，结婚以来我们夫妻感情还可以，离婚的主要原因是他妈妈（婆婆）。我们结婚后就分家了，但大多数时候是在一起吃饭（共爨），尤其是农忙季节。他妈妈太凶了，无论家里什么事她都要干涉、都要管，比如我买衣服她会说不要乱花钱；我娘

家有红白事我去送礼或给娘家买礼物，她会不高兴并故意找碴；我跟朋友出去打麻将或娱乐，她肯定会背后说难听的话。我是经常跟她吵架的，但是我老公分不清是非，总是偏心他妈妈，很多次都快气死我了，他不听我的，就只听他妈妈的，我受不了就跟他提出离婚了（JCL，女，31 岁，湖北省荆门市 T 镇人，NO：HB-JM-D20170015）。

从上述 2 个个案中可以看出，他们都是因为婆媳矛盾而离婚的。在农村社会中，有一部分家庭的权力更替是延续传统规范的，即将整个家庭合为一个会计核算单位，在日常生活中仍然由婆婆掌控家庭财产权，由婆婆管理家庭的收支，安排整个家庭的日常生活。因家庭权力集中在婆婆手中，而儿媳妇在家庭中就会受到婆婆约束，只有当自己“媳妇熬成婆”之后才能在家庭场域中获得相应的权力。然而，在人口流动背景下农村地区普遍出现了性别资源失衡的状况，妇女在婚姻中的博弈砝码增加，比如农村夫妻离婚之后，“女好嫁、男难娶”已成为普遍现象，农村妇女的家庭权力意识崛起，在家庭中一旦产生了婆媳矛盾，作为媳妇的一方可以用解除婚姻的手段与婆婆进行抗争，这种抗争的强弱取决于她们对待婚姻质量的满意度。姜某不仅对婆婆的行为不满，还对丈夫偏心婆婆不满，用离婚的方式来解脱她的不幸；而肖某则是选择外出打工不归来抗争婆媳矛盾，这说明在农村婆媳矛盾中，随着年轻一代妇女家庭权力意识的崛起，其在婚姻与家庭中博弈的优势日益凸显，农村离婚的风险因素进一步增多。

（二）妯娌矛盾

在家庭关系中，妯娌关系是基于婚姻关系而构成的一种依附于兄弟血缘纽带的纵向家庭关系，它在家庭关系中不同于姊妹关系，又有别于婆媳关系。雷洁琼认为："婚姻的目的是传宗接代，延续香火，继承家庭私产。"[①] 然而，在农村家庭更替中，有一部分多子家庭在分家过程中因分配不均而造成家庭矛盾。一方面家庭财产分割不均产生妯娌（含兄弟或叔子等）矛盾，另一方面农村分家还包括伦理责任分割不均产生妯娌矛盾。比如，赡养老人、安葬老人以及父代红白事人情分担等。当面对这些问题时，若婚姻当事人处理不当或无法应对的话，就会对婚姻关系造成不同程度的影响。根据问卷调查的统计数据，在农村离婚夫妻 578 例家庭矛盾的样本中，因妯娌关系恶化离婚的频数为 50 次，占总频数比为 4.19%，是不可忽视的家庭关系。

我（骆某）家有 3 个儿子，大儿子结婚之后夫妻（常吵架）一直在务农，二儿子结婚后在乡镇附近打零工（木工）、儿媳妇在家务农，三儿子结婚后去了浙江永康打工、儿媳妇在家带孙子和种地。大儿媳妇和三儿媳妇总闹意见（矛盾），二儿媳妇人忠厚不掺和。2010 年 4 月（农历）插秧期间，三儿媳妇因一个人在家，大儿子去帮忙插了几天秧苗，这本来是好事，兄弟之间互

① 雷洁琼：《中华人民共和国建立以来婚姻家庭制度的变革》，《北京大学学报（哲学社会科学版）》1988 年第 3 期。

相帮忙嘛！但我大儿媳妇心眼小，她说三儿媳妇勾引我大儿子，为了这事她跟三儿媳妇和大儿子吵了几次架，有一次还和三儿媳妇打起来了，她用镰刀割三儿媳妇的脖子，幸好只划了一道伤口，要不然就要出大事了，弄得全寨子人都看笑话。她就是心眼小，把这事越闹越严重，后来夫妻谁也不让谁，谁也不听大家劝，就离婚了（LZY，男，67岁，贵州省都匀市S乡人，NO：GZ-DY-D20120016）。

我（库某）和老公（蔡某）离婚主要是妯娌矛盾导致的。我们结婚后，与公婆、叔子一起住，因为我老公是家里的老大就没有分家，主要是为了帮助叔子娶老婆，叔子结婚时家里不富裕，我把娘家带来的私房钱都用上了。但是，叔子结婚之后不久就开始分家，分家时弟媳心蛮狠的，什么好处都要，房子由她选、田地也是她挑了之后才给我们分，从分家开始我就和她闹上了矛盾，并越闹越僵，我们就不来往了。后来，婆婆生病去治病，花了1万多医药费（除报销之外），这笔钱应该由我们两家分摊，但弟媳不愿意。分家时她抢好处，给老人治病她不承担责任，哪有那么好的事？为了这事我跟她吵了几次，我叔子不吭声也不表态，这我也认了。更让我无法接受的是我老公居然站在她那边，责怪我不该那么闹，他本该站出来说公道话，因为是给他妈妈治病嘛！他反而来说我，吃里扒外的，我受不了那种气就离婚了（KH，女，36岁，湖北省应城市T镇人，NO：HB-YC-D20110017）。

农村家庭更替涉及父与子、子与子之间的家产分割和伦理分割，核心是围绕家庭财产和赡养关系展开。在依附于兄弟关系建立的妯娌关系维系中，需要建立公平的、与之匹配的权利和义务关系，才能将妯娌矛盾及家庭矛盾化解在萌芽状态。显然，库某在妯娌关系中遭遇不对等的责任和义务，她丈夫蔡某本该站出来主持公道，但他不仅不支持她，反而站在她的对立面责怪她。作为外嫁到村里的妇女，在夫家没有了丈夫的支持，她便很难在夫家村落社会立足，除非她非常强悍或内心足够强大。此外，在妯娌关系中像骆某大儿媳妇一样将家庭关系和家庭利益在村庄公开化，也表明在母家庭分裂出子家庭之后，因子家庭受夫妻城乡分工的影响，在生产生活中的互助和日常交往中往往会导致妯娌关系变得脆弱，并对婚姻稳定性带来了冲击。

（三）家族矛盾

古德（W·Goode）认为，婚姻是一桩公共事务，不只是涉及丈夫和妻子，还牵涉许多亲属关系，对局外人和亲属都至关重要。[①] 在农村婚姻关系中，婚姻缔结和维系往往会受到多方因素制约，比如依托血缘关系建立的宗亲网络、以姻亲关系为纽带建

① ［美］威廉·J. 古德：《家庭》，魏章玲译，社会科学文献出版社1986年版，第73页。

立的亲缘网络以及以农村生产互助合作或邻里关系等为纽带建立的人情网络等。在这些社会网络体系中，以血缘关系为基础的宗亲网络占据重要地位，是农村社会亲属关系网络拓展和延伸的核心，也是构建和维系社会交往与人情往来的基础。在传统社会中，农村家族组织在婚姻缔结和维系中扮演较为重要的作用，因为在通婚圈相对狭小的情况下，长辈之间互相了解，不同家族之间通婚较为常见。例如“父母之命、媒妁之言”，一方面可以构建较为稳定的熟人社会人际交往圈，有利于建立互助合作圈；另一方面可以有效地解决青年婚配问题。但是，当婚姻缔结完成进入维系阶段时，家族组织在婚姻维系中便既有积极作用，也可能会带来负面影响。比如不同家族内青年结婚之后，夫妻闹矛盾，家族力量可能介入调解，从而促进婚姻稳定；当 2 个家族产生冲突时，很可能会对夫妻情感和婚姻稳定造成影响，甚至导致夫妻离婚。根据问卷调查的统计数据，在农村离婚夫妻 578 例家庭矛盾的样本中，因家族矛盾离婚的频数为 50 次，占总频数比为 4.19%。夫妻因家族矛盾离婚，这一现象是不可忽视的。

> 我（曾某）和他（廖某）离婚已经有 20 多年了，是父母包办婚姻，结婚后生了 1 个儿子，离婚后由男方抚养。我们家族在村里是小族，他们家族是大族，我 17 岁那年，他们家族来说亲（提亲），我们这边就同意了。结婚后头几年我们夫妻关系还不错，后来他堂弟和我堂叔为一块地产生了矛盾，他几个堂弟把我堂叔打了

一顿，真是六亲不认、欺人太甚了。我家那个（老公）不仅不去调解矛盾，还责怪我家堂叔难缠该打。为了这事我跟他吵架，他们家族缺理，他吵不过我就开始动手打我，一点都不讲情面，我好歹也是孩子他娘，完全不把我和我们家族当回事，仗着他们家族人多势众就欺负人，后来我就跟他离婚了（ZCX，女，49岁，江西省赣州市南康区H乡，NO：JX-NK-D20120018）。

在具有较强宗族性的农村社会中，宗族/家族组织（势力）在村庄社会结构中的影响是多维度的。在婚姻关系中的表现一方面是功能性需求，比如在红白事、生产生活、家族利益等方面，通过联姻建立互助关系；另一方面是婚姻自身需求，比如农村传统的通婚圈小，同一地域内不同姓氏之间相互通婚。从曾某离婚的个案中可以看出，她是由小家族嫁到大家族的，她所建立的姻亲关系网络并没有改变廖某家族欺负她娘家的事实，从家族功能性需求上看并没有如愿，这是导致她离婚的重要原因之一。同时，她丈夫本可以站在中立立场来阻止两个家族之间的冲突，与她友好沟通的，而不是不讲情面地打她，事实上她丈夫仗着家族势力欺负她和她的家族，才引起两个家族之间的矛盾激化，从而导致了夫妻离婚。婚姻具有社会性，是两个家族联姻的核心，是两个家族建立互助合作的核心纽带。但是，在宗族性较强的农村社会中，当姻亲与血亲产生冲突时，作为家族成员的夫妻，通常会做出的选择是血亲优先于姻亲，这与“父子一体”的传统伦理文化紧密相关。从农村离婚调查的情况来看，随着人口流动加剧，全国婚姻市场形成以及宗族组织的凝聚力有所下降，因家族矛盾离婚的情况在年轻夫妻中越来越少，这一变化值得进一步持续关注。

（四）经济支出矛盾

布劳（Peter Mi.Blau）指出，在社会生活交往过程中将产生一种义务和恩惠，受到恩惠一方将有义务对另一方进行回报，由此构成一种互惠性交换规范，当这种互惠性规范保持稳定和均衡时，其交换关系就变得均衡和稳定。[①] 在婚姻维系过程中，家庭财产管理、分配和消费支出等方面是婚姻冲突的易发点，俗话说的“男主外、女主内”，是指夫妻的家庭分工。但是，在夫妻共有财产的支配上，假如一方对另一方实行严控，那么另一方就会感到经济自主权被剥夺，由此引发夫妻冲突的风险就较高。在传统社会中，子代家庭资源一方面来源于夫妻自身，另一方面来源于父代的资源代际传递以及分家之后的土地资料分割。受家庭生产资料来源的影响，在家庭经济重大支出中通常是丈夫起主导作用，但在家庭日常生活开销中丈夫往往会将经济支出权给妻子，以保持家庭经济支出权力分配均衡。一方面由于在打工潮冲击下，家庭资金来源的结构发生了改变，如打工经济成为家庭主要收入来源；另一方面由于性别资源失衡背景下农村妇女家庭地位

① ［美］彼德·布劳：《社会生活中的交换与权力》，张非等译，华夏出版社 1988 年版，第 108—112 页。

崛起，夫妻在家庭经济支出中的权力发生了变化，妇女当家现象已越来越普遍，原有的家庭经济支出权力分配失衡，引发离婚风险。根据问卷调查的统计数据，在农村离婚夫妻578例家庭矛盾的样本中，因经济支出矛盾离婚的频数为224次，占总频数比为18.76%。这说明因家庭经济支出产生矛盾离婚的夫妻占比较大，是农村离婚夫妻家庭矛盾中的重要部分之一。

> 我（许某）和她（全某）离婚是因为她把钱搞跑了。我一直在外面跑货车，她在家带孩子并在村里开了一个小店。从2007年结婚以来，家里的收支都由她管，平时我除了留一点零花钱之外，所有收入都被她拿走了，她把钱管得死死的，我零花钱用完了要向她要，虽然钱是我赚的，但我一点不自由（没有自主支配权）。在家庭生活花销上都是她说了算，都是听她的。我无法忍受的是红白事送礼，两边亲戚不一样，我这边亲戚办事（红白事）送礼小，她娘家亲戚办事送礼大，不平等，为这事我们吵了很多次；更气愤的是我跑了七八年的车，收入全交给她，她把钱悄悄拿去给她妈妈到市里买房，这事既没跟我商量，也没让我知道，后来因为这事我们就离婚了（XP，男，41岁，湖北省荆门市T镇人，NO：HB-JM-D20170019）。

从许某的离婚经历中可以看出，他与全某离婚主要是因为家庭经济支出上的冲突。在农村家庭经济支出中，往往会因夫妻的家庭分工男女收入存在差异，比如丈夫外出打工、妻子留守在家，但是在家庭经济支出权力问题上并不一定是根据夫妻收入的多少来决定。有学者认为农村家庭中已出现了妻子依附于丈夫经济收入，并支配家庭经济开支的现象。[①]这说明在农村家庭中，夫妻的经济收入和经济支出不对等是引发家庭矛盾，导致离婚的原因之一，这种不对等引发夫妻离婚是基于婚姻关系考量来决定的。显然，在许某看来，妻子在夫家和娘家送礼问题上的不对等是可以不计较的，因为人情交往具有互惠性和均衡性。但是，全某将钱悄悄给她妈妈在市里买房，这件事超出了家庭日常生活开销范围，触碰了婚姻关系中夫妻互相尊重、共商家事的底线，彻底打破了夫妻经济收入与经济支出问题上责任与权利相对均衡的状态，从而导致了夫妻离婚。

（五）家庭事务决策矛盾

在农村社会中，受“三纲五常”和“三从四德”传统伦理文化的影响，妇女在家庭中处于从属地位，家庭事务决策权大多掌握在丈夫或婆婆手中。这是因为在传统社会中，在家庭经济发展上是以土地为基础进行生产生活，父代掌控着土地资源，并以纵向父子关系为主轴构建家庭权力结构。作为外来嫁入夫家的妻子，她是依托婚姻关系并依附丈夫立足于夫家村落社会的，在家庭事务决策上话语权普遍较低。然而，在打工潮的冲击下，农村家庭普遍实行夫妻城乡分工和代际分工模式，对土地生产资料的依赖减弱，父代权威日渐式微，尤其是受市场化冲击的影响，农村家

---

① 陈锋：《依附性支配：农村妇女家庭地位变迁的一种解释框架——基于辽东地区幸福村的实地调查》，《西北人口》2011 年第 1 期。

庭日常生活消费的货币化程度日益提高，打工收入逐步成为家庭经济收入和消费支出的主要来源，致使家庭事务决策权的权力结构基础发生了蜕变。在家庭事务决策问题上，表现为夫妻、婆媳及家庭其他成员之间的权力掺杂在一起，从而导致家庭事务决策矛盾加剧，并引发离婚行为。根据问卷调查的统计数据，在农村离婚夫妻 578 例家庭矛盾的样本中，因家庭事务决策矛盾离婚的频数为 416 次，占总频数比为 34.84%，在所有家庭矛盾选项中排序第一。由此可见，家庭事务决策产生矛盾导致的农村离婚现象最多，是农村离婚夫妻在家庭矛盾中的主要原因。

> 我（韦某）跟她（汤某）是 2008 年在广州打工认识、自由恋爱结婚的，结婚后生育了 1 个儿子，今年 6 岁多了。儿子出生后，她在老家和我父母（未分家）一起带孩子，我在广州打工。2004 年 4 月，我和我父亲商量要盖新房子，大概需要 17 万元，这笔费用的预算一是用家里的存款，二是向亲戚借钱，其中我父母有存款 6 万多、我们有存款 8 万多（我妻子管钱，在她手里），剩下的缺口再找亲戚借。但是，这事我妻子不同意，她的理由是在村里盖房子花费不低，不如去龙州县城里买房（这笔钱可以付首付）。她说："县城买房的好处是既可以住城里，又可以让儿子读好点的学校。"我和我父亲的立场是在村里盖房，因为村里有地种，亲戚都在村里，不愿意去县城买房，尤其是我父母完全不同意去城里买房。因为意见不一致，家里的矛盾越闹越

大，我妻子带着8万多元存款扔下孩子就跑出去打工了，我去广州到处找也没有找到她，后来我去法院起诉离婚的（WJY，男，32岁，广西壮族自治区龙州县G镇人，NO：GX–LZ–D20160020）。

在家庭事务决策中，持资源论观点的学者认为，谁拥有家庭经济资源谁就掌握家庭事务决策权。但是，这一解释视角遭到了中国学界的普遍质疑，尤其是大量的经验（实证）研究表明，农村家庭事务决策跟打工潮冲击带来的社会后果、性别资源失衡、女性权利意识崛起等相关。从上述的离婚个案中可以看出，汤某虽然在家庭中的任务是带孩子，但她掌握着家庭经济中的大量存款，在家庭事务决策不一致并发生冲突时，她带着存款扔下孩子再次进城打工，这表明一方面她在家庭中的个体权利意识强，另一方面她可以进城打工摆脱夫家束缚。相反，韦某和他父亲商量好的事被妻子否决，且存款在妻子手中，他们不仅不能在村里盖房子，还不能使用妻子手中的那笔存款，使夫妻矛盾加剧、家庭矛盾加深，导致夫妻离婚。事实上，在农村离婚夫妻中，家庭事务决策矛盾是普遍存在的。因为在打工潮冲击下家庭经济来源不再局限于传统农业收入，家庭成员从业也不再局限于农业，家庭经济来源普遍出现了多元化之势，这客观上改变了家庭权力结构和博弈筹码，从而使家庭事务决策矛盾日益增多和复杂，并演变为家庭矛盾冲突中的主要矛盾，不断引发离婚现象。

（六）子女教育矛盾

在婚姻关系维系中，孩子是构成婚姻关系的等三角，[①]是婚姻关系稳定的重要基础，是夫妻生命的延续。在传统的伦理文化中，父代对子女的伦理责任表现在“生—养—教”上，教育是关键且不可缺少的环节。众所周知，家庭是孩子成长的重要场域，家庭教育和学校教育是孩子一生中最为重要的两个教育阶段。因此，子女教育不仅是夫妻在婚姻关系中应承担的重要责任，还是应尽的义务。当夫妻一方在婚姻家庭中没有尽到相应的责任和义务时，就会给夫妻关系带来相应的影响。事实上，在农村婚姻中，夫妻一方因缺乏家庭责任感，对子女教育漠不关心的行为可能导致另一方不满；或者夫妻一方因自身恶习（如赌博、酗酒）漠视孩子教育，并将不良恶习传递给孩子导致另一方不满；或将孩子交给老人代管教育，导致夫妻冲突；或夫妻双方在教育孩子的理念和方式上存在较大分歧等，从而引起家庭矛盾，并导致夫妻离婚。根据问卷调查的统计数据，在农村离婚夫妻 578 例家庭矛盾的样本中，因子女教育矛盾离婚的频数为 77 次，占总频数比为 6.45%。从农村离婚的调查情况来看，随着农村经济社会的快速发展，年轻夫妻重视子女教育的越来越多，甚至子女教育问题引发夫妻矛盾，从而导致离婚。

我（冯某）和他（安某）是 2009 年通过朋友介绍认识结婚的，结婚后生了 1 个女儿，今年 5 岁。结婚以

① 费孝通：《乡土中国　生育制度》，北京大学出版社 1998 年版，第 159 页。

> 来，我在家跟公公婆婆一起干农活和带孩子，他在附近乡镇打零工，家里经济状况在村里属于中等水平。我们夫妻产生矛盾的根源是孩子的教育问题，因为我们乡里的幼儿园和小学教育条件差，村里70%以上的家庭都是从小就把孩子送到城里读书的（陪读模式，即妻子租房专门陪孩子读书）。女儿3岁时我要把她送到县城读幼儿园，但我丈夫反对，他说："孩子在哪里读都一样，要靠她自己。"那怎么能一样呢？城里的幼儿园是正规老师，有教音乐、美术、舞蹈、绘画等的专业老师，我们乡里没有，教学条件没法比。真实情况就是他没有责任心，不能为孩子创造好的教育环境，总是说城里这不好、那也不好，经常吵架，后来就离婚了（FX，女，30岁，山西省五寨县X乡人，NO：SX-WZ-D20170021）。

随着经济社会的快速发展，农村家庭越来越重视子女教育。在一些农村地区，父母为子女从小提供优质教育正成为一种普遍现象。从农村的调查情况来看，夫妻因子女教育引发矛盾的现象近年来逐步增多，尤其是年轻夫妻，这与很多农村地区重视子女教育的现象相关。显然，冯某与丈夫的矛盾聚焦在女儿教育上，她坚信城里的教育条件比农村好，而她丈夫安某并不这样认为，从而经常吵架并导致离婚，这说明夫妻在对待子女教育上存在着明显的差异，当这种差异无法调适时，婚姻风险就会不断加剧。此外，在婚姻中因一方缺乏责任意识，将赌博、酗酒等陋习传递给子女，不仅会导致子女在学习方面受到较大影响，还会导致夫妻矛盾加剧甚至离婚。

（七）赡养老人矛盾

费孝通将我国的家庭代际关系形象描述为："在中国是甲代抚育乙代，乙代赡养甲代；乙代抚育丙代，丙代赡养乙代，下一代对上一代都有反哺的模式，即称为'反哺式模式'。"[①]这与西方家庭中"接力模式"的代际关系有着本质的区别。事实上，在农村夫妻中，一部分人在赡养老人上会产生矛盾，尤其是在主干家庭中妻子在这一矛盾中往往是挑起事端的根源，从而导致家庭矛盾加剧，夫妻关系失和及婚姻解体。从家庭经济来源上考察看，受打工经济冲击的影响，农村家庭经济收入结构发生了变化，以土地为生产资料的家庭经济收入来源比重普遍下降，使子代对父代的依赖度降低，从而使家庭权力关系中婆媳之间的家庭地位开始嬗变，尤其是性别资源失衡背景下农村年轻妇女在家庭中的地位普遍提高。[②]年轻妇女家庭地位的提高，客观上对反哺式赡养老人的模式造成了冲击。因为在农村家庭中，妇女依托婚姻关系并依附丈夫进入夫家，她与公公婆婆没有血缘关系，在赡养老人的问题上通常是妇女持消极态度引起夫妻冲突，甚至导致离婚。根据问卷调查的统计数据，在农村离婚夫妻578例家庭矛盾的样本中，

① 《费孝通选集》，天津人民出版社1998年版，第489—497页。

② 陈琳等：《打工潮背景下农村"80后"返乡妇女家庭地位崛起研究——基于黔东北D村的田野调查》，《中国青年研究》2016年第12期。

因赡养老人矛盾离婚的频数为 75 次，占总频数比为 6.28%。这表明在农村社会中因赡养老人引发夫妻离婚的现象占比不低，应进一步关注。

我（方某）和她（靳某）都已离婚十多年了，主要是因为她没有孝心，不愿意赡养我母亲。我们是 1984 年结婚的，女儿 1985 年出生，儿子 1988 年出生，我们还没有结婚我父亲就去世了。1996 年我母亲身体不好，在家养病不能干活，我跟我哥商量后决定我们两兄弟轮养，每家轮养半年。但是，我老婆不同意，她不愿意赡养我母亲，为此我们吵了很多次，在他娘家人的劝说下她才勉强同意。1997 年下半年，我母亲在我家期间，她总是说一些很伤害我母亲的话，我母亲气不过（很生气难受），就喝了农药（自杀），后来我们夫妻关系恶化就把婚离了（FH，男，49 岁，湖北省应城市 T 镇人，NO：HB-YC-D20100022）。

我（范某）和妻子（易某）是经亲人介绍结婚的，婚后生育了 1 个女儿和 1 个儿子，都已成家。我们结婚以来夫妻关系还比较好。从 2001 年开始，我们夫妻关系开始恶化，原因是我母亲身体不好要养病、父亲要照顾，家里的农活干得少，我们三兄弟商量每家每年给两个老人零花钱 800 元和 200 斤粮食，生病治疗的费用三兄弟平均摊派。我妻子因为这事跟我大闹矛盾，她不承担赡养责任，她的借口是我家孩子小的时候我父母没有帮忙带孩子，还责怪我父母只给其他兄弟带孩子，所以她不赡养。为此，我跟她吵了很多次，也找村里干部进行过说服教育，她还是不愿意，我们就离婚了（FDY，男，52岁，甘肃省康县C乡人，NO：GS-KX-D20160023）。

在农村社会中，子代赡养父母是义不容辞的责任，也是一种约定俗成的传统赡养模式。当父代丧失劳动力时，子代就应该承担起相应的赡养责任，若子代不愿意承担或消极对待赡养老人时，那么他很可能成为村庄公众的笑柄，从而面对较大的舆论压力。然而，在农村社会中赡养问题导致的夫妻矛盾并不少见，从农村的调查情况看，挑起赡养矛盾事端的大多是妻子，因为在家庭关系中婆媳矛盾是最常见的家庭矛盾，一方面因没有血缘关系，发生冲突造成心理上的伤害就很难自我愈合；另一方面在多子家庭中，公公婆婆在帮忙带孩子过程中往往出现不公平现象引发婆媳矛盾。正如易某不愿赡养公公婆婆一样，她的理由是他们在带孙子过程中没有做到公平，所以就不分摊赡养责任。显然，赡养老人的矛盾是导致农村夫妻离婚的原因之一，但从农村离婚调查的情况来看，因赡养老人离婚的夫妻主要集中在年龄较大的群体。在年轻离婚夫妻群体表现出来的不多，原因一方面是年轻夫妻还未到赡养老人的阶段，另一方面是近年来随着国家推行农村新农合、农村老人补贴金等政策，客观上化解了农村赡养压力。但是，可以预见的是随着老龄化社会的到来，未来农村赡养老人的问题将面临更加严峻的形势，由此引发的夫妻矛盾和家庭矛盾可能会更多，婚姻面临的不稳定风险会更大。

（八）其他矛盾

从农村离婚夫妻家庭矛盾的分类和分布考察的情况来看，除了上述七类之外，还掺杂着其他的、无法明确归类的综合性矛盾，本书将这类矛盾统一归为“其他矛盾”。比如娶外地媳妇往往会遭到家庭或家族其他成员排斥，家庭或家族成员冷落、排斥会使夫妻矛盾加剧，导致夫妻离婚；以及跨省跨地域婚姻中因文化习俗差异，妻子无法融入夫家村落社会等。这类矛盾在578例家庭矛盾的样本中所占频数为63次，占总频数比为5.28%。由此可见，这类现象在家庭矛盾中的占比也不少，本书通过个案从个体微观行为层面来进一步揭示其离婚行为。

我（钟某）家儿子就是因娶外地媳妇（李某）离婚的，他们从2006年开始谈恋爱时我们全家人和亲戚都反对（我们村里大多数人都反对娶外地媳妇），因为我们在当地给我儿子介绍了几个女孩子，他都不同意。2007年他们同居并怀孕之后去镇里领了结婚证（因我们反对就没有办结婚酒），生了孩子后夫妻矛盾和家庭矛盾就体现出来了。我家那个儿媳妇是安徽农村来我们村打工的，人漂亮，但很懒惰，从来不做家务，每天早上起床后都要化妆打扮，每周末都要睡懒觉，从来不参加家族里的祭祀活动，并且她的亲戚都远在安徽，我们这边家里有什么事也靠不上她娘家。大家一直都反对他们的婚姻，因为有孩子也就默认了。但是，家里人都看不惯她，不跟她说话，也不跟她交往，她融不进我们家族，日子过久了，他们夫妻感情也就淡了，后来夫妻俩吵过几次架就离婚了（ZCP，女，64岁，广东省东莞市G镇人，NO：GD-DG-D20170024）。

从钟某的谈话中可以看出，钟某及家人对儿媳妇李某的不满意主要体现在两个方面：一是李某是外省人，在与钟某儿子结婚之后因娘家的亲戚远、家里有事帮不上忙；二是李某虽然人长得漂亮但很懒惰，不做家务、不参加家族祭祀活动，导致大家对她产生反感心理，甚至不跟李某来往。这样一来，李某一方面不会主动融入家族，另一方面家族里的人也不接纳她，因为李某是外省人，而在G镇当地人都有排斥娶外地媳妇的习惯。显然，在村庄和家庭场域中已形成了一致排斥李某的情况，她与丈夫的婚姻只能靠感情来维系。因她已习惯周末睡懒觉、不做家务及不参加家族祭祀活动等，不仅为她丈夫在家族、家庭中制造了较大的压力，还将自己推向了夫家的对立面，当她与丈夫的感情不足以化解家庭矛盾困境时，离婚便成为一种选择。

四、生育问题

在学界关于离婚的原因研究中，生育问题是重点关注议题，也是解释离婚原因的重要视角。费孝通在论述社会结构中的基本三角关系时指出："婚姻的意义在于建立夫妇与孩子的三角关系，夫妇关系以亲子关系为前提，亲子关系也以夫妇关系为必要条件，从而形成三角形的三边关系，即：三角的稳定关系。”[①]这表明，在婚姻关系中，孩子是维系婚姻稳定的等三角，对婚姻稳定具有重要作用。然而，在婚姻关系中，生育问题通常会给婚姻和家庭带来巨大压力，因为生育问题关涉夫妻亲密关系、婚姻满意度、婚姻调适和家庭稳定。一旦夫妻在生育方面出现了问题，就会为婚姻关系带来影响，尤其是不孕不育现象引发离婚的风险较高。因此，在考察农村离婚夫妻的生育问题方面，本书将它划分为五个层面进行调查和分析，主要包括夫妻一方无生育能力、希望生儿子、有生育能力但不想生孩子、为生儿子技术性离婚以及其他原因，其样本量是基于表 2-1 中选择生育问题的频数为 184 次。统计详情参见下表：

表 2-1-4　农村离婚夫妻生育问题的统计情况

生育问题	频数（次）	占总频数比（%）
夫妻一方无生育能力	90	48.91
希望生儿子	56	30.43
有生育能力但不想生孩子	21	11.41
为生儿子技术性离婚	4	2.17
其他原因	13	7.07
总计	184	99.99

① 费孝通：《乡土中国　生育制度》，北京大学出版社 1998 年版，第 159 页。

从表 2–1–4 中可以看出农村离婚夫妻在生育问题中的主要分布情况：在 184 例样本统计中，因夫妻一方无生育能力离婚的频数为 90 次，占总频数比为 48.91%；希望生儿子离婚的频数为 56 次，占总频数比为 30.43%；有生育能力但不想生孩子离婚的频数为 21 次，占总频数比为 11.41%；为生儿子技术性离婚的频数为 4 次，占总频数比为 2.17%；其他原因离婚的频数为 13 次，占总频数比 7.07%。由此可见，在农村离婚夫妻的生育问题上，因夫妻一方无生育能力离婚的占 48.91%，接近占总样本的一半，在五项分布中最为显著。其次是希望生儿子导致离婚的，占比超过 30%。这表明在农村某些地方重男轻女现象仍然存在，并导致了夫妻离婚。在农村离婚夫妻中，有生育能力但不想生孩子的占比超过 10%，这一现象应引起高度关注。此外，在为生儿子技术性离婚及其他原因的两个选项统计中，虽然其占比较低，但也是不可忽视的现象。

（一）夫妻一方无生育能力

恩格斯曾在《家庭、私有制和国家的起源》一书的论述中指出："根据唯物主义观点，历史中的决定性因素，归根结底是直接生活的生产和再生产。但是，生产本身又有两种。一方面是生活资料即食物、衣服、住房以及为此所必需的工具的生产；另一方面是人自身的生产，即种的繁衍。"[①] 费孝通认为："人类社会要延

① 《马克思恩格斯选集》第四卷，人民出版社 2012 年，第 13 页。

续就必须生育儿女，夫妻共同担负着抚育孩子是婚姻的责任。”[①]这说明在婚姻中，生育和抚育孩子具有重要意义。事实上，在传统社会中，婚姻的主要功能之一被认为是传宗接代。俗话说“多子多孙才能多福”，意涵是一个家庭如果没有孩子，在社会上是很难立足的，人生也不会幸福。从这个层面上来说，生儿育女是延续家族血脉和获得社会认可以及实现家庭幸福的基本条件。因此，当夫妻结婚之后，一旦其中一方没有生育孩子的能力，那么婚姻的不稳定风险就会增加，这种风险是否可控取决于另一方在婚姻中对待生育子女的态度。根据问卷调查的统计数据，在农村离婚夫妻 184 例生育问题的样本中，因夫妻一方无生育能力离婚的频数为 90 次，占总频数比接近 50%，在考察的五个维度中排序第一。这表明在农村社会中，一方无生育孩子能力导致夫妻离婚是生育问题的主要原因。

我（杨某）和妻子（王某）是 2006 年经朋友介绍认识结婚的，结婚快 2 年了一直没有怀上孩子。2009 年 3 月我们在浙江打工期间去杭州找医院检查，医生说她两边输卵管完全堵塞，生孩子要通过手术后做试管婴儿。后来我们又去上海找医院检查，医生也那么说，要花很大一笔钱才行。我们是打工的，没有那么多钱。2010 年，我们回家后，到处找土方（民间偏方）医治，还是没有治好，家里的存款也用完了，还欠了 1 万多块

① 费孝通：《乡土中国　生育制度》，北京大学出版社 1998 年版，第 116—129 页。

的债。到处寻医，已经折腾够了，她也感觉不舒服，脾气越来越大，我们也经常吵架。我很喜欢孩子，不管是儿子还是女儿，只要自己有孩子就行，但她生不了，这个家就不像家，做手术和做试管婴儿我也没有那么多钱，为这事我们经常吵架，夫妻感情淡了，2012 年 4 月我们就离婚了（YCG，男，36 岁，贵州省都匀市 S 乡人，NO：GZ–DY–D20120025）。

在婚姻中，夫妻一方没有生育孩子的能力是婚姻不稳定的原因之一，这是因为孩子是构成婚姻关系的等三角，是维系夫妻感情、维持婚姻稳定的核心因素。从杨某的访谈中可以看出，他很喜欢孩子，无论是儿子还是女儿他都喜欢，在他看来，没有孩子就不像一个家，这说明在他的家庭观念和人生意义里孩子是非常重要的，妻子不能跟他生育孩子且脾气不好经常吵架，他就认为夫妻感情淡了，选择离婚便成为必然。显然，在农村社会中，人们对生育养育子女不仅会受传统伦理文化和村庄舆论的影响，还会受婚姻主体对生命价值和人生意义认识的影响，当婚姻和家庭中没有生育子女时，婚姻的不稳定性就会凸显出来，离婚风险就会增大。

（二）希望生儿子

在农村社会中，受传统伦理文化的影响，在农民的价值世界里，“不孝有三，无后为大”的思想观念根深蒂固，生儿子传宗接代和继承香火不仅体现在人生任务上，还体现在人生价值和圆满人生意义上。因此，生儿子不仅是为了维持家庭关系和实现家庭功能，还是延续香火和继承家产所需，它不仅具有社会意义，还具有宗教意义。[①]然而，在农村婚姻中，当丈夫或夫家希望生儿子传宗接代和继承家产、延续香火时，若妻子无法完成丈夫或夫家的心愿，那么婚姻关系就可能受到相应的影响，尤其是在宗族性较强的农村地区。在国家推行计划生育政策的情形下，合法生育孩子数量受到了相应的限制，而要在合法的生育指标中完成生儿子的重任，对于妻子来说是有压力的。根据问卷调查的统计数据，在农村离婚夫妻 184 例生育问题的样本中，因希望生儿子导致离婚的频数为 56 次，占总频数比为 30.43%，在考察生育问题的五个维度中排序第二。这表明在农村社会中重男轻女的现象仍然存在，并对婚姻的稳定性带来了相应的影响。

我（舒某）的前夫（孟某）是赣州人，我们是 1999 年在深圳打工经朋友介绍谈恋爱并结婚的。2001 年 4 月因怀孕我去他老家待产，8 月我大女儿出生，在月子期间有一次我大女儿（小翠）哭，婆婆抱着她说了一句："要是小翠是儿子该多好啊！"我当时也没有怎么注意她的话，后来出了月子在夫家调养身体和哺乳才发现他们家非常重男轻女。我老公是家里的独子，之前怀孕时他半开玩笑地说以后要给他生个儿子，我认为他开玩笑就没有当真，大女儿出生之后，感觉他之前不是

① 桂华：《解析中国农民自杀》，《天涯》2013 年第 5 期。

> 开玩笑。孩子1岁多时，我们把孩子留在赣州由她爷爷奶奶带，我们继续到深圳打工。后来怀孕了，老二生下来又是女儿，小女儿出生了几天，前夫都没有给家里说这事，直到我出院后他才给他姐姐说这事，我问他为什么不跟他爸爸妈妈说，他说："他们是盼孙子，又生了孙女他们会失望的……"因为没有生儿子，明显感觉到前夫失落，上班（打工）赚钱也很消极，在家里也感觉到他像变了一个人似的，做什么事都没干劲，慢慢地他脾气也变得大起来，有时候抱着小女儿大声吼，我们夫妻感情也变淡了。后来我们商量他养大女儿，我养小女儿，就把婚离了（SYP，女，29岁，湖北省公安县S镇人，NO：HB-GA-D20110026）。

国家计划生育政策倡导"生儿生女都一样"，取得了很好的效果，但是在一些农村地区，重男轻女的观念根深蒂固，尤其是在农村宗族性较强的地区，因为在一个家庭中没有儿子就意味着断了香火，人生意义就会大打折扣。比如在赣南农村，假如一对夫妻婚后没有生育儿子，在宗族或家族修族谱时，丈夫的名字就会被从族谱上删除；在村庄内办理白事时，没有儿子的男人要负责干村里抬丧的活儿等，形成了一种地方性规范秩序，不仅有效地制约着人们的日常生活行为，还不断强化人生意义和生命价值。事实上，在宗族性较强的农村，人们通过民俗仪式不断对没有儿子的人进行排斥，客观上强化了重男轻女思想。相反，在江汉平原、洞庭湖平原等农村调查时发现，这些区域内重男轻女的现象非常少见，这与农村的传统文化习俗相关。从舒某的离婚中可以看出，因没有生育儿子导致了公公婆婆和前夫失望，尤其是生下小女儿之后孟某在家庭里、工作中及精神上像变了一个人似的，从而使夫妻感情变淡，导致离婚。由此可见，在农村婚姻关系的维系中，生育问题是重要的因素之一，当夫妻一方在生育上有较强的诉求又不能如愿时，那么婚姻的稳定性就会受到相应的影响，离婚风险就会增加。

（三）有生育能力但不想生孩子

改革开放以来，随着经济社会快速发展，人们的思想觉悟、法治观念、权利意识逐步增强，人生价值取向日益多元化，特别是受市场化和现代性因素渗透的影响，农村妇女在经济发展、政治参与、文化教育和家庭地位等方面得以全面提高。同时，在婚姻自由和计划生育政策推行下，农村的婚姻观和生育观也发生了相应的转变，“少生、优生、不生”等生育观念逐步被人接受，尤其是随着女权主义的崛起，妇女不再沦为生育工具，不想生孩子的农村妇女在婚姻关系中并不少见，如“丁克”家庭的出现等。显然，推动“丁克”家庭形成的是一部分人生育观念的变化，即生育逐步被当成个体自主选择而不再是婚姻的使命任务，生育意愿向多元化发展逐步成为现代社会中的现象。但是，在农村社会中，受传统文化的影响，子女作为父母生命的依托和赡养的依靠，在婚姻中夫妻一方不愿意生育（尤其是女性），不仅可能会遭到另一方的反对，还会在村庄熟人社会中承受舆论压力，从而为婚姻的稳定性带来相应的风险。根据问卷调查的统计数据，在农村离婚夫妻 184 例生育问题的样本中，有生育能力但不想生孩子导致离婚的频数为 21 次，占总频数比为 11.41%，占比超过十分之一。这表明在农村社会中生育观念的变化，对婚姻的传统伦理和稳定性带来了相应的冲击。

> 我（李某）与他（方某）是在浙江打工时认识并结婚的。当初，我们只谈了几个月的恋爱就开始同居，2011 年 7 月发现怀孕了就匆忙赶回他老家办了结婚证。办完证后在商量办结婚酒时，因为彩礼和办酒席，双方家长发生了争吵。我那婆婆太凶了，叫她家象征性地拿 2 万块彩礼（当初我们村的彩礼最低都是 3 万），她不仅不同意，还说了很多带有威胁性的话，我都怀她们家骨肉几个月了，她一点也不知道好歹，还要跟我父母吵架，在不断的折腾和吵闹中，孩子没有保住流产了，结婚酒席也没有办成（但他父母给了我 2 万元）。我们已办证，是合法夫妻，孩子流产之后我调养了 2 个月身体，我们就又一起去浙江打工，从那以后我就不同意生孩子了。人生苦短，感觉生孩子、养孩子没有什么意义，城里一些年轻夫妻不要孩子一辈子过得也很潇洒，所以有钱了要好好享受生活。为了这事，公公婆婆对我意见很大，前夫也因这事跟我经常吵架，他们要我生孩子，我不同意生，日子过不下去，于是我们在 2015 年正月就把婚离了（LCC，女，25 岁，贵州大方县 H 镇人，

NO：GZ-DF-D20160027）。

从李某的离婚个案中可以看出，她不生孩子的原因主要是她认为人生苦短，感觉生孩子、养孩子没有什么意义，应该好好享受生活。在这背后是她已经历了一次流产，这次流产给她带来了心理和身体上的伤害，尤其是怀孕回家要匆忙办理结婚酒宴时，双方父母闹得不愉快，给她婚姻造成了负面影响。但是，她曾在沿海发达地区打工，经历了高度市场化和现代文化的洗礼，她的人生目标和人生追求是有钱了就要好好享受生活，要像城市中的年轻夫妻一样不要孩子潇洒地过日子。李某的生育观念与方家是冲突的，她丈夫和公公婆婆不接受，并经常为这事跟她争吵，从而加剧夫妻矛盾，最终导致了离婚。事实上，在农村社会中，完整的婚姻关系是要包括“夫妇＋子女”的，正如费孝通所说的夫妇关系和亲子关系共同构成三角形的三边，从而形成等三角。这说明在农村社会中，婚姻关系的建立是具有公共性和社会性的，婚姻的本质不能简单地等同于爱情，也不等同于个体性生活享受，而是需要建立“夫妇＋孩子”的关系，并构成稳定的三角关系的。但是，从李某的离婚个案中可以看出农村青年妇女的生育观念在转变，农村的婚姻价值正在经历快速变迁，对婚姻稳定性造成了较大的冲击。

（四）为生儿子技术性离婚

从农村离婚调查的情况来看，在因生育问题而产生的离婚夫妻中，有极少数夫妻是想生儿子又怕违背计划生育政策，所以才选择离婚的。这类现象与希望生儿子的存在异同：相同点是，都希望生儿子传宗接代和延续香火，且夫妻都已从法律上办理了离婚手续；不同点是，希望生儿子离婚的夫妻在问卷调查中，没有复婚的情况，且都是从生育问题上升到了夫妻矛盾或家庭矛盾，夫妻不欢而散地离婚。但是，在为生儿子技术性离婚的夫妻中，从法律上他们是解除了婚姻关系，但在现实生活中，夫妻又产生互助合作并同居在一起的现象，当妻子再次怀孕生育儿子后他们自愿去政府缴纳社会抚养费并复婚。根据问卷调查的统计数据，在农村离婚夫妻 184 例生育问题的样本中，为生儿子技术性离婚的仅为 4 例，但这类社会现象在认识转型期农村离婚原因中不可避免，本书将呈现一个深度个案加以分析。以下是访谈 M 村计生专干罗某时（分别在 2012 年和 2016 年进行过 2 次访谈），他讲述李某的离婚原因。

李某（男）和陆某（女）是通过亲人介绍在 2001 年结婚的，2002 年 7 月大女儿出生、2010 年 9 月小女儿出生，2010 年 11 月他们夫妻办理的离婚手续。他们夫妻感情很好，没有吵过架，家庭条件也不错，离婚的原因主要是想生儿子又不能违背政策，所以离婚的。当初他们生育第二个小孩时，是计划内生育，办了准生证，当陆某生完第二个小孩后，我们正打算要她来做结扎手术，但他们夫妻还没有等我们去他们家，就提前去政府办理离婚了（这事我们与民政办信息对接上有失误，也没有想到他们会这么做），离婚由陆某提出，其

> 理由是夫妻感情不和，两个孩子判给李某养，财产分割上他们共有三间房的平房，其中两间划给李某，陆某只有一间。离婚后李某没有再娶，陆某也没有嫁人，而且他们仍在一起生活，并一起出去打工，从法律上他们是解除婚姻关系的，我们不能要求陆某做结扎手术，要不然我们做工作就违规了，这事就一直拖着。2014 年 3 月，陆某生了一个儿子，李某和陆某去政府办理了复婚手续，主动去做了结扎手术并交了社会抚养费（LLY，男，49 岁，贵州省都匀市 S 乡 M 村计生专干，NO：GZ-DY-D20160028）。

从李某和陆某的离婚个案中可以看出，他们想生儿子又怕违背政策，因此借口打工外出，以合法办理离婚手续的手段来逃避计划生育政策的限制，当妻子生下儿子之后又申请复婚，并履行计划生育政策的相应义务。显然，对于这类离婚，一旦夫妻一方在离婚期间另有新欢，那么就不可能复婚了，而他们的离婚从法律上说是自愿的，目的是逃避结扎手术，为生儿子保住希望，因此离婚就变成了一种技术性策略。事实上，重男轻女现象在我国一些农村地区仍存在，一方面是受“不孝有三，无后为大”思想观念的影响；另一方面这一生育偏好是为了满足农村生产生活上的功能性需求，但从总体上来看，受国家计划生育政策实施和个体化生活体验崛起的影响，农村生育偏好在逐步减弱。

（五）其他原因

从农村离婚夫妻生育问题产生的原因分类和分布考察的情况来看，除了上述四类之外，还有无法归类的情况。为更全面地认识农村离婚夫妻因生育问题离婚的情况，本书将它归为其他原因，它在184例生育问题样本中的频数为13次，占总频数比为7.07%。让我们来看看在农村调查时发现的案例。例如，湖南省宁乡市J乡朱某与妻子结婚后育有1个智力障碍的儿子，因妻子患病不能再生育，孩子又无法上学，夫妻选择了离婚；湖北省英山县L镇李某与丈夫结婚后无法生育，且去做了两次试管婴儿均失败，家中欠下11万元的债务，且没能生出孩子，导致了公公婆婆的绝望，从而逼着儿子跟李某离婚；贵州省大方县H镇田某与丈夫结婚后育有1子1女，儿子患病时，公公婆婆未及时送医治疗导致其夭折，后来丈夫要求田某再生时（想生儿子），夫妻矛盾和婆媳矛盾尖锐，导致婚姻破裂。这些农村离婚夫妻都是因为生育问题引起矛盾的，而这类矛盾通常是无法解决的。

五、家庭贫困

在学界对离婚研究的原因分析中，通常将家庭贫困放到家庭压力和婚姻质量的视角上进行考察，比如家庭经济贫困会引发的婚姻压力、感情淡化、冲突加剧等，从而使婚姻质量下降，导致夫妻离婚。恩格斯曾指出：“根据唯物主义观点，历史中的决定性因素，归根结底是直接生活的生产和再生产。但是，生产本身又有两种。一方面是生活资料即食物、衣服、住房以及为此所必需的工具的生产；另一方面是人自身的生产，即种的繁衍。”[①]这说明了在婚姻维系中物质因素的重要性，也反映出婚姻需要建立在一定的物质基础之上，只有满足基本的物质生活婚姻才能保持稳定。贺雪峰教授从人的三重价值体系方面对物质基础进行了相应的阐释，他认为：“当前我国农村社会出现了一系列伦理性危机的根源是，基础性价值得不到满足是引发婚姻家庭危机的基础，一方面人的衣、食、住、行关涉到个体生命能否延续，另一方面人的基本生存和发展需要一定的物质基础。”[②]换言之，在婚姻维系中物质因素是最基本的条件之一，婚姻必须建立在相应的物质条件上，这不仅是保持婚姻稳定的基础，还是满足人类生存和发展的条件。根据问卷调查的统计数据，在农村离婚的1836个总样本中，家庭经济条件差导致离婚的频数为186次，占总频数比为6.09%。从农村对离婚调查的情况来看，因受经济发展滞后、交通不便及地理区位偏远的影响，家庭经济条件差导致夫妻离婚的现象大多分布在中西部农村贫困地区，尤其是在打工潮冲击下的性别资源流出和年轻妇女外出打工，对中西部农村贫困地区婚姻的稳定性造成了巨大的冲击。

我（王某）和他（杨某）是2007年在浙江金华打

① 《马克思恩格斯选集》第四卷，人民出版社2012年，第13页。

② 贺雪峰：《农民价值观的类型及相互关系——对当前中国农村严重伦理危机的讨论》，《开放时代》2008年第3期。

工认识恋爱的，2008年怀孕后匆忙回家办理结婚，育有1个男孩。我们在外打工是自己赚钱自己花，也没有赚到什么钱，结婚后每天跟柴、米、油、盐打交道后才体会到没有钱的难处。结婚有孩子了，他们家（夫家）应该多出钱出力帮助一下，但他们家太穷了，帮不了什么，日子过得紧巴巴的，不仅没给我钱买衣服和化妆品，就连给儿子买奶粉的钱也要我去找我娘家爸妈借，为钱这事经常吵架，后来就离婚了（WJ，女，26岁，贵州省都匀市S乡人，NO：GZ-DY-D20120029）。

朱某（男）和小吕（女）离婚的主要原因是他家太穷了，朱某初中没有毕业就辍学在家干农活，干了几年农活之后，在2006年到镇上的家具厂打工，打了1年多的工就没有在那里干了，后来跟着他堂姐夫去广州打工，2009年10月带着小吕（安徽人）回来，回来时小吕挺着大肚子，到乡民政匆忙办了结婚证，2个多月后生下女儿。他家父亲经常生病，母亲腿脚不好，家里很穷，是村里的低保户。他到外面打工也没有赚到什么钱，住的房子是老房子，又破又烂，生活条件差，吃肉都困难，住宿条件就不用说了，在家里才住几个月夫妻就大吵了几次，小吕坐完月子并过完春节后，他们夫妻带着孩子又去广州打工了。前段时间回来（2011年8月）办理离婚手续的，孩子也带回来让他父母带，小吕每年给生活抚养费（受访人ZXH，系朱某的堂叔，江西省赣州市南康区H乡人Z村村干部，NO：JX-NK-D20120030）。

从上面2个个案中可以看出，家庭经济条件差，无法满足婚姻维系的基本要求是夫妻离婚的主要原因。显然，王某与小吕面对的是婚姻生活中最基本的生存压力问题，当物质条件差到不能保障基本生活时，夫妻之间的冲突就不可避免。尤其是农村年轻妇女，当她们在婚姻市场中仍有较多机会选择再嫁时，离婚便成为一种有效的解脱方式。当前，在我国中西部农村贫困地区，受物质条件匮乏、性别资源失衡以及居住地偏远的影响，局部农村地区已出现了婚姻价值的变革。[①] 俗话说"门当户对"，意思是婚姻需要建立在相应的物质基础上，夫家与娘家能为子家庭提供必要的物质后盾。但是，王某和小吕的离婚反映出因家庭贫困，夫妻就得过紧巴巴的日子，在王某看来，这些都是夫家造成的，因夫家不能提供好的生活条件；而小吕在朱某家连最基本的生存都难以满足，此时婚姻的不稳定性风险就会加剧，比如夫妻吵架、日常生活中的抱怨、感情受阻等，维系婚姻的压力增大、婚姻质量不高，由此引起婚姻关系中夫妻责任与义务的失衡，离婚便成为结局。

六、夫妻一方伤残（疾病）

在传统社会中，男女缔结为夫妻之后，需要丈夫承担婚姻和

① 陈讯：《婚姻价值的变革》，中国社会出版社2014年版，第212—213页。

家庭责任，妻子要“嫁鸡随鸡、嫁狗随狗”，遵从“三从四德”、“从一而终”以及“同甘共苦”和“不离不弃”。中华人民共和国成立后，我国颁布了《婚姻法》，农村实行婚姻自由、一夫一妻和男女平等等婚姻制度，女性独立意识增强，在婚姻缔结中包办婚姻式微，自由婚姻模式形成。婚姻关系也从“父母之命，媒妁之言”向“执子之手，与子偕老”转变，婚姻的个体化和自主性增强，以物质和情感为基础的维系因素增加，婚姻主体在婚姻中更加注重个体情感和生活性体验，婚姻的功能性增强，维系婚姻的因素发生了变化。因此，当没有物质和感情作为支撑条件时，婚姻就变得越来越脆弱，离婚风险就呈现出来。根据问卷调查的统计数据，在农村离婚的 1836 个总样本中，因夫妻一方伤残或患疾病导致离婚的频数为 43 次，占总频数比为 1.41%。为了全面理解农村离婚的原因，本书将呈现个案加以深度分析。

> 我儿子小恩（李某）跟儿媳妇（罗某）是在市里打工认识的。他们是自由恋爱，2005 年冬结婚后夫妻俩又去市里打工了，儿媳妇在餐馆当服务员、儿子跑摩的（非法用摩托车载客）。2016 年 5 月 26 日夜里（凌晨 1 点左右），儿子跑车时与大车相撞，头部受伤不省人事被送往医院，在医院急救，昏迷了 2 个多月才苏醒过来，在医院住了一年半才出院，花了近 13 万医药费（对方负责，并支付 4 万多元生活补偿费），虽然自己家没有出医药费，但一年多都在医院陪伴，家里的农业生产也没搞好，家里也没有什么钱（积蓄），所以家

里穷。当初儿子出车祸时孙女还没有出生，但儿媳妇已怀孕5个多月了。他出院后大脑丧失了记忆力，脑筋不好用，跟一两岁小孩子差不多，腰残疾，用拐杖能走短距离的路，生活基本不能自理，需要人照顾。儿子出事之后，儿媳妇总抱怨她命不好、婚姻不幸福，我们也没有办法，毕竟出了这么大的事。2010年4月，儿媳妇哄儿子说带着他去街上给他买糖吃（骗他办离婚手续），她扶着儿子到政府办了离婚证，离婚后她去了市里，孙女由她抚养，儿子在家我们照顾（受访人LWC，系李某父亲，贵州省都匀市S乡人村民，NO：GZ-DY-D20120031）。

李某在婚姻中因伤残失去了劳动能力和生活自理能力，婚姻关系也因他伤残而结束，妻子罗某带着女儿离开了李家。显然，罗某对待婚姻的态度既不是“嫁鸡随鸡，嫁狗随狗”的始终如一，也未履行“执子之手，与子偕老”的誓言，她在丈夫伤残之后，不再承担婚姻责任，也不再承担照顾丈夫的义务，而是选择跟丈夫离婚，并带着女儿离乡远去。在婚姻功能上，因李某丧失了劳动能力无法赚钱养家，无法承担起婚姻和家庭责任，罗某就抱怨自己的命不好和婚姻不幸福。同时，还可以看出她在婚姻上的价值取向，从某种意义上来说，她将婚姻当作人生幸福的手段和途径。“夫妻本是同林鸟，大难临头各自飞”，无疑对传统的婚姻伦理带来巨大冲击。

张某（女）和李某（男）1996年经朋友介绍认识，

1997年结婚。结婚后两个人感情比较好，夫妻在家务农，农闲时李某在附近乡镇集市摆摊（游摆，不固定在某一集市），没有生育孩子。1999年李某患精神病，张某和李某的父亲、弟弟到处寻医，李某的病情虽然有好转，但并没有完全治愈，每隔一段时间就会复发，大吼大叫，到处乱跑。因李某得病，张某经常跟公公婆婆闹矛盾，她没有耐心继续陪伴治疗，2003年提出离婚并办理了离婚手续（ZY，女，43岁，山东省平阴县K乡，NO：SD-PY-D20160032）。

张某（男）与妻子（陈某）是1982年经人介绍认识结婚的，结婚后生育了1个女儿。1993年，张某患脑血栓，治病不仅花光了家里的积蓄，还找亲人借了6000多元（在当时是非常大的数目），因患病从此不能再干重活，家里没有了经济来源，加上经常吃药导致家里一贫如洗，生活非常困难，靠吃低保得到救济。1998年，陈某提出女儿归她养，夫妻办理了离婚手续（ZXL，女，59岁，吉林省德惠市J镇人，NO：JL-DH-D20180033）。

从上述的2个案例可以看出，在农村社会中，夫妻一方尤其是丈夫一旦因疾病丧失了劳动能力，且在没有经济作为后盾的情况下，离婚的风险就会增大。从调查的情况来看，在农村社会中，分田到户以来农村剩余劳动力纷纷转向第二、三产业就业，农村家庭经济来源打破了相对均质化的状态，逐步开始分化，由此引发面子观、消费观等的变化，个体性生活体验的观念增强，家庭观念开始弱化，婚姻的目的和意义开始嬗变。因此，婚姻的功能和意义逐步向功利化转变，以婚姻为手段追求幸福生活的现象初见端倪，传统社会中“嫁鸡随鸡，嫁狗随狗”的婚姻价值逐步变迁，在婚姻关系中夫妻之间的责任和义务日渐弱化，夫妻一方伤残（或疾病）助推了农村离婚现象的发生。

七、夫妻一方犯罪

在农村从夫居的婚俗中，既嫁随夫的传统伦理是因为农村妇女是依托丈夫在夫家村落社会立足。妇女在夫家村庄社会的日常生产生活中，一方面需要通过与丈夫建立共同的家庭目标实现家庭再生产；另一方面需要夫妻相敬如宾，支撑和维系家庭运转和婚姻稳定，从而在夫家村庄社会立足，实现人生价值并获得生命意义。然而，在家庭的等三角关系中，“夫一妻一子女”的结构中一方也不能少，这样家庭三角关系才能稳定。在婚姻维系过程中，一旦夫妻一方触犯法律犯罪并进了监狱，那么支撑家庭日常生活、经济发展及社会交往的就只剩夫妻中的另一方。随着农村日常生活货币化程度的提高，人们对物质消费、面子攀比、人生满足等竞争的加剧，家庭中缺少了主要劳动力不仅会导致家庭经济陷入困境，还会影响家庭其他功能，无疑会对婚姻的稳定性造成巨大冲击，尤其是在婚姻伦理变迁背景下离婚风险就会大增。根据问卷调查的统计数据，在农村离婚的 1836 个总样本中，因夫妻一方犯罪导致离婚的频数为 36 次，占总频数比为 1.18%，为了全面理解农村离婚的原因，本书将呈现个案加以分析。

> 龙某（女）和肖某（男）是经朋友介绍认识并于 1999 年结婚的，婚后育有 1 子。肖某在昆明打工期间是在夜总会上班的，认识了经常出入夜总会的桂某，并为贩毒的桂某提供交易便利。2006 年肖某被警察抓获，并判处有期徒刑 12 年。因肖某犯法坐牢，家里的生活来源和抚养小孩就全靠龙某一个人承担。因此，龙某在家里经常发脾气，公公婆婆则成为她出气的对象。她抱怨嫁到肖家不幸福，于 2009 年 11 月到法院起诉离婚，解除了婚姻关系，离婚后带着儿子改嫁到邻县（XYX，男，37 岁，贵州省毕节市七星关 Y 乡人，NO：GZ-BJ-D20160034）。

从龙某的离婚案例中可以看出，当丈夫肖某触犯法律进了监狱之后，一方面是家庭中的重任全压在她一人身上，使她倍感压力；另一方面是因肖某犯法之后让她体验不到婚姻的幸福，使她陷入痛苦之中，不再坚守妻子之责，并到法院去起诉离婚。从村庄舆论角度来考察，村民们对龙某前往法院起诉离婚再嫁持宽容态度，因为是肖某犯法被抓而无法承担家庭责任的。按照村民肖某的话说："他（肖某）要坐十多年牢，人家（龙某）还年轻，人也漂亮，不可能守十多年'活寡'，离婚在道理上也说得过去。现在的年轻人不能跟老一辈比，有福共享差不多，有难同当就难了。"事实上，随着市场化渗透到农村社会中，乡村社会中的内生性秩序逐步瓦解，尤其是村庄舆论对人的制约力越来越低，在传统伦理道德层面越来越宽容，使得人们的婚姻家庭观念发生了变化，婚姻向个体化转变，人们在婚姻关系中更加注重个体幸福生活的获得和感受，对婚姻的伦理责任日益削弱。因此，一旦夫妻一方触犯法律并犯罪，就会面临牢狱之灾，造成夫妻分离，其婚姻质量将受到巨大的影响，不仅婚姻的幸福指数和获得感会下降，还会导致家庭收入降低，抚养和赡养负担加重，婚姻破裂的风险就会不断上升。

八、征地拆迁

受 2001 年《婚姻法》修订和基层政府（民政部门）婚姻登记办理程序简化的影响，结婚和离婚在政策实施和法律实践上越来越便民化和人性化，而婚姻缔结去包办化也使婚姻外在的自由度不断提升。但是，婚姻自由在实践中也造成另一方面的影响，即人们把婚姻当成一种谋利的手段，客观上为婚姻的稳定性造成了影响。然而，针对征地拆迁问题的离婚现象媒体报道颇多，比如南京高新区一个村庄 160 多对夫妻排队离婚，上至 80 多岁、下至刚结婚青年夫妻；郑州近郊村的城郊村面临拆迁也涌来离婚潮；四川省宜宾市革坪村、贵州省贵阳市云关乡、云南省昆明市官渡区等都因征地拆迁涌现过集体离婚现象等。针对这一类离婚现象，本书在农村离婚原因问卷调查分类中专门对农村（城郊村、城中村）征地拆迁引起的离婚行为进行问卷调查。根据问卷调查的统计数据，在农村离婚的1836个总样本中，因征地拆迁离婚的频数为11次，占总频数比为0.36%。虽然这类离婚夫妻占比极低，且离婚的目的多以谋利为主，但是从法律上说，合法的离婚行为是城镇化进程中不可忽视的现象。

在城镇化进程中，征地拆迁补偿政策的实施往往会带来优厚的补偿，人们利用离婚作为手段钻补偿政策的空子。一方面是进行草率结婚。比如郑州一个城中村在拆迁安置方案中规定，达到婚姻年龄的成年子女，未婚的安置住房1套，已婚的则可以安置2套。这一安置政策助推了村里青年“闪婚”，并导致“闪离”现象。另一方面是进行集体离婚。比如南京高新区某村某组在征地拆迁补偿政策实施中规定按户补偿，即一户可以补偿220平方米的住房，一户夫妻离婚之后多出来的一户则可以再补偿70平方米的住房加13.1万元的补偿款，导致了该组夫妻到民政局集体离婚。显然，政策设计初期考虑不周会被人们利用。一旦政策在实践过程中发现被人钻了空子，作为政策制定的一方则将很快进行完善，不会让谋利型离婚行为捞取好处。比如在北京市平谷区农村，按当地村民的话说：“前几年区里按上级政府要求实施‘一户一宅’政策，有人就想利用离婚来钻政策空子，但乡镇干部及时将这一情况上报，在政策实施过程中就没有出现谋利型离婚现象。”

婚姻的目的是传宗接代、延续香火和继承家产，其意义是建立双系抚育，它的本质在于社会属性。在婚姻实践中，男女双方按照法律在物质生活、精神世界等方面自愿结合，并取得法律、伦理、医学等层面的认可，是共同生产生活以及生育、抚育子女的一种社会行为。婚姻的社会属性需要建立在一定的物质基础之上，它的目的和意义并非赚取物质利益，而是为了传宗接代、延续香火和继承家产。然而，以婚姻为手段谋取利益的婚姻行为脱离了婚姻本质，是一种被工具化了的婚姻，稳定性会大打折扣。因此，那些希望通过离婚获得更多征地拆迁补偿的夫妻，已将婚姻工具化，在工具化过程中离婚风险伴随而来，即以假成真的离婚行为很常见，这表明在转型期农村离婚问题已呈多元化演变之势。

九、其他原因

在农村离婚夫妻群体中，离婚的原因具有多元性、复杂性和交互性。根据问卷调查的统计数据，在农村离婚的 1836 个总样本中，除感情不和、性格不合、家庭矛盾、生育原因、家庭经济条件差、夫妻一方伤残或疾病、夫妻一方犯罪、征地拆迁 8 个方面的原因之外，还有无法归类的其他原因。其他原因导致离婚的夫妻频数为 56 次，占总频数比为 1.83%。鉴于此，本书在运用问卷调查的结构化考察之外，还从非结构化方面访谈离婚当事人，从离婚当事人的个体动机、行为和实践的微观层面进行考察，比如跨省婚姻中的语言沟通、民间信仰及价值观念等方面的问题。为了全面理解农村离婚的原因，本书将呈现不同地区、不同类型的个案加以分析。

我（金某）和她（李某）是 2016 年离婚的。我们是同乡人，经朋友介绍认识后自由恋爱。2016 年 1 月 1 日，我们去领证（结婚），领证后准备在春节前办婚宴酒，在商量过程中礼金没有谈好，她家要 18 万礼金，她妈妈还说很多气话，矛盾越闹越大，关系很僵，结不了婚，就去民政局把婚离了（JF，男，31 岁，浙江省温岭市 D 乡，NO：ZJ-WL-D20170035）。

我（孙某）和他（章某）都是本乡人，2009 年在济南打工经人介绍认识结婚的。2010 年女儿出生，2011 年 4 月 19 日，他说要出去打工，这么一去就一直没有回音，我去派出所反映过这个情况，却一直没有他的消息。2014 年 11 月，我去法院起诉，2015 年 3 月法院判解除婚姻关系（SLN，女，28 岁，山东省昌乐县 Y 镇 W 村人，NO：SD-CL-D20110036）。

我（俞某）和她（窦某）是 2015 年在市里打工认识的，认识的时候她正处在失恋难过之中，可能是我不断地安慰和帮助她，感动了她，认识 1 个多月后我们就去民政局登记结婚了，结婚之后我带她回老家准备办结婚酒。她来我老家之后，发现我老家这边很穷也很落后，她什么都看不惯，也瞧不起我家人，相处起来难。在家里过了 10 多天，她前男朋友（社会上的混混）找到我家来纠缠，要求和她复合，我也懒得跟她再纠缠，就离了（YP，男，26 岁，贵州省大方县 H 镇人，NO：GZ-DF-D20160037）。

在农村离婚群体中，各种不同原因导致离婚的现象较为常见。在上面的几个案例中，是不同的原因造成夫妻离婚的，虽然这些离婚行为在农村调查中属于少数，但是可以观察到在转型背景下受人口流动速度加快的影响，离婚行为也呈现出多元化之势，这一趋势在未来一段时期内仍有可能持续下去。从上述的个案看，礼金（彩礼）的攀升对婚姻带来了冲击，婚姻当事人的婚姻责任缺失对婚姻造成了影响，婚姻当事人不能融入夫家和情感复杂等都是引发离婚风险的重要原因。显然，婚姻的本质属性在于它的社会性，在婚姻的社会性实践过程中，婚姻主体的行为与价值取向给离婚带来了巨大的影响，尤其是在农村传统的内生性秩序日渐式微的背景下，村庄舆论无法对离婚行为构成制约，长辈、亲朋好友不再深度参与离婚调解，这些都容易导致离婚。

第二节　明朗的趋势：加速化、年轻化和多样化

为了深入了解和认识转型期我国农村离婚问题的发展趋势，本书以在农村驻村调查个案访谈和问卷调查为基础，结合我国离婚率的状况进行分析。众所周知，婚姻是组建家庭的基础，家庭是社会的细胞，婚姻家庭关系的和谐稳定直接关系到社会安定。

需要说明的是，中华人民共和国成立后，我国颁布的《婚姻法》规定，实行离婚自由原则，即男女双方自愿离婚的，如感情确已破裂，调解无效，应准予离婚。中华人民共和国成立以来，

学界将我国划分为三个离婚潮。一是中华人民共和国成立初期，1950 年由法院受理的离婚约为 18.6 万件，而 1953 年上升至 117 万件，离婚率首次突破 1‰，峰值高达 1.99‰，但从 1954 年开始逐步回落，一直到 1960 年期间，离婚率都保持在 0.5‰ 左右的较低水平，从学界的研究结论看，他们认为这次离婚潮的原因与中华人民共和国成立经历了抗战和解放战争以及《婚姻法》颁布实施紧密相关。二是 1960 年之后，我国又经历了一次离婚潮，但这次高峰增长幅度小于第一次，离婚率约接近 1‰，到 1962 年以后开始跌落。①从学界研究结论看，他们认为这次离婚潮的原因与“三年困难时期”有相关性。三是改革开放以来，我国离婚率一直在持续攀升。民政部发布的《中国民政统计年鉴（2018）》数据显示，1978 年我国的离婚为 28.5 万对、离婚率为 0.2‰，1982 年为 42.8 万对、离婚率为 0.4‰，1986 年为 50.6 万对、离婚率为 0.5‰，1990 年为 80.0 万对、离婚率为 0.7‰，1994 年为 98.2 万对、离婚率为 0.8‰，1998 年为 119.2 万对、离婚率为 1.0‰，2002 年为 117.7 万对、离婚率为 0.9‰，2006 年为 191.3 万对、离婚率为 1.5‰，2010 年为 267.8 万对、离婚率为 2.0‰，2014 年为 363.9 万对、离婚率为 2.7‰，2017 年为 437.4 万对、离婚率为 3.2‰。同时，1978 年我国的结婚数量为 597.8 万对、结婚率为 6.2‰，1982 年为 836.9 万对、结婚率为 8.3‰，1986 年为 884.0 万对、结婚率为 8.2‰，1990 年为 951.1 万对、结婚率为 8.2‰，1994 年

① 叶文振、林擎国：《当代中国离婚态势和原因分析》，《人口与经济》1998 年第 3 期。

为 932.4 万对、结婚率为 7.8‰，1998 年为 891.7 万对、结婚率为 7.2‰，2002 年为 786 万对、结婚率为 6.1‰，2006 年为 945 万对、结婚率为 7.2‰，2010 年为 1241 万对、结婚率为 9.3‰，2014 年为 1306.7 万对、结婚率为 9.6‰，2017 年为 1063.1 万对、结婚率为 7.7‰。全国结婚和离婚走势图如下：①

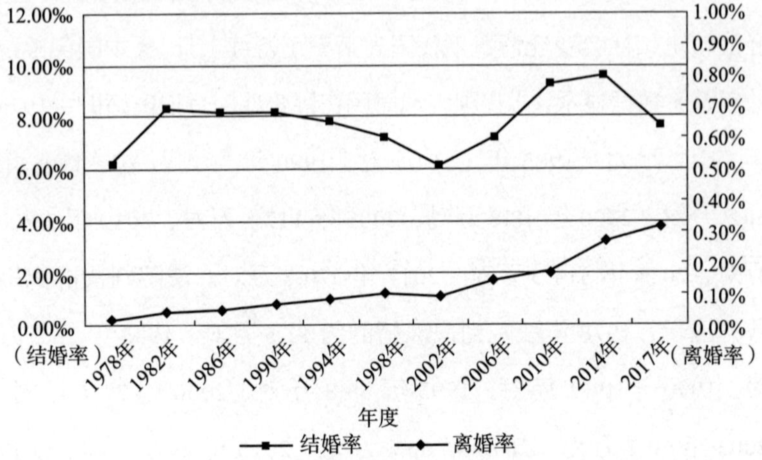

图 2-1　全国结婚率和离婚率

从上图可以看出，1978 年至 2002 年，我国离婚曲线呈缓慢上升之势，但从 2002 年之后，离婚曲线呈直线上升趋势，这表明全国离婚率进入了快速上升期。从全国结婚率曲线看，1978 年至 2017 年，我国的结婚率呈波浪式上升趋势，波动区间在 6.2‰ 至 9.9‰，这表明我国结婚率虽然有所上升，但增长较缓慢，并且都在较小区间内波动。总体来看，在转型期我国离婚率和结婚率的

① 注：为了行文简洁和制图简易直观，我们以 5 年为时间节点对改革开放以来我国离婚情况和结婚情况进行比较和描述。

增长不一致，离婚率总体上在攀升，结婚率则在一定区间内波动。

一、农村离婚加速化

从图 2-1 的离婚增长曲线可以看出，1978 年至 2017 年全国离婚率增长了 16 倍，年均增长 0.4 倍，这表明在国家体制转型、经济转轨和社会变迁背景下我国离婚率正持续上升。《中国民政统计年鉴》数据显示，[①]我国内地居民在民政部门登记离婚的，1978 年约 17 万对、1985 年 19.6 万对、1990 年 30.1 万对、1995 年 36.7 万对、2000 年 48.8 万对、2005 年 117.5 万对、2010 年 201.0 万对、2015 年 314.3 万对、2017 年 370.5 万对。法院判决的离婚数据显示，1978 年法院判决离婚的约 11.5 万对、1985 年 26.2 万对、1990 年 49.9 万对、1995 年 68.8 万对、2000 年 72.4 万对、2005 年 60.1 万对、2010 年 66.8 万对、2015 年 69.3 万对、2017 年 66.9 万对。从总体上看，改革开放以来我国离婚人数增长较快，从民政部门登记离婚和法院判决离婚考察看，在民政部门登记离婚的人数呈快速上升之势，而在法院判决离婚的人数则逐步减少，这一现象与社会结构弱化和婚姻价值变迁具有相关性。

---

① 注：目前我国政府相关部门仍没有发布全国农村离婚统计的法定数据，本书以民政部发布的《中国民政统计年鉴》离婚数据为参照，分别选取内地居民登记离婚（不含涉外华侨、港澳台离婚数据）和法院判决离婚统计数据来进行比较分析。需要指出的是，2018 年《中国民政统计年鉴》发布数据截止时间为 2017 年，到目前（2019 年 12 月 6 日）为止仍未发布 2019 年《中国民政统计年鉴》，所以只能参照 2018 年民政部发布的《中国民政统计年鉴》数据。同时，本书中所涉及全国离婚和结婚数据均以民政部编、由中国社会出版社出版的纸质版《中国民政统计年鉴（2018）》为依据。

根据1836份农村离婚的问卷调查与统计，1978年至1985年共有9对夫妻离婚，1986年至1990年共有28对夫妻离婚，1991年至1995年共有41对夫妻离婚，1996年至2000年共有148对夫妻离婚，2001年至2005年共有263对夫妻离婚，2006年至2010年共有522对夫妻离婚，2011年至2015年共有671对夫妻离婚，2016年以来共有154对夫妻离婚。详情参加下图。①

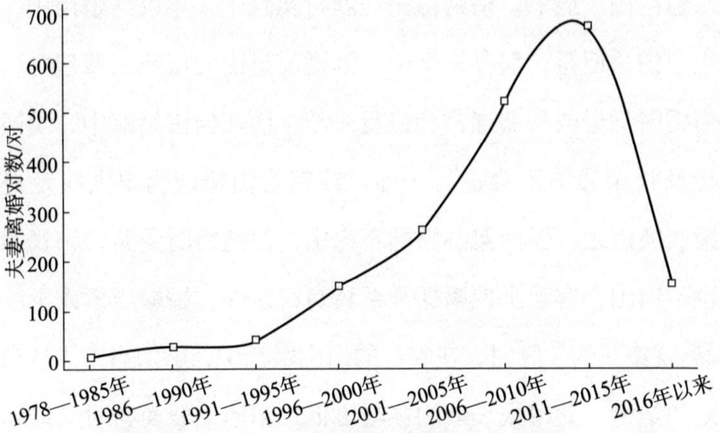

图2–2　农村离婚研究问卷调查与统计

这一数据说明，1978年至1985年，农村离婚人数增长相对较慢，8年仅为9例。从1986年开始，农村离婚人数呈较快增长

① 注：需要说明的是在本书的1836份离婚问卷中，在2016年上半年完成的问卷调查共有739份，2016年下半年完成的问卷调查共有149份，2017年3月底前完成812份，其余的问卷均在2017年下半年之后至2018年暑假之前完成调查。因此，在问卷统计中2016年以来的离婚样本量相对较少，这与问卷调查的时间相关，比如2016年1月做问卷调查是不可能知晓2016年1月之后的离婚状况的。总的来看，这并不影响我们对转型期（因时间跨度长）农村离婚问题研究的总体分析和判断。

之势，2000年之后开始加速。这一趋势会为农村婚姻稳定和家庭发展带来一系列问题和风险。在转型背景下，在内因和外因共同作用下，农村离婚人数快速增长。一方面是外在束缚力量日渐式微，结婚和离婚变得越来越自由；另一方是婚姻观念和婚姻价值逐步嬗变，“嫁鸡随鸡，嫁狗随狗”和“执子之手，与子偕老”的婚姻观念日益弱化，婚姻去伦理化和个体化增强，农村离婚变得越来越自由。显然，婚姻自由在农村实践中，不仅结婚自由，离婚也自由。但是，包办婚姻中，因婚前是由父母或长辈包办，夫妻离婚时父母或长辈通常会进行干涉，而在自由婚姻中，离婚时父母及长辈通常不会进行干涉，或完全由婚姻当事人决定是否离婚。换言之，虽然包办婚姻不自由，但离婚时受父母和长辈干涉也不自由，客观上使婚姻维系具有稳定性，婚姻当事人不能是“说离就离”的。同时，在农村的自由婚姻中，婚姻当事人从自由恋爱到结婚，父母或长辈的参与度低，当他们要离婚时父母和长辈通常也不会干涉，偶尔有些父母或长辈会劝说。这样一来，离婚就很自由了，“说离就离”或者说“好合好散”甚至把婚姻当“儿戏”等风气在农村就逐步形成了，这也使得农村离婚人数增长较快。

二、离婚年龄年轻化

从农村离婚调查的情况来看，在转型背景下我国农村离婚人员年龄呈现出年轻化的趋势。从问卷统计与分析中可以看出，在受访的农村离婚群体中，19 岁以下的为 22 人、占 1.20%，20—24 岁的共有 267 人、占 14.54%，25—29 岁的共有 599 人、占 32.63%，30—34 岁的共有 449 人、占 24.46%，35—39 岁的共有 301 人、占 16.39%，40—44 岁的共有 116 人、占 6.32%，45—49 岁的共有 50 人、占 2.27%，50—54 岁的共有 21 人、占 1.14%，55—59 岁的共有 7 人、占 0.38%，60 岁以上的仅有 4 人、占 0.22%。在受访的农村离婚群体中，年龄在 29 岁以下的累计占比为 48.37%，年龄在 34 岁以下的累计占比达 72.83%，年龄在 39 岁以下的累计占比高达 89.22%。具体情况可参考下图。

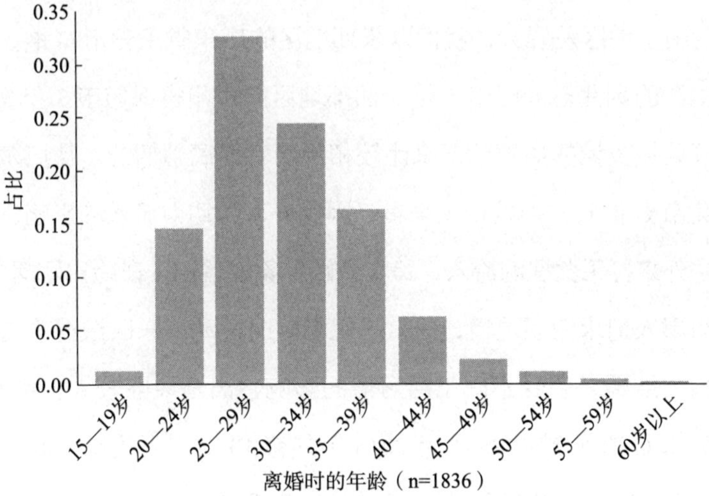

图 2-3　受访农村离婚夫妻离婚时的年龄统计

农村离婚夫妻向年轻化转变的原因是多方面的，主要包括：一是维系婚姻稳定的纽带变得脆弱。比如传统的婚姻伦理、村庄舆论及婚姻制度等开始嬗变，使离婚风险加大。二是夫妻维系婚姻的时间短。例如根据1836份农村离婚的问卷调查与统计，夫妻结婚之后在3年以内离婚的高达504人、占27.45%；婚后4—6年离婚的共有490人、占26.69%，两项累计占比达54.14%。这表明在农村离婚夫妻群体中，超过一半的夫妻婚姻维持年限在6年以内。三是农村“早婚”现象日益凸显。从农村调查来看，在西部贫困农村地区，受性别资源流失和父母担心儿子打“光棍”的影响，早婚现象愈演愈烈，甚至出现了十六七岁就结婚的现象（先办酒后办证）。因受低龄结婚的影响，在婚姻维系过程中，一部分夫妻不仅缺乏独立生活能力，还缺乏家庭责任感，客观上增加了离婚的风险。

由于地区差异大，我们以东部地区的广东省东莞市G镇、中部地区的湖北省荆门市T镇、西部地区的贵州省都匀市S乡3个不同区域乡镇的离婚状况来比较和说明农村离婚情况。从广东省东莞市G镇农村离婚调查来看，因受外来劳动力流入的影响，尤其是外来打工女性的流入，跨省婚姻现象较普遍。在跨省婚姻中，因当事人追求浪漫爱情，通常是凭借一时冲动或一时激情就选择结婚，结婚之后受不同生活习俗的影响，离婚风险较大。例如，东莞市G镇Y村1995年至2015年共有13对夫妻离婚，双方离婚年龄均在35岁以下，其中9例为跨省婚姻，在9例跨省婚姻中有4例结婚2年内离婚，有3例结婚3—5年离婚，有2例结婚6—7年离婚。这表明，一方面人口流动加速了跨省婚姻的缔结，但跨省婚姻也会带来相应的社会后果；另一方面离婚年轻化趋势逐步凸显。从湖北省荆门市T镇农村离婚调查与统计来看，T镇的离婚潮在 2005 年前后，在 166 例离婚样本中，离婚年龄在 35 岁以下的共有 99 例，占比近 60%，离婚年轻化趋势较为显著。这一数据表明，在国家取消农业税之后，农村青壮年劳动力纷纷进城打工使家庭离散化，从而导致夫妻离婚。与此同时，在人口流动的背景下，农村社会结构发生了嬗变，年轻夫妻“闪离”现象日益加剧。从贵州省都匀市 S 乡农村离婚调查来看，大多数青年从学校毕业后就进城打工，尤其是到沿海发达地区打工的较多。受农村性别资源流失的影响，当地优质女性青年外嫁他乡便较为普遍，使男性青年在当地娶媳妇的难度增大。因此，S 乡大多数男性青年以进城打工为手段，以寻找外地女性结婚为打工目标。因 S 乡的经济发展较为滞后，外出打工青年（男性）一旦与外地女青年结婚，受家庭经济和地理区位的影响，“闪婚闪离”的风险则较大。例如 S 乡 M 村 2008 年至 2016 年共有 29 对离婚夫妻，在这 29 对离婚夫妻中，年龄在 35 岁以下的共有 21 对，而结婚 3 年以内就离婚的达 9 对。由此可见，在转型背景下我国东、中、西部农村离婚年轻化趋势越来越显著，越来越多的年轻夫妻选择了离婚，尤其是随着“闪婚闪离”现象的增多，这一态势正在日益加剧，将对农村婚姻的稳定造成巨大冲击。

三、离婚原因多样化

在 1836 份问卷统计中，感情不和、性格不合、家庭矛盾是农村夫妻离婚的三大主要原因，占总频数比分别为 37.18%、

26.99%、18.93%。生育问题、家庭贫困导致离婚的占总频数比均超过6%，夫妻一方伤残（或疾病）、夫妻一方犯罪导致离婚的占总频数比分别为1.41%、1.18%，征地拆迁导致离婚的占总频数比为0.36%，其他原因导致离婚的占总频数比为1.83%。这表明，在转型期，我国农村夫妻离婚的原因已不再集中于某一个方面，而是正朝着多样化方向发展。值得高度关注的是，近年来在农村家庭中，夫妻一方伤残（疾病）和一方犯罪导致离婚以及在城郊区域内因城镇化发展需要，对征地拆迁抱有补偿预期导致离婚的现象均不少。虽然北京、东莞、南京、成都等地政府已及时出台相关措施封堵政策性漏洞，但是这类离婚行为仍对婚姻伦理和婚姻秩序带来了深远的影响。

在转型背景下，随着打工潮的形成，从形式上考察看，农村离婚已逐步发生了变化，正向多样化趋势发展。一是“闪婚闪离”行为在农村婚姻中逐步增多。当前，农村婚姻维系的年限越来越短，尤其是外出打工的青年夫妻，从相识到相恋、从结婚到离婚所经历的时间越来越短暂，甚至有的人将婚姻当儿戏，一时冲动就结婚，一遇困难或不顺利的事就离婚，使“闪婚闪离”行为不断加剧。例如在问卷调查统计与分析中，夫妻结婚3年内离婚的占比高达27.45%，这表明农村夫妻婚姻不稳定风险正在加剧，“执子之手，与子偕老”的誓言受到了巨大挑战。二是农村“抛夫弃子”（也有极少数抛妻弃子）现象引发离婚问题初显端倪，特别是我国中西部农村贫困地区青年妇女“抛夫弃子”的现象已越来越常见。例如在赣南、黔南、桂东南、鄂东北等地驻村调查时发现，这一现象呈不断加剧之势，农村离婚风险面临的挑战日益增多。因妻子外出不履行婚姻义务，也不承担家庭责任，丈夫到法院起诉离婚的概率非常大，这类现象在赣南、黔南、桂东南等地高达11例。三是“拆迁离婚”现象在城郊地区发生概率较大。近年来，在国家大力推动城镇化的背景下，我国城郊地区的夫妻受征地拆迁利益的驱使对拆迁补偿充满不合理的期待，运用婚姻手段获取补偿的现象时有发生，这表明把离婚当作获取利益形式的现象并不少见。四是受打工潮冲击，农村“隐性离婚”现象已逐步展现。在城市的农民工临时夫妻现象越来越普遍，加剧了农村离婚风险；农村家庭离散化为“隐性离婚”提供了空间，助推了农村离婚潮的形成。

与此同时，在国家体制转型和相关法律日益完善的背景下，农村夫妻在离婚程序上越来越便捷，在对待婚姻态度上日益随意化，“好合好散”的婚姻观念日益盛行，使农村离婚内涵向多样化方向发展。一是在国家体制转型背景下，嵌入到农村社会中的行政权力退潮，尤其是取消农村税后，国家从向农村提取资源向输入资源转向，基层政府逐步退出了对婚姻矛盾的调解。受国家简政放权政策实施的影响，结婚登记和离婚手续办理越来越便民化，客观上为农村夫妻离婚提供了便捷的条件。一旦夫妻发生矛盾，在无正式行政权力调解下，离婚风险较高。从农村调查来看，因夫妻闹矛盾一气之下办理离婚手续的不少，尤其是在“闪离”群体中这类现象是比较常见的。二是在婚姻法律全面施行的背景下以及婚姻自由观念的全面渗透，农村夫妻的婚姻观念和婚姻价值发生了嬗变，好合好散现象较为普遍，婚姻个体化日益凸显，使农村离婚从形式和内涵上都在经历着全方位变迁，加剧了农村离婚潮的形成。

综上所述，在转型背景下，农村离婚的主要原因集中在夫妻感情不和、性格不合和家庭矛盾3个方面，家庭贫困、夫妻一方伤残（或疾病）和征地拆迁等原因导致夫妻离婚的动向应该持续关注。生育问题、夫妻一方犯罪等也是导致夫妻离婚的重要原因，占比不低，是认识和理解农村离婚问题不可忽视的重要变量。

第三章　社会之基：巨变时代的乡村之变

家庭是社会最重要的细胞，婚姻是这个最重要细胞的甬道。中国社会转型期，经济迅猛发展，人口流动加速，文化观念迅速变化，婚姻维持的成本增加，离婚的风险与日俱增。在这种超常规的高浓缩的现代化之下，数千年的习俗观念被撕裂，婚姻的传统被颠覆，焦虑如影随形、挥之不去，由此产生了中国式婚姻焦虑。[①]随着从计划经济向市场经济转变，中国社会转型加快，人口城乡流动加速，在打工经济冲击下，农村离婚问题不断涌现出来，成为社会关注的重大现实问题。从某种意义上来说，农村离婚问题是我国社会转型、农村家庭变革和婚姻价值变迁的缩影。显然，农村离婚问题是嵌入到一定的时代背景和社会环境中的，表面上看离婚问题是转型期和全国婚姻市场形成之后农村婚姻危机的一种表现，是夫妻矛盾、家庭矛盾及其他矛盾汇聚所产生的后果。但是，事实上农村离婚问题是融合诸多复杂元素的，形成了婚姻与诸多社会元素相互嵌入的结构与体系，与社会结构弱化、婚姻家庭观念嬗变和婚姻资源的重新配置紧密相关。因此，要深入分

① 李友梅：《转型期中国式婚姻焦虑》，《探索与争鸣》2013 年第 5 期。

析和研究农村离婚问题产生的原因，应将它置于人口流动、家庭离散、婚俗嬗变、婚制改革、舆论式微中多维度加以解释，分析其社会基础变化，探寻其时代背景和社会环境。

第一节　加快：巨变时代的人口流动

改革开放之后，尤其市场经济体制建立以来，我国经济体制发生了重大转变，那就是从计划经济向市场经济转变，农民不再依赖单一传统的农业经济，农民家庭经济方式向多元化发展。具体来说，改革开放之后城乡二元结构不再成为农村人向外或向上流动的壁垒，反而为农民工进城务工、自由流动提供了制度保障。农民不再以土地为家庭的唯一生产要素，农民有了外出从事非农行业的机会，由此农村家庭由单一的传统农业经济经营模式向“半工半农”经营模式转变。或者说，改革开放之后，农民有机会流出村庄从事非农行业，由此带来的经济后果就是农民的非农化程度逐渐提高，农民不再受土地束缚。农民可以根据自己的家庭劳动力情况，采取适合自己家庭发展的生产策略，充分利用家庭剩余劳动力，要么全家流出村庄进城务工，要么老年人留守农村从事传统农业经济，而年轻人进城务工从事非农行业，由此衍生出农村“三留人员”，被学界戏称为“386199 部队”。从宏观层面来说，改革开放为农民流出村庄提供了制度优势，为农村社会的家庭生产生活带来了巨大变化。劳动力人口未流出时的农村社会，可以说是一个同质性很高的农村，人们基本都是从事相同的职业，即从事农业。因从业基础同质性高，且社会流动的动力机制不足，农村处于一个相对静态的社会，生活于共同地域中的人们遵循地方性价值规范。费孝通曾说："乡土社会是农民'生于斯、长于斯、死于斯'的地缘或血缘关系共同体，人们从村庄共同体中共享信息，人们相遇时，不需要打招呼，只要对方咳嗽一声就知道对方是谁。"由此可见，在这样静态的社会中，农民要想流出村庄，从事非农行业，用农民的话说是跳出"农门"，就常常需要通过婚嫁、考学、参军等渠道获得。这样的流动机会是非常少的，或者说只有农村少数精英才能获得流动的机会，而绝大多数的农村人因各种因素束缚，一生只能被拴在农村。

改革开放是全方位的开放，它为每个家庭、每个人提供了平等的流动机会，无论是男女还是老少都完全可以进城务工。但是，人口流动是一个渐进式的过程，如改革开放之初的 20 世纪 80 年代，仅有少量的进城务工人员，而且是极少数的农村精英才能外出务工。可以说，这些最早的农村外出务工群体（农民工），目的是赚钱后返乡养家糊口，他们生活的面向和人生的预期目标是在村庄内的，他们会跟村庄保持紧密的联系，人情往来、人生意义也要通过在村庄来实现。这就是学界所称的"离土不离乡"的农民工群体。"离土不离乡"主要体现在 20 世纪八九十年代以乡镇企业为主的在地就业模式，又称为农民工就地转移。在此转移过程中，因为外出务工年轻人群体的生活面向仍然在村庄内，他们的行为举止、道德规范仍受村庄内生性秩序约束，外出务工青年要谈婚论嫁，仍会受到父母、长辈及村庄舆论的束缚。但是，地域上的距离客观上为自由恋爱和自由结婚创造了条件。

随着改革开放不断深入，尤其市场经济席卷农村之后，农村仅靠传统单一农业经济，难以应对高额的货币化家庭日常生活。为了应对日益货币化的家庭发展和社会交往，农民基于生存理性的考量，家庭中的剩余劳动力，尤其是青壮年劳动力流出村庄进行非农就业，以赚取更多经济收入来维持家庭生产生活，这成为农村社会中的普遍现象。当外出务工的少数农民工群体挖到第一桶金，凭借个人能力在市场经济中发家致富，把在外打工的货币性收入带回农村盖起新楼房时，在村庄产生示范效应，外出务工获得较高货币性收入的村民就会与普通农民拉开档次，尤其是给未外出务工农民造成经济压力，没有外出务工的村民在村庄就会被甩在后面，这就是有学者所谓的社会地位“恐慌”。[①] 当一部分外出务工青年群体不仅通过打工把农村的房子建得漂亮，还能在城里买房定居时，那么村庄就出现了经济分层，从而导致社会分层。事实上，在农村社会中通过外出务工青年群体完成城市化的个体适应，并在城市定居的模式，传统村庄边界被逐步突破。伴随越来越多的农民外出务工，其务工的目的不是把赚得的工资性收入带回家，而是通过外出务工来完成举家进城，这就成为市场经济体制建立以来，农村青年进城务工出现“离土又离乡”现象

① 孙立平：《断裂：20世纪90年代以来的中国社会》，社会科学文献出版社2003年版，第59—76页。

的诱因。在此阶段，外出务工青年群体迁移的价值取向是以城市为目的的暂居性流动。有学者把农民工以城市为目的的暂居性流动称为农民工迁移的“第二次浪潮”。[①]

世纪之交，外出农村青年的务工逻辑发生了明显变化，即打工不再是手段，而是目的。不同年龄段、不同农民工外出打工都有着明确的奋斗目标。例如有些农村青年外出打工的目的是想通过打工获得更多财富，从而使自己能够在城市里买房，子女能够在城市接受好良好的教育。有些农村青年外出打工要么是为了娶妻，要么是为了嫁人。有些农村青年外出打工仅仅是为了养家糊口。从中我们可以看出，农民工打工目的不尽相同。显然，农村人口不断流动，尤其是农村大量青年在城乡之间频繁流动，加剧了地方婚姻圈的瓦解，导致很多中西部农村贫困地区适龄女性资源逐渐紧张，地方婚姻市场遭受全国婚姻市场挤压，从而形成了农村每一个男性要结婚就不得不参与全国婚姻市场竞争的局面。因东部沿海地区经济发达，位于婚姻市场的顶端，在婚姻市场上吸引了大量中西部农村优质女性资源流入，而中西部农村贫困地区因婚姻资源禀赋不足的男性在婚姻市场竞争中就处于不利地位，打光棍的风险就不断增加。因此在全国婚姻市场上就形成了相应的婚配梯度，学界将这一现象称为“婚姻梯度转移”。这一现象产生的社会后果主要表现为东部沿海发达地区农村男性青年娶媳妇比较容易，而中西部欠发达地区农村男性青年娶媳妇就比较困难。

---

① 辜胜阻、成德宁：《农村城镇化的战略意义与战略选择》，《中国人口科学》1999年第3期。

这样一来，中西部农村社会中女性资源处于相对匮乏状况，在婚姻中女性的博弈资本增加，即使离婚了的妇女在农村再嫁的机会也非常多，甚至成为人们所说的“抢手货”，但相对于婚配中女性资源稀缺的农村地区，男性再婚就要比女性困难得多。换言之，改革开放之后，虽然农村青年进城打工是基于不同的理性选择，但是在城镇化的快速发展下，他们中的大多数人流出村庄，在全国范围内流动，导致农村外出务工人员多达 2.8 亿。

显然，传统农村边界被市场经济打破，农民为了获得更多的发展空间和资源，不断流出村庄到沿海发达地区或城镇从事非农行业，这就形成了全国性的流动社会，有学者将全国性人口流动的社会形态称为“流动中国”。“流动中国”造成了农村年轻劳动力不断流动，他们在物理上的迁移和流动为重塑个人情感、亲密关系的现代观念提供了机会和空间。然而，因人口流动所形成的社会完全不同于传统农村同质性很高的熟人社会，也就是说农民工生活的流动社会即城市社会是一种文化多元化、开放包容并且异质性较强的陌生人社会。在农村的熟人社会中，人们的婚姻越轨行为会遭受强烈的村庄舆论和道德规范约束，如果一个女性或男性做出了背叛配偶的越轨行为，那么他们就将面临村庄熟人社会强大的社会舆论压力，甚至颜面扫地，一生受村民们的鄙视，有的还会被村庄熟人社会贴上“家风”败坏的标签，这样的家风还会影响到子女，使其难以在熟人社会中完成婚姻大事。[①] 显然，

① 辜胜阻、成德宁：《农村城镇化的战略意义与战略选择》，《中国人口科学》1999 年第 3 期。

在农村原本较为封闭的熟人社会中，婚姻关系会受到亲缘和地缘所形成的、较为强大的社会关系网络的束缚。但是，随着人口城乡流动的形成，尤其是进入流动社会，人们的流动性加速，亲缘关系淡化、地缘关系弱化以及熟人社会关系网络日益土崩瓦解，远离熟人社会人际交往圈的同时，又要面对复杂的、多元而又陌生的人际社会交往关系，加之从业多元化和居住空间的不断拓展，社会规范的约束力降低，婚姻中的偶发性风险增加，在没有配偶相伴和监督下个体的感情生活和生理需求很容易被他者替代，从而对婚姻的稳定性构成威胁。

> 我们村近十多年来年轻夫妻外出打工的人越来越多，村里基本上剩下老弱病残，每当过完春节夫妻一起出去时喜笑颜开，回家时往往垂头丧气闹不愉快，每年一到年底时一些夫妻回家就办离婚证，传言都是在外打工闹矛盾，有的是丈夫在外有人，有的是妻子移情别恋，我们在家的也搞不懂状况，只知道某某和某某出去打工回来就离婚了（WQ，男，52岁，贵州省大方县H镇J村支书，NO：GZ-DF-D20160038）。
>
> 现在人口流动大，农村的年轻人大多是夫妻一起出去打工。他们在城市待久了，受城市里的诱惑，夫妻会经常闹矛盾，尤其是很多年轻妇女就不想回我们农村受苦了，待在城市里多好，对吧？所以她们总是喜欢找借口跟男的（丈夫）闹矛盾，闹着闹着就闹掰了（离婚）。像我们村，虽然只有1000多人，但最近这几年，每年

都有年轻人外出打工回来后就离婚的（CZH，男，49岁，江西省赣州市南康区H乡S村村干部，NO：JX-NK-D20160039）。

在人口城乡双向流动背景下，农村婚姻关系受到较大的影响。根据1836份农村离婚的问卷调查与统计，离婚时在外打工的频数为755次，占样本总量41.12%，离婚时半工半耕的频数为282次，占样本总量15.36%，两项相加的占比为56.48%。也就是说，在农村离婚问卷调查的1836个样本中，与外出打工紧密相关的离婚夫妻超过一半，这表明农村离婚问题与人口流动具有高度相关性。同时，从婚姻缔结上考察看，在问卷测量中涉及夫妻相识时，夫妻是打工期间认识的频数为484次，占样本总量26.36%。由此可见，因打工相识的农村离婚夫妻超过四分之一，这说明人口流动对农村未婚青年的婚姻产生了较大的影响。一方面，在人口未向外流出前，农村处于相对封闭的状态，通婚圈被囿于相对狭小的地域内。但是，随着人口流动加速，农村通婚圈被打破，人口流动与跨省、跨地域通婚形成，客观上给未婚青年婚姻关系的缔结带来了诸多潜在的风险，例如婚配资源竞争、婚姻习俗调适、个体生活习惯等，与农村传统社会中的婚姻期望存在很大差异性，给婚姻的稳定性埋下风险。另一方面，对于已婚的大多数夫妻来说，人口流动客观上使夫妻两地分居的格局形成，尤其是在城乡分工的家庭模式中，夫妻的长期分居冲淡了感情，无论是妻子留守农村还是丈夫留守农村，或夫妻同时进城打工不在一起居住，因居住地的分离使夫妻在地理上存在距离，这就为第三者插足留下了巨大空间，尤其是留守妇女农忙时在农业生产互助中很容易与男性产生感情，并发生越轨行为，对婚姻的稳定性带来巨大冲击。

随着人口城乡流动加速，农村外出务工群体的婚姻面临着多层次和多类型的威胁，不稳定因素不断累积和叠加。农村外出务工群体的婚姻不稳定除了受到来自打工经历的影响外，还会受到流动带来的性别观念和婚姻满意度变化的影响。[①]一方面，他们的打工经历，尤其是夫妻一方单方流动、跨省迁移和通婚等会降低婚姻的稳定性，而婚姻的不稳定问题受制于宏观层面上一些不利的社会政策和流动环境，从而导致夫妻离婚。另一方面，农村外出打工群体的婚姻不稳定因素，例如农村妇女劳动力市场参与和性别平等意识的提高，造成了婚姻满意度下降，婚姻稳定性下降已成为一种新趋势。[②]显然，人口流动给农村婚姻带来的影响是较大的，当农村外出务工群体脱嵌于村庄熟人社会迁移到陌生的城市社会时，人们不断受现代性因素的影响，导致他们的婚恋观念逐渐嬗变，婚姻行为的公共性逐渐减弱，而婚姻行为的个体化、私密性逐渐增强，导致婚姻生活的私密性高于公共性，客观上削弱了婚姻责任和婚姻伦理，提高了离婚风险。

① 李卫东：《人口流动背景下农民工婚姻稳定性的影响因素分析》，《人口与发展》2018年第6期。

② 李卫东：《人口流动背景下农民工婚姻稳定性的影响因素分析》，《人口与发展》2018年第6期。

第二节　加剧：巨变时代的家庭离散

在传统社会中，我国农民家庭是以男耕女织为家庭经营模式，以土地为家庭主要生产要素的，农民家庭嵌入土地中，夫妻之间基于农业生产方式被捆绑在一起。在相对封闭和静态的社会中，夫妻双方同在一个时空中进行生产作业，从事的职业同质性很高。[①]由于夫妻在生产生活中总是形影相随，同时传统社会又是一个知根知底的社会，夫妻生活的公共性特征非常明显，每个人的行为都受村庄熟人社会的舆论监督和道德约束，即使夫妻闹点矛盾，也很快会得到村庄熟人社会的调解，这些都对婚姻的稳定性起到积极作用。显然，在传统社会中，因为夫妻不分离，家庭是完整的。一方面，夫妻经常在一起，在家务劳动、养育子女、生产生活等方面互相帮助，在情感方面互动联系频繁，有利于夫妻关系稳定。另一方面，夫妻之间的关系是向内凝聚，夫妻各自在村庄熟人社会中的人际交往凸显约束性，夫妻在情感上、生理上都能够得到满足，由此夫妻之间能够互相关照，并能够在养儿育女过程中体验到生命的真谛，从而促进婚姻稳定。

从宏观层面来说，我国实现现代化的途径就是实施改革开放政策。改革开放意味着我国要面向全球资本开放，建立和完善市

① 李卫东：《人口流动背景下农民工婚姻稳定性的影响因素分析》，《人口与发展》2018年第6期。

场经济制度。因此，我国在很多领域都要参与国际市场竞争，农业领域同样难以避免。改革开放之后我国参与全球市场生产分工，采取出口加工导向的发展战略，意味着流动的农民工已被深深卷入全球化进程，被动地参与了国际分工下的产业竞争。但是，这种竞争在很大程度上是以我国人口红利为基础参与的竞争，造成外来资本长期压低在我国生产领域的农村外出务工群体的劳动报酬。加上很多地方实行城乡二元户籍制度，导致出现农民工进城务工而被迫开启人户分离的打工模式。外出务工期间，农民工只能通过自己的劳动获得工资性收入，而在福利和保障等方面被排斥在地方社会之外。这样就在子女教育、生活成本、买房等方面给农村进城务工人员带来了压力。

被卷入全球化市场竞争之后，尤其是我国市场与国际市场对接即加入 WTO 之后，农民家庭想要积累更多的家庭财富来完成家庭生产生活和自然更替，比如农村外出务工青年要想完成婚姻大事，仅仅依靠传统农业经济的积累是很难做到的。随着彩礼逐步攀升、婚姻维系成本和家庭日常生活货币化程度逐步提高，农民家庭就会采取代际分工或夫妻城乡分工的家庭经营模式，以使家庭劳动力创造更多的家庭财富。在这种情况下，我国农民家庭发生了巨大变化，走上了务工务农的双重经营模式：要么是子代流出村庄进城从事非农行业，要么是丈夫流出村庄进城从事非农行业，而妻子留守农村照看老人和年幼的孩子。有学者把改革开放之后我国农民工外出务工现象称为“半工半耕”与中国渐进城市化模式。[1]农村家庭采取半工半耕经营模式之后，就实现了双重经营模式，即通过代际分工或夫妻城乡分工来获得务工的工资性收入和务农的传统农业经济收入的模式。留守在农村的妇女或老年人从事的传统农业可以维持留守农村家庭人员的最低消费。也就是说，家庭分工经营之后，留守农村的家庭成员所从事的传统农业能够维持家庭基本的生产与消费平衡。留守农村的家庭人员能够完成自我供养，因此可以减轻外出务工家庭人员的经济负担，使外出打工的家庭成员积累更多的货币性收入。这样的家庭代际分工或夫妻城乡分工经营模式能让农民家庭实现“两条腿”走路。从国家统计部门公布的相关数据来看，我国农村家庭经济收入分为两个部分：外出务工的工资性收入占家庭总收入的51%，传统农业经济收入占家庭总收入的49%。这样的家庭经营模式既让农民家庭逐渐富裕起来，又让农民家庭能够抵御家庭发展周期中面临的困难，还能应对市场经济给家庭带来的很多风险。留守农村的妇女或老年人从事的传统农业不仅可以自我供养，还能应对家庭在熟人社会中的人情往来，而外出务工的家庭人员在城市从事非农行业的工资性收入则可以积攒起来应对新生代的教育、结婚成家等大事。

事实上，基于家庭生存理性的考量，我国农民家庭在改革开放之后为了能够应对经济全球化的影响，不得不采取代际分工或夫妻城乡分工模式，即年老的父代在家照顾家庭，年轻的子代进

① 夏柱智、贺雪峰：《“半工半耕”与中国渐进城市化模式》，《中国社会科学》2017年第12期。

城打工，形成了家庭经济发展中的拆分式经营模式。这样的拆分式家庭经营模式导致年轻人进入了城市陌生人社会，但是由于处于底层的农村外出务工群体综合素质较低，难以从事高端的科技行业，只能更多地从事生产领域的低端行业，其工资性收入难以支撑整个家庭城市化进程中的生活成本。为了节省在城市高消费的生活成本和新生代的教育成本等，减轻经济压力，农民工家庭常常采取要么丈夫留守农村照看父母和年幼孩子，要么让妻子留守农村赡养老人和抚养年幼孩子的经营模式。

农民分离式外出务工导致农村家庭处于一种“半流动家庭”状态，在这样的“半流动家庭”中，夫妻之间的经济不透明，尤其是外出务工一方的工资性收入直接为务工一方所掌控，至于工资性收入数量，因物理空间上的区隔和时间延长性的阻隔，留守在家的一方难以完全知晓。即便留守一方知道外出务工一方的工资性收入数量，但是也难以了解外出务工一方在外打工的消费状况。按照江西省赣州市 H 村廖某的话说：“每个月只要按时汇款给家里的老婆养家糊口，剩下的工资，自己也可以自由支配，因为自己已经承担留守家里人的生活费用，而自己外出务工也是非常辛苦和枯燥的，用自己辛苦挣到的钱吃喝玩乐，也不会感觉到内疚。”可以说，农村外出务工家庭夫妻分离导致夫妻分别掌控不同层面的财产权，即留守一方掌控留守农村老家日常生活开支的财产权，而外出务工一方掌控自己剩余的工资性收入。这与传统乡土社会的财产权具有根本性差异。因为在传统乡土社会，夫妻不分离，是一体的，在整个村庄熟人社会中，夫妻组成的家庭只能作为一个独立核算的会计单位，只能由丈夫或妻子来当家，统筹家庭生产生活，在与村庄的互动过程中，也只能以丈夫冠名参与村庄人情往来。换句话说，在传统社会中，夫妻过日子只能有一个当家权，家庭只能作为一个独立核算的会计单位参与熟人社会的人情往来，夫妻在生产生活中始终是紧紧捆绑在一起的。在这样的生活模式中，夫妻之间金钱上的用途去向是比较透明的，但是当夫妻分离之后，外出一方的经济状况可能会完全处于不透明状态，如果是男方外出务工，那么剩余的工资用于不合理和不正当的消费，留守妻子都无法知晓。学界将“半流动家庭”中夫妻出现两个财产主体或两个当家权的现象称为“经济性离散化”，将夫妻分离导致的情感上的分离现象称为“情感性离散化”。

“半流动家庭”中因分居两地，夫妻两人常常只能通过电话进行情感上的交流，而在家庭经济条件不好，外出务工人员工资收入不高时，夫妻之间通过电话来进行情感交流的机会就会更少。因此，家庭离散化对夫妻情感互动和生产生活互助造成了较大影响。我们在农村调查过程中了解到，在夫妻的分离状态中，大部分农民工由于经济压力和工作时间太紧张，并不是每天都与家人或留守一方通话，大多数人通常是一周与家人通话 3—5 次，家里没事的情况下通话频次就更少了。显然，因地理空间上的间隔，夫妻之间尽管可以通过电话情感交流，但很多外出务工人员还是能感觉到夫妻分离、亲子分离的痛苦。由于夫妻一方外出务工导致了夫妻之间的情感处于离散化状态，无论是外出一方还是留守一方都很难承担精神上的煎熬，一旦遇到所谓的“有缘人”，就会抱着尝试性的态度来相处从而缓解枯燥的生活状态，开始时可能还会有愧疚感或负罪感，但是随着相处时间的增多，慢慢地就会减少与配偶的电话联系，客观上就加剧了夫妻离婚的风险。

我（郭某）们是在广东佛山打工认识的，2007 年结婚，2009 年回家生了 1 个女儿。我生完孩子之后在家带孩子，他（岳某）继续南下打工。他出去打工之后，头 2 年经常打电话回家，也按月汇钱回来，后来慢慢地电话打得少了，钱也汇得少了，过年回家感觉他也心不在焉的。2013 年 4 月，我听娘家远房姑子说，他在广东打工有人（婚外情）了，他们在外面租房子一起住，已有 1 年多了。他太没良心了，无法继续下去，我们就离婚了。离婚后，女儿归我抚养，我把女儿带回娘家，由我父母抚养，我又出去打了几年工（GCM，女，32 岁，河南省林州市 C 乡，NO：HN-LZ-D20160040）。

我（蒙某）和前妻（韦某）是 2002 年经人介绍认识结婚的，育有 1 个儿子，已上初中。2008 年正月，她跟娘家亲戚去浙江永康打工，我在家里照顾老人和孩子，农闲时我也在家磨豆腐到乡集市场上卖，在村里不算穷也不算富裕，养家糊口没问题。2008 年年底她回来过春节，过完春节又要出去打工，之后她再也没有跟我们家里联系过。我去她娘家问，她嫂子说她在浙江打工很好，没有什么事的，叫我想开点，趁年轻再找一个。后来我知道她在浙江打工期间，已跟邻县那边一个男的在同居，我去浙江永康找了半个月，没有找到，回家之后我就去法院申请离婚。2011 年 4 月，法院宣判我们解除婚姻关系（MBX，男，38 岁，贵州省都匀市 S 乡人，NO：GZ-DY-D20120041）。

我（方某）和她是 1995 年经人介绍认识结婚的，结婚后生了 1 个女儿，现已上大学。我们结婚之后的 1999 年，因为当时的农业税重，在家里种粮食不划算，我就跟村里的人一起去广州打工了，她（赵某）在家带孩子。2003 年 9 月，我母亲叫我回家一趟，说家里有事要我回来，那个时候我没有手机，都是通过厂里的座机电话联系，没有现在这么方便。我回家后才得知她跟村里华某有不正当关系，我找华某打了一架，在亲朋好友的劝说下，她也保证了以后不再跟华某有任何关系。2004 年 5 月，我又接到母亲的电话叫我回家一趟，我回家得知她这次不是跟华某发生关系（性关系），而是跟村里另一个男人。我无法忍受她的所作所为，她也无悔改之意，我们就离婚了（FQQ，男，46 岁，湖北省应城市 T 镇人，NO：HB-YC-D20110042）。

打工潮形成以来，在人口流动加速的背景下，农村家庭离散化是农村夫妻离婚的原因之一，最为显著的是因夫妻两地分居，导致一方越轨，从而引发夫妻离婚。根据 1836 份农村离婚的问卷调查与统计，农村离婚群体在离婚时，家庭是半工半耕的频数为 282 次，占样本总量 15.36%，也就是说在农村离婚群体的家庭生计模式中，近六分之一的家庭是离散化的。从郭某、蒙某和方某的离婚经历中可以看出，在农村家庭离散化进程中，要么是丈夫外出打工、妻子留守在家，要么是妻子外出打工、丈夫留守在家，夫妻两地分居客观上造成了夫妻生理需求难以得到满足，从而使他们越过了婚姻中守身如玉、从一而终或矢志不渝等道德底线，给婚姻带来毁灭性打击。

改革开放以来，农村青壮年劳动力有了外出务工从事非农产业的机会，相对于在农村从事传统农业来说，收入普遍提高。虽然农村家庭走上了半工半耕的家计模式，实现了打工与务农相结合的夫妻城乡分工，而非农收益和农业收益相结合的双重收入，能够使家庭更好地面对农村日常生活货币化程度提高带来的冲击，但是，受夫妻两地分居的影响，家庭离散化给农村夫妻带来了经济上、生理上和情感上的分离，多种因素相互作用导致了夫妻分离双方均有可能产生越轨行为，从而使夫妻感情遭受打击。显然，在农村家庭离散化的影响下，夫妻分离导致夫妻正常生活缺失或失常，夫妻一体伦理出现裂痕，客观上为第三者或者婚姻主体寻找异性来弥补夫妻生活的不足提供了机会，由此引发夫妻感情不和或家庭矛盾现象，导致婚姻不稳定性风险加剧。

第三节　加速：巨变时代的婚俗嬗变

《礼记・昏义》指出："昏礼者，将合二姓之好，上以事宗庙，而下以继后世也，故君子重之。是以昏礼纳采、问名、纳吉、纳征、请期，皆主人筵几于庙，而拜迎于门外，入，揖让而升，听命于庙，所以敬慎重正昏礼也。”[①] 婚姻具有社会性，有一整套婚姻规范和社会规范，其中择偶、婚姻仪式、婚姻行为是婚姻缔结和婚姻维系的重要组成部分。在传统社会中，人们提倡门当户对，嫁鸡随鸡、嫁狗随狗，意思是在择偶上夫家和娘家要相对匹配，一旦结为夫妻之后妇女要从一而终。从这个层面上看，在传统社会中，基于一见钟情或夫妻相互吸引的浪漫爱情是很少的。同时，传统社会中的婚姻是附属于生育制度的，[②] 婚姻的内涵没有异化。改革开放以来，随着工业化、城镇化、信息化的发展，我国正由传统社会走向现代社会，由一个较少流动的社会走向一个高度流动的社会，人们的生产生活习惯、思想观念、社会交往及价值观念等正经历着较大的变化，农村的婚俗诸如择偶行为、婚姻仪式等发生了较大嬗变，给婚姻稳定性带来了相应冲击。

受打工潮的影响，农村人口流动加快，家庭离散加剧，社会进一步分化。因农村经济结构的变化，越来越多的农村地区由小生产的单一农业经济，向农、工、商、贸等多元经济结构转变，农村家庭的生产性功能出现了萎缩的趋势，传统的以家族（或家庭）利益为重的婚姻文化模式的根基受到了动摇，逐渐转向以当事人自身的个体利益为重的现代婚姻文化模式。[③]在此背景下，农

---

① 《礼记·昏义》。

② 费孝通：《乡土中国　生育制度》，北京大学出版社 1998 年版，第 125—132 页。

③ 吴鲁平：《农村青年择偶观从传统向现代的位移》，《中国青年研究》2000 年第 3 期。

村青年择偶观和婚姻观正在快速变迁，传统社会中的“门当户对”即注重家庭资源和身份地位对等的择偶观向个人条件转变，即从家本位向个体本位转向，这种转向无疑给婚姻带来了较大的影响。比如传统社会中婚姻被当成是一桩公事，是夫家和娘家联姻和建立姻亲关系的核心，受择偶观念转变的影响，婚姻的公共性削弱、个体性增强，择偶过程中更加重视当事人的情感和自身条件。择偶观的转变背后是包办婚姻退潮与自由婚恋崛起，传统择偶因受“父母之命，媒妁之言”的束缚而忽视当事人的情感因素，进入婚姻维系过程之后，性格不合往往成为诱发离婚的主要原因。然而，在传统社会中，婚姻的择偶决策权往往掌握在父母及长辈手中，老实忠厚、勤劳朴实、安守本分往往成为择偶的标准，即人品重于能力。市场经济体制建立以来，工业化和现代化进程加快，农村经济发展和劳动力就业变得多元化，经济分化和社会分层日益凸显，个人技能和捕捉机会的能力成为农村社会中经济社会地位高低和获取财富多少的重要因素。于是，传统的择偶观发生了嬗变，从注重个人品行向个人能力转变，导致婚姻去伦理化和去公共性之势，婚姻的实用主义和个体化更加明显，传统的婚姻道德观、贞操观和家庭逐步变迁，维系婚姻稳定性的因素逐步消退，潜在的离婚风险不断叠加。

根据 1836 份农村离婚的问卷调查与统计，选择他 / 她本人的为 1200 人，占 65.36%；选择门当户对的为 195 人，占 10.62%；选择他 / 她家族强大的为 45 人，占 2.45%；选择物质基础的为 184 人，占 10.02%；择偶时持无所谓态度的为 171 人，占 9.31%；

选择其他的为 41 人，占 2.23%。由此可见，在农村离婚夫妻的择偶上，选择本人的占大多数。这个群体中大多数是年轻人，他们是自由恋爱，在婚姻中遇到矛盾之后就选择离婚。相反，选择门当户对和家族强大的往往是包办婚姻，且都是年龄较大的离婚夫妻。值得注意的是，在择偶中选择物质基础和持无所谓态度的离婚群体，他们往往是将婚姻当作追求幸福生活的手段，或者是其他原因对择偶持无所谓态度，例如年龄大了要嫁人或要找人结婚生子，并完成人生任务等。受择偶观念嬗变的影响，农村婚姻正从传统的、较为烦琐的仪式中简化出来，逐步向城市现代化、便捷性的婚姻仪式转变，并随着市场化、理性化方向发展。于是，农村的彩礼攀升，夫妻关系以物质为基础、以个体化体验为婚姻生活形式的现象日益明显，伴随而来的是婚姻内涵的嬗变和婚姻价值的变迁，维系婚姻稳定的因素发生了改变。

婚姻礼仪是人类在长期的社会实践中于婚姻关系缔结过程中所创造并执行的一整套行为模式。[①]它不仅是乡村社会中婚姻关系缔结的必要程序和婚姻合法性确立的重要标志，而且作为一种文化现象关系到乡村社会中的婚姻形态和社会形态。它是婚姻观念的一种行为表现，不仅具有象征意义，还具有地域文化特征。在传统社会中，婚姻仪式通常包含了“纳采、问名、纳吉、纳征、请期、亲迎”等完整的过程，每一个环节都赋予了婚姻内涵，每个环节都在婚姻缔结中占据了重要位置。婚姻仪式的每一个环节，

① 荣娥：《乡村社会中的婚姻礼仪变迁》，《湛江师范学院学报》2009 年第 4 期。

不仅象征着男女两性结为夫妻的庄重性和严肃性，还意味着男女两性结为夫妻具有公共性和社会性；不仅象征着夫家和娘家确立亲缘关系并在生产生活中建立互助，还象征着向农村熟人社会正式宣誓两个家族（或大家庭、宗族）结为姻亲联盟，在社会交往和家族利益中建立紧密关系。也就是说，在农村传统婚姻仪式中，仪式的过程繁杂，文化寓意浓厚，不仅是人与人之间一种重要的互动仪式，还是植根于民间社会的一种重要社会仪式，是由文化传统继承和发展而来，被人们所接受并按某种既定程序进行活动的一整套行为方式，它具有本民族、本地区独特的形式和风格。[①]然而，婚姻仪式是一个相对动态的发展过程，它随着社会变迁而变迁。在农村社会经历快速转型的过程中，婚姻礼仪正在经历由传统向现代的变迁，其仪式正由神圣性向娱乐性或功利性转变，其意蕴正由社会性向私人性过渡。[②]婚姻仪式的变化客观上削弱了婚姻的公共性，使婚姻向个体化行为转变。

从农村离婚问卷调查的统计分析来看，农村离婚夫妻结婚时既办理结婚证又举办结婚酒宴（举行婚姻仪式，下同）的共有1375对，占74.89%；办理结婚证没有举办结婚酒宴的夫妻共有238对，占12.96%；举办结婚酒宴但当时没有办理结婚证，孩子上户口或上学时才补办结婚证的夫妻共有223对，占12.15%。由此可见，在农村婚姻缔结中，办理结婚证并举办结婚酒宴的占比最大，先举办结婚酒宴、当孩子上户口或上学时再补办理结婚证

① 杨卿：《法律·仪式·秩序》，《社会中的法理》2013年第1辑。
② 荣娥：《乡村社会中的婚姻礼仪变迁》，《湛江师范学院学报》2009年第4期。

的比重较小，这两项累计占比为87.04%，也就是说在农村离婚夫妻中举办结婚酒宴、办理婚姻仪式的占绝大多数。需要指出的是，只办理结婚证、没有举办结婚酒宴的仅占12.96%，从农村调查来看，这一群体绝大多数是年轻夫妻，且绝大多数是跨省跨地域且有着打工经历的夫妻。随着传统婚姻仪式的简化和花销成本的增加，农村年轻人的婚姻仪式逐步削弱，甚至有些年轻夫妻认为举办婚姻仪式宴请亲朋好友见证结婚是一种负担。然而，在《礼记·昏义》中对婚姻仪式有详细阐述："故敬慎重正，而后亲之，礼之大体，而所以成男女之别，而立夫妇之义也……故曰：'昏礼者，礼之本也。'"[①]也就是说男女结婚，在举行婚姻仪式（婚礼）上要敬谨、审慎、尊重、正规，通过婚姻仪式，亲朋好友见证之后，男女结为夫妻并相亲相爱，礼之要点，用以认定男女之别，从而确保夫妇之间的道义。事实上，在传统乡土社会中，婚姻仪式往往需要夫家和娘家整个家族成员以及无血缘关系的朋友参与，这客观上促进了夫家和娘家互相了解、互相认识和建立感情，从此构建生产生活互助和社会交往。显然，男女通过婚姻仪式结婚是对双方及周围亲友的规范指引、训诫教育以及对双方关系状态的合法性认可，它对双方的行为具有一定程度上的规范作用，经过婚礼仪式后，双方确立了夫妻关系，如果某一方当事人单方面地解除这种约定，就要担负一定的不利后果，甚至会受到社会舆论与道德谴责。[②]因此，一方面，双方在感情上应该相互忠实，不

① 《礼记·昏义》。

② 杨卿：《法律·仪式·秩序》，《社会中的法理》2013年第1辑。

得有越轨等行为；另一方面，双方相互之间应当负有相互扶持、共同分担生活负担的义务，即通过婚姻仪式这种社会控制手段稳定婚姻家庭社会秩序。[①]

受人口流动的影响，农村婚姻仪式呈现出越来越简化之势，逐步从传统的庄重和严肃向简单和快捷转变，尤其是在市场经济中受就业竞争、工作劳动强度及高频度流动等影响，农村传统的婚俗观念日益被消解，导致年轻一代在婚姻缔结过程中漠视传统的较为烦琐的婚姻仪式。例如，在问卷调查的农村离婚夫妻中，有 12.96% 的夫妻在婚姻缔结中没有举办婚姻仪式，而在这一群体中，大多数夫妻是嫌婚姻仪式麻烦不办理，还有一小部分夫妻是因未婚先孕来不及办理，当生完孩子后因家庭琐事引发夫妻矛盾便离婚。总的来看，当前农村年轻人是越来越不注重婚姻仪式和传统婚俗了，一方面是跟高频度的流动有紧密关系，尤其是进城打工青年；另一方面是与婚俗变迁有关，尤其是在城镇化进程中，农村婚俗逐步向现代化转变，从而不断推动婚姻仪式嬗变。

婚姻仪式嬗变的背后是婚姻行为的变迁。王跃生认为，研究婚姻行为应该从婚姻缔结、婚姻解除和再婚等方面进行考察。[②]婚姻是男女两性的结合，它的社会性是在婚姻维系过程中通过当事人的婚姻实践体现出来，在传统婚姻中，有“男女有别”“男主外、女主内”等婚姻观念，以及在社会运行发展中约定俗成的一整套

---

① 杨卿：《法律·仪式·秩序》，《社会中的法理》2013 年第 1 辑。

② 王跃生：《清代中期婚姻行为分析——立足于 1781–1791 年的考察》，《历史研究》2000 年第 6 期。

婚姻规范和社会规范对婚姻当事人的行为举止、道德观念进行约束，从而维系婚姻稳定和家庭和谐。但是，在转型背景下农村的婚姻行为正在加速嬗变，婚姻的神圣性正在瓦解，潜在的不稳定风险正在叠加。

20世纪80年代，我（孟某）们这里的年轻人办理结婚登记是很害臊的，女方通常是姑姑、婶婶、嫂子陪同一起来，男方一般是哥哥、兄弟或叔叔陪同一起来，在办理登记过程中女方是很害臊的，要么红着脸，要么躲躲闪闪。20世纪90年代，随着外出打工的人数增加，年轻夫妻来办理结婚证时就很少有人陪同一起来了，当事人不仅不拘谨，还表现出很亲热的状态，经常遇到当着我们工作人员打情骂俏的，比如男当事人摸女当事人屁股、搂腰等都是常见的。最近十余年以来，年轻人来办理结婚证时就像老夫老妻似的，当着我们的面叫老公老婆，甚至有15%左右是女的挺着大肚子来办结婚证的，并戏称是“先上车、后补票”。同时，在离婚上的变化也很大，20世纪80年代离婚的人很少，那时候离婚通常都会吵架，双方立场鲜明，甚至像要群殴似的。20世纪90年代，前来离婚的陪同人员很少了，当事人吵闹也少很多了，但敌对情绪还很明显。最近十来年，离婚夫妻很少吵闹，来办理离婚手续时情绪也比较稳定，甚至还出现过一对夫妻离婚后去拍照纪念的情况（MJH，女，47岁，贵州省都匀市S乡乡政府民政工作人员，NO：GZ-DY-D20120043）。

随着国家体制转型、经济转轨和社会变迁加快，尤其是在打工潮冲击下，农村的婚姻行为发生了较大的嬗变。从孟某的访谈中可以看出，几十年来农村不同发展阶段中婚姻行为发生的变迁，这种变迁是人口流动加快、家庭离散加剧和社会变迁带来的社会后果。事实上，改革开放以来，受人口流动的影响，农村婚姻市场扩大，一方面为农村青年增加了婚配机会，打破了地理空间的束缚，跨省跨地域通婚圈形成；另一方面也导致了女性资源流失，农村男性承担的婚配成本增加。受通婚地域扩大的影响，农村婚姻仪式和婚姻行为呈交互式嬗变，为了适应工作上的快节奏和高频度的城乡流动，婚姻行为从较为仪式化向便捷化转变。显然，受现代城市文化和市场经济冲击的影响，农村婚姻向个体化转变，传统的婚姻伦理观、婚姻责任观及婚姻秩序式微，伴随而来的是婚姻失范行为日益凸显，比如，未婚怀孕、婚外情、婚外性行为、假离婚、闪婚闪离、抛夫弃子或抛妻弃子等现象越来越多，加剧了农村离婚风险。

第四节　加大：巨变时代的婚制改革

婚姻制度是在一定的历史条件和社会制度下所形成的婚姻关系。农村的婚姻制度主要包括婚姻法律制度和婚姻调解制度（主要指基层政府婚姻调解制度），是社会制度中的有机组成部分，与国家的经济发展、政治制度、法律法规及相关政策等息息相关。改革开放以来，国家体制改革力度不断加大，尤其是启动了农村基层政权改革，全面推动和实施农村村民自治，以及《婚姻法》的修订，给农村婚姻带来了深远的影响。然而，在我国实行改革开放和推进现代化建设进程中，农村社会秩序处于“解构—重组”之中，促使这种变化产生的主要力量来源于，一是以分田到户和建立市场经济体制为核心的经济体制改革，二是农村实行村民自治为核心的政治体制改革。[①]从农村社会秩序来看，其生成具有二元性：一是国家行政权力嵌入，二是村庄内生秩序。在传统社会中，村庄的内生秩序主要依赖于村庄内部人与人之间的联系，这种联系因其性质属性、整合强度和涉及的广泛性，构成了人们的行动能力，为村庄社会稳定提供了秩序性基础。[②]显然，在国家大力推进体制改革和社会快速转型背景下，农村婚姻制度和婚姻秩序受到了全面的冲击。一是实行家庭联产承包责任制以来，尤其是取消农业税以来，基层政府逐步退出了对农村婚姻的行政调解，如夫妻矛盾、离婚调解，使婚姻维系中的外部因素介入削弱；二是《婚姻法》的修订，以及相关司法解释的出台，使婚姻在物质划分上越来越细化，去伦理化的社会后果日益凸显，导致维系婚姻稳定的因素嬗变，这无疑为农村夫妻离婚提供了宽松的政策条件。

---

① 贺雪峰、仝志辉：《论村庄社会关联——兼论村庄秩序的社会基础》，《中国社会科学》2002 年第 3 期。

② 陈讯：《结构弱化与价值失落：转型期农村赌博问题的一个分析框架——基于黔东 G 镇的考察》，《南方农村》2017 年第 1 期。

中华人民共和国成立以来，在集体化时代，国家行政权力全面渗透到农村社会中，农村兴起了史无前例的建设运动，在革命话语和建设话语的双重逻辑下对农业生产、生活方式及价值信仰进行了全面和彻底的改造。这一时期，男女平等的观念在农村的婚姻行为中深入人心，以革命话语和建设话语为主导的婚姻行为规范对旧社会的婚姻陋习进行了革命，比如废除一夫多妻制，实行一夫一妻制，在婚姻实践中倡导夫妻互敬互爱、互相帮助及共同奋斗等。国家行政权力以“生产队—生产大队—人民公社”为体系嵌入到农村社会中，建立了完善的婚姻缔结审核制和离婚调解制，在婚姻维系过程中生产队发挥了巨大的作用，并对人们的婚姻行为进行了规范，对婚姻观念进行了教育引导，树立了积极向上的婚姻价值取向，客观上遏制了婚姻乱象、抑制了农村离婚行为。改革开放之后，随着国家对行政体制改革力度的加大，农村实行分田到户，农村经济基础从单一化向多样化发展，非农就业吸引了大量农村青壮年劳动力。随着人民公社的解体，国家在农村启动了村民自治，使国家嵌入到农村的行政权力逐步退潮。在村民自治实践中，基层政府和村、组两级逐步退出对农村婚姻的管理，使婚姻在村庄中的行政化和公共性减弱。但是，这一时期，农村村级组织仍然在婚姻缔结审批和婚姻解体调解中发挥作用，比如结婚需要村里出具相关证明，离婚需要村里进行相应的调解等，相对于集体化而言，其结婚审批和离婚调解大大减弱，离婚在政策设计上更加便捷，降低离婚调解力度客观上也就增加了离婚风险。

国家在推进农村行政体制改革的进程中，全面减免农业税费，史无前例地减轻农民负担。基层政府的治理逻辑发生了转向，从以前的向农村汲取资源转变为承接国家向农村注入资源，比如项目进村、建设社会主义新农村以及实施振兴乡村战略等，学界将这一现象称为基层“悬浮型”政权。[①]国家将原本属于基层政府承担的社会治理和社会建设交给了农村社会，于是，农村社会力量和社会组织担负起对农村社会自我管理和自我建设的重任，个体化的私人空间和自主行为逐步增加，[②]基层政府和村级组织逐步退出了私人生活领域，这客观上为离婚提供了一个相对宽松的环境。根据 1836 份农村离婚的问卷调查与统计，农村离婚夫妻在离婚时政府或村里有人来调解的频次为 410 次，占样本总量 22.33%；政府或村里没有人来调解的频次为 404 次，占样本总量 22.00%；完全由夫妻自己决定、没有人调解的频次为 968 次，占样本总量 52.72%；其他情况的频次为 54 次，占样本总量 2.94%。由此可见，在农村离婚夫妻中基层政府没有介入和没有亲朋好友调解的累计占比高达 74.72%，即近四分之三的农村离婚夫妻在离婚时没有得到调解，这表明在国家加大行政体制改革的进程中，嵌入到农村社会的基层权力逐步退潮，婚姻调解制度逐步消解。

在 20 世纪 80 年代，离婚的人很少，离婚像打架似的，我（孟某）们也不会轻易给夫妻办理离婚手续，要

---

① 周飞舟：《从汲取型政权到“悬浮型”政权——税费改革对国家与农民关系之影响》，《社会学研究》2006 年第 3 期。

② 陈讯：《结构弱化与价值失落：转型期农村赌博问题的一个分析框架——基于黔东 G 镇的考察》，《南方农村》2017 年第 1 期。

派调解员去调解。通常是村里调解，他们调解不好我们乡里再去调解，有时候乡里的主要领导也要去调解，因为闹离婚是夫妻之间的矛盾已经非常大了，如果调解不了，双方同意离婚才给他们办手续。如果一方愿意另一方不愿意，那就麻烦了，要去法院申诉离婚才行。到了20世纪90年代，外出打工的人越来越多了，来办理离婚手续就容易得多，在调解上我们也是象征性地劝说，只要双方愿意离婚且在财产、债务和子女抚养上没有问题，就给他们办。最近十多年，都没有什么调解了，当事人来离婚，基本上都是协商好的，我们几分钟就把离婚手续办理好了（MJH，女，47岁，贵州都匀市S乡乡政府民政工作人员，NO：GZ-DY-D20120044）。

取消农业税费以来，基层政府逐步退出了对农村私人生活领域的社会控制和调节。一是国家在大力推进体制改革进程中，尤其是在简政放权过程中，农村的社会管理向社会治理转变，基层政府对社会从管控型向引导型转变，并构建起党委领导、政府负责、社会协同、民众参与及法治保障的多维治理体系，客观上弱化了基层政府对私人领域和个体失范行为的管控，尤其是随着法治的介入，基层政府将农村社会中涉及个体行为或私人领域的管理权交给了法律，由司法部门来进行处理和裁决，从而减轻了基层政府的治权压力。二是法律制度的健全和完善推动了农村社会管理向社会治理转变，离婚调解从单纯的行政介入向法律裁决转变。在传统的婚姻调解制度中，夫妻闹矛盾离婚时，都会依靠农村内生性秩序进行调解，如家族、宗族、长辈、亲朋好友等介入。与此同时，基层政府也会进行行政介入。只有当离婚矛盾超出了行政调解能力之后，才会交给基层法院进行裁决，即行政优先于法律调解。但是，随着体制改革的深入推进，农村的婚姻调解制度逐步与法律接轨，乡、村两级逐步退出了对离婚的调解。与此同时，农村内生性秩序日渐式微，离婚调解退回到家庭内部，从农村调查来看，经常会听到乡、村两级干部说“清官难断家务事”，也常常听到村民们说“离婚是别人的家事，只能劝说而已，不能干涉，要不然就成了‘狗咬耗子、多管闲事’”。显然，国家推动的行政体制改革使农村社会的治理逻辑转向，在农村内生性秩序日渐式微和基层政府逐步退出的背景下，婚姻调解制度名存实亡。

在国家推进依法治国的进程中，婚姻法律制度不断完善。1950 年 5 月 1 日起实施的《中华人民共和国婚姻法》(以下简称《婚姻法》) 正式废除了一夫多妻制、买卖婚姻行为和近亲通婚行为，从法律上正式规定一夫一妻、男女平等（夫妻平等）、婚姻自由等，并在婚龄上做出了相应的规定，即男性年龄为 20 岁以上、女性年龄为 18 岁以上，在婚姻缔结中均需要当事人自愿才能结为合法夫妻。对于离婚，《婚姻法》规定实行夫妻双方自愿离婚原则，若夫妻一方不同意时需由区人民政府（基层政府）进行调解，调解无效之后，应转报县和市法院处理。可见，行政调解制客观上为夫妻离婚设置了制度缓冲地带。为了适应改革开放和经济社会、婚姻家庭的发展，1980 年 9 月 10 日第五届全国人民代表大会第三次会议通过了对《婚姻法》的修改（以下称为新《婚姻法》），并从1981年1月1日起实施。新《婚姻法》在结婚问题上做了相应的调整，将男女的结婚年龄提高了2岁，即男性的合法年龄是22岁及以上、女性是20岁及以上，在婚姻缔结上明确禁止三代旁系血缘结婚，并将旁系亲属关系扩大到外祖父母和外孙子女，这客观上对包办婚姻进行了遏制。同时，新《婚姻法》对夫妻实行计划生育的义务进行了相应的规定。对于离婚，新《婚姻法》不仅增加了离婚补偿制，还新增了夫妻“感情破裂”这一条件，客观来说，这一表述日后成为众多农村夫妻在办理离婚手续时填写的原因。相对于1950年的《婚姻法》，新《婚姻法》从制度上对离婚行为进行了放宽处理，这为农村离婚提供了相对宽松的法律保障。2001年4月28日，第九届全国人大常委会第二十一次会议通过了对新《婚姻法》的修订［以下称《婚姻法》（修）］，对夫妻的共同财产和个人财产进行了明确，对保障老人权益做了相应的完善，在婚姻行为上明确禁止有配偶者与他人同居、禁止家庭暴力，增加了夫妻义务，增设了无效婚姻制。《婚姻法》（修）颁布实施以来，《婚姻法》的司法解释一、司法解释二、司法解释三，《婚姻登记条例》《妇女权益保障法》，以及2018年1月17日发布的《最高人民法院关于审理涉及夫妻债务纠纷案件适用法律有关问题的解释》等，对夫妻在财产、子女抚养、赡养老人等方面进行了更加详细的规定。因此，从整体上看，婚姻制度在法律上的变迁是从严向宽转变的，在结婚自由和离婚自由方面都越来越人本化，更加注重个体自由和情感，从法律制度保障上降低了对离婚行为的管控，客观上为农村离婚提供了宽松环境。

> 我（马某）调到J乡法庭工作三十多年了，现在等着退休回家。我们这里的离婚调解，在20世纪80年代是很少的，基本就没有，那时候夫妻闹矛盾离婚，一般在村里（村委会）和乡里（政府民政股）就调解或处理好了，很少闹到法庭来。但从1993年左右开始，有些离婚案件就开始转到法庭来处理了，有时候我们一年要接七八起案件，有些夫妻闹离婚就离了，也有来我们这里处理时经过调解（与派出所、民政股联合）没有离婚的。从2005年以来，我们这里的离婚问题越来越多，但闹到我们法庭来离婚的就非常少了，除了财产分割矛盾之外，离婚这事不会闹到我们这里来（MZT，男，55岁，湖南省宁乡市J乡法庭法官，NO：HN-NX-D20160045）。

从马某的访谈中可以看出，一是农村离婚的调解工作在20世纪80年代以行政手段为主，乡、村两级的调解基本可以化解离婚中遇到的难题；二是从20世纪90年代至2005年，司法部门的离婚调解增多，这表明在这一时期行政手段对离婚的调解已慢慢退潮，以法律手段进行调解的案例日益增多；三是2005年以来，离婚问题处理又转到了民政部门。显然，国家大力推进的行政体制改革，对婚姻制度的影响是显而易见的，尤其是对离婚的调解影响较大。《婚姻法》的嵌入、实践与变迁对农村婚姻的制度性影响是深远的。一是对当事人的婚姻责任与义务进行了明确规定，男女平等、婚姻自由观念深入人心，尤其是在婚姻权力实践中，从法律角度对个体权利进行保护，摆脱了宗族、家族及长辈对婚姻关系的有效束缚，使婚姻关系向个体化和私人化转向，客观上婚姻关系在个体权利实践中消解了传统乡土社会中婚姻具有的公共性，甚至使婚姻当事人在婚姻维系中变成无公德的个人。二是使传统婚姻关系瓦解与现代"契约式"婚姻关系形成，去传统、去伦理的婚姻价值观念和行为取向日渐形成，婚姻的价值逐步远离了生育制度。诚然，法律保护了婚姻当事人的个人权利，但在维系婚姻稳定中的个人情感、彼此信任、宗法礼制因法律的强势介入而逐步消解，乡、村两级的调解逐步被法律介入取代，离婚逐步变成了私人婚姻权利领域的事件。三是使婚姻关系中个体权利意识崛起，婚姻关系从"公共性"向"理性化"转变，尤其是随着有关《婚姻法》的司法解释出台实施，法律逐步切割了农村社会中婚姻维系夫家和娘家的公共性和公益性，不断强化个体权利和财产归属，使婚姻的功利性和策略化手段增强，离婚风险不断增大。

第五节　加深：巨变时代的舆论式微

费孝通在《乡土中国　生育制度》中指出："乡土社会是人们生于斯、长于斯、死于斯的社会，礼是社会公认合式的行为规范，合于礼的就是说这些行为是做得对的，对是合礼的意思。”[①]在传统社会中，地方性规范是制约人们行为规范的重要惩戒机制。地方性规范又被称为村庄内生性规范，其生成来源于两个方面：一是相关的规则对村民进行硬约束，比如村规民约、宗族或家族惩戒规章制度及惩罚机制等。二是相应的舆论对村民进行软约束，即村庄舆论。村庄舆论源于熟人社会内部约定俗成的行为规范对个体的约束，是通过将村庄日常生活中的冗碎事实转化为一个个道德性的评论事件，一再重申和强调村庄的价值观和围绕价值观的道德规范，村庄舆论逐渐内化于村民的潜在意识，具有一定程度的威慑力，村庄舆论的道德规范得以延续。[②]显然，村庄舆论是生活在村庄场域内的村民们日常生活的集中体现之一，不仅具有公共性，还具有较强的约束力。然而，婚嫁习俗作为社会文化的缩影，反映了在一定时代或一定阶段的人们对待家庭、婚姻及亲属关系的道德和标准方面的价值取向。[③]因此，在农村熟人社会中，村庄舆论对婚姻观念、婚姻行为及婚姻价值具有较强的影响。

在传统社会中，离婚被视为不光彩行为，离婚之后的当事人在村庄社会往往会遭受人们的异样眼光，可能会被大众耻笑或冷落，成为人们茶余饭后谈论的对象，并且会形成较强的舆论压力，给当事人造成巨大的心理压力，也会成为对非当事人的警示，客观上对婚姻维系具有稳定作用。这是因为在农村社会中，村庄舆

① 费孝通：《乡土中国　生育制度》，北京大学出版社 1998 年版，第 50 页。
② 胡文秀：《舆论视野中的村庄变迁》，华中师范大学硕士学位论文 2017 年 5 月。
③ 刘中一：《乡村社会变迁场景中的婚嫁习俗》，《中国农村观察》2011 年第 5 期。

论是人们在生产生活中形成的地方性共识和伦理规范，是制约人们婚姻行为和规范婚姻取向的重要标准之一。在集体化时代，国家行政权力全面渗透到农村社会，在革命话语和建设话语下农村离婚行为得到了相应的遏制。一是行政权力的深度嵌入形成了有效的离婚行政调解制度。二是在建设话语下形成了强有力的舆论话语，对离婚当事人起到制约作用。在这一时期，受农村集体化大生产的影响，生产队内一起劳作，家庭空间和个体的私人空间受到挤压，其私密性低，一旦夫妻发生离婚很快就会变成生产队内的重大事件，村庄舆论会对当事人和家庭造成很大心理压力。因此，夫妻在婚姻家庭中产生矛盾时，通常会顾及舆论压力和面子得失，从而不会轻易选择离婚。

事实上，村庄舆论一直扮演着婚姻道德规范的功能，在婚姻缔结、婚姻维系以及婚姻解体中扮演着重要的作用。人们生活在同质性很高的熟人社会，对婚姻行为的是非和善恶有共同的评判标准，生活在村庄场域中的人通常不会对这一标准提出异议，舆论具有导向上的高度统一性和标准上的唯一性。因此，生活在村庄场域中的任何一个人，在离婚问题上必须面临舆论压力带来的影响。从农村离婚调查的情况来看，在访谈 20 世纪 80 年代离婚的当事人时，大多数人都会说那时候社会不开放，离婚是丑事，在村庄中抬不起头，不仅自己会被别人当笑话看待，还会连累孩子。例如从农村离婚的问卷调查来看，在对待离婚的看法上，认为“很正常、现在离婚的人多”的频数为 919 次，占样本总量 50.06%；认为“感觉丢人、对不起父母和亲人”的频数为

435 次，占样本总量 23.69%；认为“无所谓、只要自己好好过日子就行”的频数为 417 次，占样本总量 22.71%；持其他看法的频数为 65 次，占样本总量 3.54%。由此可见，对离婚持“感觉丢人、对不起父母和亲人”看法的占样本总量为 23.69%，比重较大，这说明离婚与村庄舆论有紧密关系，尤其是在 20 世纪 80 年代离婚的群体中，受地域限制和社会封闭的影响，村庄舆论对离婚具有较强的制约作用。从在农村的调查来看，选择“很正常、现在离婚的人多”这一选项的占一半，在这一离婚群体中大多数人是 20 世纪 90 年代以来离婚的，尤其是最近十余年来，在村庄舆论式微不断加深的背景下，舆论对离婚失去了制约作用。

为了从纵向维度考察村庄舆论变迁的状况，本书将农村离婚时间与对离婚的看法结合起来进行交叉分析，并将问卷调查数据中农村离婚的时间划分为六个阶段，具体为：1978—1995 年离婚的夫妻占样本总量 4.25%，1996—2000 年离婚的夫妻占样本总量 8.06%，2001—2005 年离婚的夫妻占样本总量 14.32%，2006—2010 年离婚的夫妻占样本总量 28.43%，2011—2015 年离婚的夫妻占样本总量 36.55%，2016 年以来离婚的夫妻占样本总量 8.39%。同时，本书将对离婚的看法进行分类统计，认为“很正常、现在离婚的人多”的 919 人，认为“感觉丢人、对不起父母和亲人”的 435 人，认为“无所谓、只要自己好好过日子就行”的 417 人，持其他看法的 65 人，分别占样本总数的 50.06%、23.69%、22.71%、3.54%。在此基础上，再将离婚时间与对离婚的看法进行交叉分析，从而分析两者的关联性。

交叉分析结果显示，在1836份农村离婚的问卷调查与统计中，1978—1995年离婚的78人、1996—2000年离婚的148人、2001—2005年离婚的263人、2006—2010年离婚的522人、2011—2015年离婚的671人、2016年以后离婚的154人，分别占样本总数的4.25%、8.06%、14.32%、28.43%、36.55%、8.39%；认为“很正常、现在离婚的人多”的919人，认为“感觉丢人、对不起父母和亲人”的435人，认为“无所谓、只要自己好好过日子就行”的417人，持其他看法的65人，分别占样本总数的50.06%、23.69%、22.71%、3.54%。1978—1995年离婚且对离婚持有“感觉丢人、对不起父母和亲人”看法的实际计数为27，预期计数为39.00，在1978—1995年离婚的受访者中占比34.61%，在认为“感觉丢人、对不起父母和亲人”的离婚群体中占2.94%。对不同时间段的离婚人群分别进行分析，在78名1978—1995年离婚的受访者中，认为“很正常、现在离婚的人多”“感觉丢人、对不起父母和亲人”“无所谓、只要自己好好过日子就行”和持其他看法的分别为27人、32人、16人、3人，占本组总数比34.61%、41.03%、20.51%、3.85%，其中认为“感觉丢人、对不起父母和亲人”的比例高于总比例（23.69%），认为“很正常、现在离婚的人多”以及“无所谓、只要自己好好过日子就行”的比例均低于总比例（50.06%、22.71%）。在148名1996—2000年离婚的受访者中，认为“很正常、现在离婚的人多”“感觉丢人、对不起父母和亲人”“无所谓、只要自己好好过日子就行”和持其他看法的分别为 71 人、42 人、31 人、4 人，占本组总数的 47.97%、28.38%、20.95%、2.70%，其中认为“很正常、现在离婚的人多”和“无所谓、只要自己好好过日子就行”的比例均低于总比例（50.06%、22.71%），认为“感觉丢人、对不起父母和亲人”的比例高于总比例（23.69%）。在 154 名 2016 年以后离婚的受访者中，认为“很正常、现在离婚的人多”“感觉丢人、对不起父母和亲人”“无所谓，只要自己好好过日子就行”和持有其他看法的分别为 84 人、27 人、37 人、6 人，占本组总数的 54.55%、17.52%、24.03%、3.90%，其中认为“很正常、现在离婚的人多”和“无所谓、只要自己好好过日子就行”的比例均高于总比例（50.06%、22.71%），认为“感觉丢人，对不起父母和其人”的比例低于总比例（23.69%）。其卡方检验结果参见下表：

表 4-1　农村离婚问题的离婚时间与个体看法交叉分析卡方检验

	数值	df	渐进 Sig（双侧）
Pearson 卡方	39.020a	15	.001
概似比	38.089	15	.001
线性和线性组合	.393	1	.531
有效观察值个数	1836		
a. 1 资料格（4.2%）预期计数小于 5，预期计数下限为 2.76			

从上表中可以看出卡方检验的结果，卡方检验的零假设是：就对离婚看法而言，不同离婚时段的人是一致的。其预期计算小于 5，最小预期计算为 2.76，N=1836>40，c2=39.020，自由度

df=15，表中两种检验的双向显著性水平都小于 0.05，所以否认零假设，卡方检验有效，由此可见，不同离婚时段的人对离婚的看法不全相同。其条形图如下：

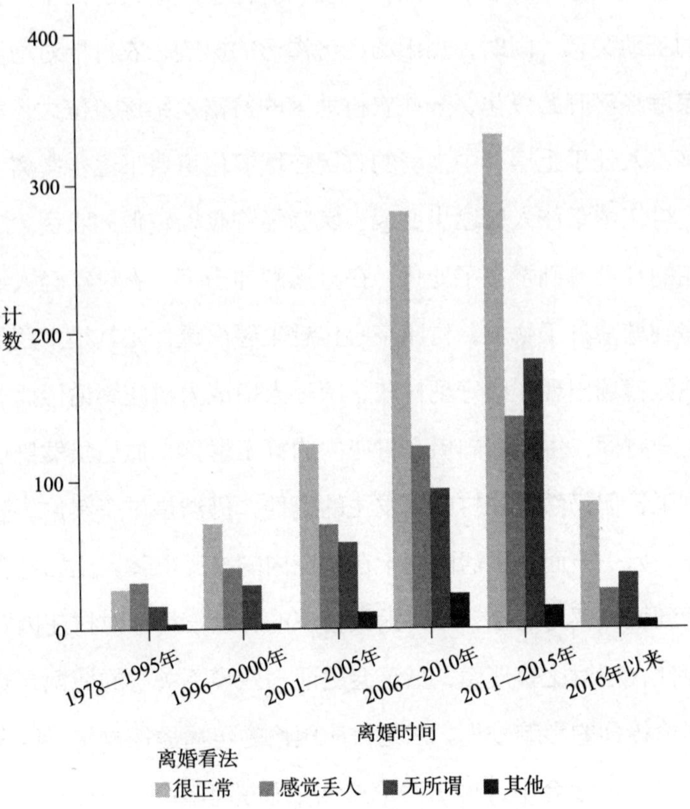

图 3-1　农村离婚夫妻离婚时间与离婚看法统计分析

20 世纪 90 年代，受市场经济体制建立的影响，农村大量青壮年劳动力纷纷进城就业，村庄舆论的社会基础开始嬗变，作为一种内生性规范的调解对离婚的柔性约束式微开始凸显出来，这种式微是全方位、深层次的。一是村庄的经济基础发生了改变。受打工潮的冲击，传统的自给自足的农村生产模式开始转向，以家庭为基础、以代际分工和夫妻城乡分工的半工半耕模式形成，不仅突破了以土地为生产资料的限制，还突破了地域和产业限制，例如进城从事第二、三产业，客观上弱化了以前村庄内生产生活中的互助关系。同时，受市场经济渗透的影响，农村相对均质化的家庭经济开始分化，一些农村地区的贫富差距逐步拉大，家庭经济收入处于上层、中上层的农民在城镇化背景下逐步搬离了农村，村庄中常住人口逐步变成了家庭经济收入较低的农民。二是村庄的社会基础发生了变化。在打工潮冲击下，农村年轻人纷纷转移到城镇打工就业，村庄空心化越来越严重，尤其是中西部农村地区普遍出现了留守型村庄，留守人口成为村庄舆论传播的核心。一方面，生活面向仍在村庄内的打工群体，他们虽然身在城镇打工，但仍然关注村庄里发生的事件，仍然是村庄舆论传播的主体。另一方面，生活面向不在村庄内的打工群体，比如打工赚钱后到城镇买房居住，不再返回村庄的，这一群体对村庄内发生的事件，相对比较淡漠，甚至会出现一些漠不关心的情况，对村庄舆论传播的影响较小。三是村庄舆论的传播途径发生了巨大变化。在传统社会中，村庄舆论主要依靠邻里串门、闲谈、赶集、红白事聚众、娱乐场所等传播，通过对离婚当事人背后指责，或风言风语、窃窃私语、指指点点等，以及对离婚当事人当面嬉笑、戏说、调侃等造成心理压力或影响。但是，受互联网、信息化和移动通信兴起的影响，尤其是进入自媒体时代，即时通信、社交软件的兴起与普及，使农村舆论的传播途径发生了巨大的变化，这不仅拉近了夫妻城乡分工的距离，还打破了时空的藩篱，拓展了村庄舆论的空间，也突破了物理上的边界，舆论从面对面传播转向线上传播，从而形成了立体式、多维度的传播路径。

农村社会受打工经济、人口流动和现代传统渗透的影响，村庄舆论日渐式微，舆论对离婚当事人形成的柔性制约力降低，即舆论对离婚行为的软规范式微或无力，导致了村庄场域中传统的婚姻道德认同逐步消解，尤其是在经济分化趋势下人们更加关注家庭经济发展，对私人事件和家庭内部事件的关注度降低。显然，农村人口流动对舆论的生成和传播带来巨大影响，比如留守型村庄的舆论主体减少。虽然信息化和现代通信有助于舆论快速传播，但也带来了信息量的爆炸式增长，对人们的思想和知识带来冲击，人们的思想更加开放，知识面更广，对待离婚事件也不以为然了，舆论传导力和关注度下降。同时，在农村经济不断分化的背景下，村庄内各主体的人生面向出现了异质化，导致村落共同体逐步瓦解，村庄公共话语、同质性价值观念以及约定俗成的道德规范出现了差异，难以对离婚行为形成强大的舆论压力，使农村离婚问题日益摆脱舆论的制约。

综上，改革开放以来，尤其是分田到户以来，农村生产力和生产关系得到了空前解放，农村释放出大量剩余劳动力进城务工。市场经济体制的建立加速了农村剩余劳动力进城，由此形成了我国史无前例的打工潮，从而推动了农村人口城乡双向高频度流动的发展态势。在人口流动背景下，农村家庭离散化加剧，家庭经济发展和社会交往发生了质变。一方面，受家庭离散化的影响，农村家庭普遍进行了代际分工和城乡分工，农业就业和非农就业成为农村家庭的普遍形式；另一方面，夫妻城乡分工又使家庭进一步离散化，从而为婚姻稳定性带来了潜在风险。打工潮的席卷助推了农村自由婚恋的形成，传统的婚姻习俗嬗变加速，便捷化和去传统的婚姻习俗形成，推动了农村婚姻行为的快速变迁。显然，受国家嵌入到农村社会中的行政权力退潮的影响，婚姻制度改革力度加大，原本嵌入农村社会的离婚调解制度逐步退出，在《婚姻法》不断完善下农村离婚自由得到了全面贯彻，“说离就离”成为一部分离婚当事人追求婚姻自由的借口。同时，在人口流动加快和家庭离散加剧的背景下，受农村婚俗变迁和婚姻行为的影响，村庄舆论式微程度前所未有。一方面，维系婚姻稳定的硬规则弱化；另一方面，维系婚姻稳定的软规则式微，使维系婚姻稳定的社会基础发生全方位、多维度、深层次的嬗变，客观上为农村离婚提供了一个宽松的外部环境。

第四章　生成之制：工具化、祛魅化和个体化

在国家体制转型、经济转轨和社会变迁的背景下，农村离婚问题不断涌现出来。表面上看，农村离婚问题是各种不同原因导致的，事实上不同的离婚事件不仅透视出社会基础的嬗变，还隐藏着深层次的作用机制，即农村离婚的生成机制。为了准确把握和理解转型期农村离婚问题，需将它放到“国家—社会—个体”的三维框架中考察。诚然，人口城乡流动加快、家庭离散不断加剧、婚姻嬗变不断加速、婚姻制度改革不断加大和村庄舆论式微全方位加深的背景，为农村离婚提供了宽松的环境。因此，为进一步探讨农村离婚的生成机制，本书将从婚姻的工具化、祛魅化和个体化三个层面进行分析，通过揭示维系婚姻稳定的纽带、婚姻价值观念和个体的婚姻行为等的变化，将农村离婚问题的生成机制呈现出来。

第一节　工具化：当婚姻成为获取幸福的手段

费孝通在《乡土中国　生育制度》中对婚姻的目的和意义有

这样的定义：婚姻的目的是在确定社会性父亲，对于生物性父亲的确定，倒还属于次要，事实上父与子的生物关系的要求确定本身是一种社会的规定，确定亲子的社会关系是婚姻关系，不是生物关系。[①]婚姻的意义是确立双系抚育，抚育既须双系，而双系抚育并没有自然的保障，因之人们得有自己想法，用社会的力量保障生出来的孩子不但有母而且有父，于是有婚姻。[②]雷洁琼认为，婚姻的目的是传宗接代，延续香火，继承家庭私产。[③]由此可见，在传统社会中，婚姻具有生育抚育子女、传宗接代和继承家产的重要功能，主要体现在以父母为中心的生育抚养制度，是连接夫家和娘家之间亲缘关系的重要纽带，并非个体化行为。然而，在转型背景下，婚姻的传统目的和意义开始异化，越来越多的婚姻当事人将婚姻当作追求或获取个体幸福生活的手段，从而导致婚姻工具化，婚姻的不稳定性就呈现出来，离婚的人便越来越多。

一、婚姻目的嬗变

许慎在《说文解字》中对“婚姻”二字有这样的解释：“婚：妇家也；《礼》：娶妇以昏时，妇人阴也，故曰婚。”“姻：壻（婿）家也；女之所因，故曰姻。”[④]也就是说，女婿家是“女子之所

① 费孝通：《乡土中国　生育制度》，北京大学出版社 1998 年版，第 127—128 页。

② 费孝通：《乡土中国　生育制度》，北京大学出版社 1998 年版，第 129 页。

③ 雷洁琼：《中华人民共和国建立以来婚姻家庭制度的变革》，《北京大学学报（哲学社会科学版）》1988 年第 3 期。

④ 许慎：《说文解字》，徐铉校，中华书局 2013 年版，第 259 页。

因”，而“因”的本义之一是“依靠”或“凭借”，即夫家是女子的依靠。这说明我国传统文化中的“从夫居”不仅是婚姻的形式，也是女子实现婚姻的目的。苏联学者库兹明和谢苗诺夫认为：“婚姻是男女两性之间的一种特定的社会关系，对一夫一妻制来说，结婚是由社会批准的男女之间的特殊社会关系，它是形成家庭的基础和核心。”[①]婚姻的本质在于它的社会性，即“婚姻”这种两性关系必须得到社会承认，因这种社会关系男女之间还产生了权利和义务，并且这种权利和义务也得到社会的认可。[②]同时，在《礼记·昏义》中对婚姻有完整的论述：“昏礼者，将合二性之好，上以事宗庙，而下以继后世也，故君子重之。”[③]也就是说，在传统社会中，婚姻关涉两个家族的关系，传宗接代、延续香火和继承家产是婚姻缔结的目的，这不仅是娘家和夫家建立亲缘关系的目的，还是个体完成人生任务和实现人生价值的目的。因此，在我国封建社会中，如果女性没有生育子女的能力或未能生育儿子，那么丈夫有可能“休妻”。这表明，在农村社会中，家族香火的延续被认为是婚姻的重要目的，当妻子无法完成传宗接代和延续香火的任务时，其婚姻的目的就无法实现，婚姻也就失去了意义。

瞿同祖曾指出：“婚姻的目的以传宗接代为中心，始终离不开祖先与子孙的关系，我们自不难明了婚姻对于家族关系较重，而对于个人关系则极轻微，从婚姻的缔结到婚姻的解除无不表现此

① ［苏］E·库兹明、［苏］H·谢苗诺夫：《社会心理学》，卢盛忠译，杭州大学出版社1984年版，第246页。

② 杨善华编著：《家庭社会学》，高等教育出版社2006年版，第39页。

③ 《礼记·昏义》。

种征象。”[1]可以看出，在传统社会中，婚姻注重家族关系，这表明生育抚育子女是婚姻的基本功能，是男女两性生理属性和社会属性的结合，是建立家庭的基础。在我国农村社会中，妇女从小栖居在娘家父系村落，以婚姻为途径依靠丈夫融入夫家，在夫家村落社会中，婚姻是妇女安身的根本，作为外来者的她们需通过婚姻缔结（婚礼仪式）进入夫家并融入夫家村落社会。然而，婚姻缔结只是妇女安身于夫家村落社会的条件，并不足以让她们立命，她们需要在夫家生育抚育子女才能完成人生的立命，从而实现人生价值和圆满人生意义。作为从小就成长和生活在村庄社会的丈夫来说，婚姻是完成人生任务和实现人生意义的必然条件，他们需要通过婚姻完成“血脉”的延续，即婚姻的重要意义在于父子相传、光宗耀祖、子孙万代，生儿子不仅仅是为了维持家庭关系，还是为了继承家产；既是为了养儿防老，也是为了延续香火；[2]而“不孝有三，无后为大”的婚姻意涵是不仅要生儿子，还要养儿子。[3]也就是说，在传统社会中，婚姻对于男女来说，是实现人生价值和圆满人生意义的重要条件，这就赋予了婚姻内涵，即婚姻的目的是建立双系抚育和传宗接代、延续香火、继承家庭私产。

在转型背景下，农村婚姻当事人的婚姻目的开始嬗变，慢慢地远离了传统的婚姻目的，伴随而来是婚姻的工具化不断增强，

---

① 瞿同祖：《中国法律与中国社会》，中华书局2003年版，第108页。
② 桂华：《解析中国农民自杀》，《天涯》2013年第5期。
③ 桂华：《解析中国农民自杀》，《天涯》2013年第5期。

导致婚姻的稳定性逐步降低，离婚风险日益增加。

我（黄某）和她（聂某）是2009年在朋友介绍下结婚的，她是重庆人，结婚前我父母和长辈都反对的（我们村的外来媳妇都是好吃懒做，但人都长得很漂亮），我顶住压力跟她结婚了。结婚后，她不仅好吃懒做，每天只顾自己的吃喝玩乐，我们在婚姻家庭观念上差异也很大，她生完孩子之后就很少管孩子，基本上都是我和我妈妈带孩子。为了这事，我们经常吵架，我跟她交涉过很多次，她理直气壮地说："跟你结婚就是为了吃喝玩乐，就是为了过好日子，要不然我老家那边当初有很多人是排着队追我娶我，你不能给我幸福生活，那我活着还有什么意义？我已经给你们家生孩子了，你还要怎么样？"日子过不下去，2015年我们就离婚了（HTF，男，34岁，浙江省湖州市D乡，NO：ZJ-HZ-D20170046）。

我（熊某）们村最近20多年娶了30多个外省媳妇，离掉了10多个（离婚），她们都是从四川、湖南、湖北、河南、广西等地农村来我们这里打工的，跟我们这里的男青年好上了，就结婚了。她们来我们村厂里上班，习惯在这里生活了，有些女娃子是想方设法要嫁在我们这里的，但强扭的瓜不甜，她们中的大多数好吃懒做，家庭观念和生活习惯差异大，结婚后过不了几年就离婚（约占40%）了（XGP，男，56岁，广东省东莞市G镇

E村干部，NO：GD-DG-D20170047）。

从上面的2个案例中可以看出，婚姻目的工具化了，是为了让自己过上好日子才结婚的，既不是为了安身立命，也不再是传统社会中的双系抚育和传宗接代、延续香火和继承家庭财产。对于中西部农村女性青年来说，她们往往会选择嫁到经济条件好的地区或嫁给家庭条件好的男性青年。同时，对于农村男性青年来说，在我们考察的跨省婚姻中，他们往往会将青年女性的外貌作为婚姻缔结的前提条件，人长得漂亮成为首选，其次才是贤惠、善良等方面的品格。于是，各取所需的婚姻缔结模式逐步形成，夫妻在婚姻家庭中性格不合、生活习惯不同以及感情不和等情况就会暴露出来，从而加剧离婚风险。显然，在全国婚姻市场上，沿海发达地区位于婚姻市场的顶端，在我国现代化进程中，农村物质生活水平的市场化程度逐步提高，人们的物质欲望与日俱增，婚姻目的开始异化。一方面，农村女性青年对沿海地区、城镇生活十分向往，在沿海发达地区或城镇的吸引下，她们通过婚姻途径离开了农村。另一方面，农村男性青年，尤其是中西部农村贫困地区缺乏婚姻资源禀赋的男性青年，打光棍的风险增大，外出打工解决婚姻大事成为一部分男性青年的目标。从农村离婚调查的情况来看，在中西部贫困农村地区，男性青年外出打工时往往会不择手段地与女性青年同居并导致其怀孕，从而返乡举行婚姻仪式（有些青年达不到结婚年龄无法办理结婚证）结成事实夫妻。当女性青年结婚进入家庭生活之后，可能嫌弃男性家庭贫困而抛弃丈夫和孩子，据近年来媒体报道的为在拆迁过程获取更大的利益而集体离婚的现象等，其中的当事人都是将婚姻作为获取利益的工具的。

婚姻目的的嬗变背后是当事人将婚姻工具化，尤其是十余年来不少年轻人将婚姻当成追求幸福生活的一种手段，在婚姻维系过程中遭遇不顺时，离婚便成为摆脱不幸福婚姻的一种途径。

从婚姻当事人之一的妇女考察看，在传统社会中，她们是通过婚姻关系进入夫家，并依靠丈夫立足于村落社会，生育养育子女，从而获得人生意义的。妇女进入夫家之后，在家庭权力结构网络中处于从属地位，这是因为在传统的农村社会，家庭经济是以土地为生产资料进行生产的，土地资料的分配或继承是以"父—子"为主轴纵向更替，家庭生产资料和经济基础掌握在父代（公公婆婆）或丈夫手中，作为嫁入的妻子在家庭中的地位较低，只有当"媳妇熬成婆"后才能掌管家庭权力。[①]妇女在家庭中处于从属地位就决定了她们依附于丈夫，相夫教子便成为农村妇女的评价标准，也成为她们在夫家村落社会实现人生意义的途径。随着打工潮兴起，人口流动加快，农村家庭中夫妻离散化加剧，在现代性因素的冲击下农村妇女的生产生活方式发生了巨大改变。在夫妻城乡分工或同时进城打工的背景下，家庭经济收入来源实现了多元化，大多数家庭不再单一地依靠土地资料来维系家庭生计，妇女的家庭地位普遍提升，尤其是在性别资源失衡背景下我

① 陈讯：《候权与赠权：妇女在家庭中的地位是如何实现的——基于鄂中T镇婆媳关系演变历程的分析》，《妇女研究论丛》2012年第3期。

国农村妇女家庭地位崛起成为一种不可逆之势。[①]受打工潮的影响，农村妇女逐步摆脱了在夫家的依附关系，在婚姻关系中的主导地位逐步确立，婚姻成为一些农村青年妇女实现“城市梦”的一种途径。[②]婚后，若夫家经济条件差，妻子提出离婚要求并导致婚姻解体的可能性大大增强。婚姻目的开始发生嬗变。

从婚姻当事人之一的男性考察看，许烺光认为：“在亲属关系的结构中，是以父子为核心构建起来固定的、稳定的结构模式，父子关系处于主导地位，而夫妻及其他关系处于从属地位，生活在‘祖荫下’的人们需要做的不是重构这种关系，而且不断填充家庭中合格的新成员。”[③]这表明，在婚姻关系中“从夫居”是我国传统婚俗文化，是乡村社会中以“父一子”为主轴不断填充新成员的一种表现形式。在传统社会中，男性作为宗族、家族或家庭结构关系中纵向主轴的核心，是延续香火和继承家产的合法人，担负着家族或宗族繁衍与自然更替的任务。因此，“不孝有三，无后为大”的传宗接代观念，就是要上对得起祖宗、下对得起子孙，祖祖辈辈而来，子子孙孙而去，[④]是生活在村庄中的每一个男性给自己生命意义的答案。这不仅是处理个体与灵魂关系

① 陈琳等：《打工潮背景下农村“80后”返乡妇女家庭地位崛起研究——基于黔东北D村的田野调查》，《中国青年研究》2016年第12期。

② 陈讯：《婚姻要价、代际支持与农村青年城镇化——基于晋西北W村的调查》，《中国青年研究》2018年第2期。

③ 许烺光：《祖荫下——中国乡村的亲属、人格与社会流动》，王芃、徐隆德译，南天书局1997年版，第223—253页。

④ 贺雪峰：《农民价值观的类型及相互关系——对当前中国农村严重伦理危机的讨论》，《开放时代》2008年第3期。

的条件，还是个体在农村社会中安身立命的基础。换言之，在传统社会中，婚姻是实现传宗接代、延续香火和完成生命意义的重要途径。传宗接代赋予了婚姻重要的内涵和使命，具有重要的社会意义，它唯一的合法实现途径就是男女缔结为夫妻，从而生育儿子。

在国家体制全面渗透的情况下，尤其是国家推行计划生育政策以来，农村社会的婚姻观念、婚姻目的、婚姻行为受到了较大的冲击。比如，在农村离婚问卷调查的样本中，因生育问题离婚的频数为184，其中，想生儿子离婚的夫妻为56对，占总频数比为30.43%。这表明随着国家计划生育政策在农村的全面实施及实践，少子化逐步成为农村家庭的普遍情况，尤其“生男生女都一样”的观念深入人心，致使农民传宗接代的观念开始向理性化方面转向，人们安身立命的价值开始动摇，婚姻观念开始嬗变。同时，受市场化渗透的影响，农村日常生活的货币化程度提高，社会性价值[①]增强，传统的婚姻观念、婚俗文化受到了全面冲击，婚姻中的生育功能逐步弱化。因此，人们在择偶中更加注重物质条件的选择，在婚姻维系中更加注重个体生活体验和感受，使婚姻中传宗接代的义务脱嵌，婚姻的目的逐步嬗变，婚姻的工具化不断增强。

---

① 社会性价值：指人与人交往层面，在“在乎他人评价”的层面，以及在“不服气”的层面产生的关于人的行为的意义。社会性价值主要是个人对他人评价的感受，是从人与人的交往与关系中产生的。参见贺雪峰：《乡村社会关键词》，山东人民出版社2010年版，第116—118页。

二、婚姻逻辑转变

在传统社会中，受我国传统伦理文化的影响，每个人都是生在“祖荫下”，长在“祖荫下”，并通过不断延续祖荫的努力而赋予短暂的肉体生命以永恒的意义。[①]由于我国的伦理体系强调个人利益必须服从从家到天下的大大小小的集体利益，那种独立、自立、自主的个人在传统中国社会也几乎不可能存在。[②]也就是说，传统社会中，是以个人、家庭和社会的伦理关系为出发点，涵盖了整个人际关系交往，即始于亲属血缘的伦理关系，以三纲五常为基本原则，以情感为基础的关系本位，对维系婚姻稳定具有重要意义。[③]而在家庭关系更替中，需要由婚姻这一载体来实现。[④]在传统社会中，农村婚姻具有三个重要属性。一是婚姻具有社会属性。婚姻是夫家与娘家结为亲缘的载体，要受到相应的社会规范和婚姻伦理束缚，是社会性的婚姻。[⑤]二是婚姻具有公共属性。非个体化体验的婚姻，是每个人不断延续祖荫的努力而赋予生命的永恒意义，婚姻要服从家族和家庭利益。三是婚姻不仅具有满足生理需求的意义，还具有生育义务，要完成家族香火的延续。因此，在传统社会中，农村的婚姻逻辑是传宗接代、延续香火、

① 许烺光：《祖荫下——中国乡村的亲属、人格与社会流动》，王芃、徐隆德译，南天书局1997年版，第223—253页。
② 阎云翔：《私人生活变革：一个中国村庄里的爱情、家庭与亲密关系1949—1999》，龚小夏译，上海书店出版社2009年版，第1页。
③ 梁漱溟：《中国文化要义》，上海人民出版社2005年版，第71—83页。
④ 桂华：《礼与生命价值——家庭生活中的道德、宗教与法律》，商务印书馆2014年版，第208—212页。
⑤ 潘允康：《论婚姻的社会性》，《社会学评论》2013年第2期。

继承家庭，不仅具有社会性和公共性，还是熟人社会中构建亲缘关系的重要载体。

在传统社会中，主要受父母之命、媒妁之言进行婚姻缔结。这样的婚姻缔结存在有利之处：一是在农村熟人社会中，通婚范围小，父辈之间互相了解，对子女的婚姻大事较为慎重，其通婚考察范围突破了婚姻当事人，扩大到家族及宗族，是知根知底地将子女结为夫妻，即包办婚姻。二是当婚姻当事人在婚姻中产生矛盾时，双方父母及长辈会进行调解或干涉，客观上有利于保持婚姻稳定。当然，包办婚姻也带来弊端，比如婚姻当事人彼此之间没有建立感情，为婚后的夫妻关系维系埋下潜在风险。事实上，传统社会中，在择偶上的门当户对隐含着物质因素关系，但门当户对只是在择偶环节，且不仅是物质因素，还要与家族、宗族力量以及婚姻当事人之间相匹配。俗话说“嫁鸡随鸡、嫁狗随狗”，就是指婚姻缔结完成进入维系阶段之后，夫妻就要同甘共苦和不离不弃，尤其是妇女要恪守从一而终的风俗。换言之，传统社会中的婚姻虽然隐含着夫家与娘家物质因素相对匹配的元素，但它并没有进入婚姻维系环节，在婚姻关系中夫妻之间要恪守传统婚姻责任伦理，共同维护婚姻稳定。一旦夫妻一方违背了约定俗成的传统婚俗，那么舆论的压力就会起到制约作用，客观上对婚姻的稳定性起到积极的促进作用。

受打工潮冲击和现代性因素渗透的影响，维系婚姻稳定的纽带逐步蜕变，婚姻的传统伦理日渐式微，导致婚姻逻辑发生了转变，婚姻的工具化不断增强。

从婚姻维系的角度来看，有四大要素影响着婚姻的稳定：物质要素、感情要素、家庭要素、国家与社会要素。在传统社会中，婚姻从缔结到维系是以双系抚育为基础，以实现婚姻当事人的人生价值和圆满人生意义以及夫家和娘家建立姻缘为目的的。婚姻维系以伦理为本位，注重的是延续传统伦理文化，这样一来，就更加注重家庭因素和国家与社会要素。在家庭要素中，以夫妻为核心、以家庭为场域、以血亲和姻亲为拓展的差序格局在农村熟人社会中形成。俗话说“夫妻吵架、家丑不可外扬”，意思是夫妻产生矛盾在家族或宗族内部往往采取不声张的方式进行处理，大事化小、小事化了。例如家族中的主事者或族长、长辈等会介入调解，这种化解矛盾的内生性机制源于家庭在每个人生命中的重要性，每个人生在“祖荫下”、长在“祖荫下”，完成人生任务和实现人生意义需要以婚姻为基础，以家庭为场域，在婚姻稳定中保持家庭和睦，在家庭和谐中维系婚姻稳定。

在家庭之外，国家与社会要素对维系婚姻也具有重要作用，因为家庭是社会的细胞，社会发展与变迁必然会影响家庭和婚姻。国家与社会要素在婚姻维系中的作用主要表现在：一是国家相关政策与法律法规是婚姻维系的保障，也是婚姻合法存在的基础。在封建社会中，一夫多妻制被认为是合法的婚姻形式，但在离婚上就有相应的规定，例如“七出三不去”。中华人民共和国成立以来，禁止重婚、纳妾，禁止童养媳，禁止干涉寡妇婚姻自由，实现婚姻自由、一夫一妻、男女平等，从制度和法律上为婚姻提供了保障。在农村社会中，基层政府和村级组织对婚姻的调解是化解夫妻矛盾的主要途径之一，客观上维护了婚姻稳定。二是社会要素。在熟人社会中，社会舆论或村庄舆论具有约束力，并由此生成了村庄内生性重要秩序。例如，村规民约和村庄舆论在熟人社会中对婚姻维系具有积极作用，这种作用背后是婚姻与村庄内生秩序融为一体，婚姻的逻辑是在村庄场域中以家庭为核心，以亲缘为基础在村庄熟人社会中基于亲朋好友和邻里为圈层关系进行拓展，以维持和发展壮大家族或宗族为目标，以婚姻当事人在村庄社会交往与评价中获得婚姻意义和人生意义为目的，从而实现婚姻价值。在转型背景下，农村婚姻的社会基础不断变化，在国家大力推进行政体制改革的背景下，嵌入农村社会的基层行政权力逐步退出了对离婚的调解，加之农村社会中的舆论式微程度加深，加速了农村婚姻逻辑的转向。受市场经济理性化冲击和现代性因素全面渗透的影响，婚姻逻辑从双系抚育、传宗接代、延续香火和继承家产逐步向工具化转变，尤其是随着自由婚姻的崛起，婚姻当事人的自主性增强、个体情感和物质消费欲望增加，农村社会中出现了无公德的个体，[①] 强化了婚姻的工具化。

> 最近几年，我（索某）们村里的年轻人结婚后就只顾自己玩、自己过开心日子，结婚几年都不打算生孩子，还要父母催他们才生；也没有什么性别偏好，生不生儿子也无所谓，对家族香火这事完全没有概念了，真让人操心，跟我们这一代人完全不一样，结婚后完

① 阎云翔：《私人生活变革：一个中国村庄里的爱情、家庭与亲密关系 1949—1999》，龚小夏译，上海书店出版社 2009 年版，第 243—249 页。

全没有家族观念，离婚也很随意，说离就离了（SHZ，男，60岁，贵州省都匀市S乡L村人，NO：GZ-DY-D20160048）。

现在年轻人结婚心里小九九（心计）多得很，女娃子（青年女性）要求可多嘞，要么就是男的（夫家）能去城里买房，要么就是男的家里条件好，嫁过去能过好日子。男娃子选女娃子，主要是看漂不漂亮，跟我（王某）们那个年代不同了，我们当初结婚主要选择对方能不能干活、贤不贤惠，以及为了家族多开一门亲，现在这些年轻人思想变了。我们村有几个媳妇是从甘肃、陕西娶过来的，有的又嫁到太原、山东那边去，这么子（这样）结婚有什么意义，嫁来的几个年轻媳妇不仅只顾过自己的小日子，还没有生儿子传宗接代的意思，两边的亲戚相隔远也不来往，这种婚姻有什么意思，不顾及我们老人（长辈）的感受（WBF，男，64岁，山西省五寨县X乡Y村人，NO：SX-WZ-D20170049）。

从传统社会向现代社会变迁的进程中，农村婚姻逻辑发生了转变，人们将婚姻当作追求幸福生活的工具，这给农村婚姻稳定性带来了影响，为离婚埋下了潜在的风险。从上面2个个案访谈可以看出两个不同年龄段的人对待婚姻的态度和逻辑。在索某看来，现在年轻一代夫妻结婚之后只顾自己吃喝玩乐，只顾自己娱乐消遣和过日子，对传宗接代、生育抚育孩子不重视，不考虑家族的繁荣和香火延续，在对待婚姻上没有家族观念，尤其是在对待离婚问题上不严肃，“说离就离”很随意，婚姻的目的和意义与他们那一代的差距巨大，让他们操心。在王某看来，现在年轻人择偶主要是看重物质财富，追求自己过日子，对传统社会中的通过婚姻使两个家族联姻的目的削弱。择偶标准从以前的贤惠、能干活变成人长得漂亮、能够进城买房或有物质基础结婚后能过上好日子。总之，年轻人的婚姻逻辑从家庭转向个体化，更加注重追求个体的幸福生活。

婚姻逻辑的转变背后是维系婚姻稳定的纽带发生了嬗变。在传统社会中，婚姻缔结之后，维系婚姻稳定的纽带主要是家庭要素和国家与社会要素，夫妻感情要素和物质要素次之。然而，在市场经济理性行为和现代性因素的全面渗透下，随着农村婚姻逻辑的转变，维系婚姻稳定的重心也发生了转移，感情要素和物质要素在婚姻维系中逐步增强，家庭要素日渐削弱，尤其是在打工潮背景下农村家庭离散化加剧，加之取消农业税费后国家嵌入农村社会的行政权力退潮，使国家与社会要素在婚姻维系中式微。从农村离婚调查的情况来看，很多夫妻离婚是由物质要素或家庭经济条件间接引起的。例如夫妻一方有家暴行为通常是由经济原因间接引起的，夫妻一方不懂得浪漫是为了节省家庭开支，妯娌矛盾往往是家产分配（家庭经济之一）不均导致的。在这些离婚原因中，家庭经济支出、家庭事务决策、赡养老人以及子女教育等问题往往与物质要素相关，或者说与家庭经济条件有间接关系。家庭经济条件差通常会使夫妻矛盾和家庭矛盾不断叠加，从而导致夫妻离婚。在转型背景下，农村经济社会快速发展，农村竞争加剧、农民分化加速以及农村日常生活货币化程度不断提高，经济条件往往决定了家庭再生产和社会交往。俗话说“贫贱夫妻百事哀”，就是指经济条件差会给婚姻家庭带来较大的影响。由此可见，随着农村婚姻逻辑的转变，维系婚姻稳定的情感要素和物质要素的影响力日益增强。因此，一旦夫妻感情出现裂痕时，如果没有物质条件作为保障，离婚的风险就会上升。

农村婚姻逻辑的转变还折射出人们婚姻观念和婚姻价值的变迁。在传统社会，婚姻中的传宗接代和延续香火是每个人关注有限生命与无限意义层面的价值，即本体性价值[①]。从传统社会向现代社会过渡的进程中，农村遭遇现代性因素洗礼，婚姻价值开始变迁，传统的婚姻观和人生观发生了转变，传宗接代观念逐步被现代物质文化消费欲望和追求精神文化娱乐消遣所瓦解，个体生育抚育的责任伦理被削弱。于是，男女双方结婚后“生孩子需要父母催”“生不生儿子也无所谓”，导致生下孩子交给父母留在农村抚养，夫妻进城打工成为农村最为普遍的情况。婚姻沦为个体追求幸福生活的工具，原本维系婚姻稳定的生育抚育孩子的责任伦理被消解，家庭要素在维系婚姻稳定中的作用被削弱，婚姻日益“祛魅”，并从公共性向个体化转变。物质要素和感情要素成为维系婚姻稳定的关键纽带，在婚姻维系过程中一旦没有物质做保障、没有感情做支撑，婚姻破裂的风险就会不断增加。

---

① 本体性价值：是指人们关注有限生命与无限意义层面的价值，即关于人的生存的根本性意义的价值，是使人安身立命的价值。有了对本体性价值的追求，人们的生活才有了纲，纲举目张，生活其他方面的价值才会有目标。参见贺雪峰：《乡村社会关键词》，山东人民出版社 2010 年版，第 116—118 页。

第二节 祛魅化：当婚姻遭遇理性化主导的世界

当前，现代性浪潮兴起与席卷全球，学界普遍认为，“现代”的诞生是与“传统”决裂而形成的。韦伯在他的《学术与政治》中指出：“我们的这个时代，是一个‘理性化’和‘理知化’，尤其是将世界之谜魅加以祛除（Entzauberung）的时代，便是那些终极的、最高贵的价值，已经从公共生活领域中销声匿迹，它们或者进入神秘生活的一个超越世界，或者流于个人之间直接关系之上的一种博爱。”[①] 换句话说，传统是一个魅惑的时代，人们无法根据理性化的自然法则构建公共行为规则；而现代是一个祛魅的时代，在祛魅的过程中，神圣因素进入了私人生活领域被消解，理性化主宰了公共事务，于是，祛魅之后的现代世界，完全是一个被理性化所主导的世界。[②] 改革开放以来，受工业化、城镇化和农业现代化的影响，在农村社会中因理想中的婚姻蓝图与现实中的婚姻实践之间的出入所带来的纠结，意味着与家庭相关的价值观念正在发生潜移默化却难以逃遁的变迁，而这种变迁是伴随着现代化过程中不可逆转的一个趋势，即婚姻的“祛魅化”。[③] 随着婚姻的“祛魅化”日益凸显，农村的婚姻观念、婚姻行为及婚姻逻辑正在快速变迁，婚姻去伦理化和价值异化逐步显现出来，使

① ［德］韦伯：《学术与政治：韦伯作品集 I》，钱永祥等译，广西师范大学出版社 2004 年版，第 190 页。

② 任剑涛：《祛魅、复魅与社会秩序的重建》，《江苏社会科学》2012 年第 2 期。

③ 吴小英：《婚姻的“祛魅”与家庭观的位移》，《探索与争鸣》2013 年第 5 期。

农村离婚风险进一步加剧。

一、婚姻去伦理化

在人类历史漫长的发展进程中，婚姻经历了乱婚（无婚制）、血缘婚、普那路亚婚、对偶婚、一夫多妻制婚姻和一夫一妻制等婚姻，也逐步形成了相应的伦理文化。黑格尔指出，家庭的基础是婚姻，婚姻不仅是两性的关系，也不只是市民契约的关系，而是一种“精神的统一”，其实质是一种伦理的关系。[①] 在我国传统伦理文化中，婚姻伦理就是要求婚姻当事人在婚约、婚姻缔结、婚姻维系、离婚及再婚等五个方面遵守相应的行为规范，在婚姻实践中表现为“父母之命、媒妁之言”“不孝有三，无后为大”“夫为妻纲”“男主女从”“从一而终”“相敬如宾”等。这些是调节婚姻当事人的人伦关系规范和处理婚姻关系的原则。婚姻伦理是社会伦理的重要组成部分，是人类社会发展到一定阶段的产物，它承载着规范婚姻行为、稳定婚姻秩序、引导婚姻习俗、纯化婚姻心理等功能。[②] 在传统社会中，农村婚姻有强大的伦理体系维系着婚姻的稳定性。一是婚姻以家族（宗族）本位为基础。婚姻是以传宗接代为中心，即上以事宗庙，下以继后世也，婚姻始终离不开祖先与子孙的关系，是以家族关系为重的。二是婚姻以父

① ［德］黑格尔：《法哲学原理》，范扬、张企泰译，商务印书馆 2013 年版，第 177 页。

② 王歌雅：《中国婚姻伦理嬗变研究》，黑龙江大学博士学位论文 2006 年。

系夫权本位为主线，在婚姻关系中表现为“从夫居”的特征。俗话有“女大当嫁”“嫁出去的女儿就像泼出去的水”等，表明父系夫权在婚姻中的重要性。三是婚姻以男主女从本位为实践形式，在婚姻维系中表现为“夫为妻纲”“既嫁从夫，夫亡从子”等婚姻伦理。显然，在传统社会中，婚姻不仅具有内生性的自我调节功能和夫妻矛盾化解机制，还被赋予了伦理规范和神圣性，它与个人的人生意义、家族香火延续以及村庄秩序与文化习俗传承等都有着较为紧密的联系，客观上对婚姻的稳定性具有积极作用。

从离婚的纵向维度上看，在封建社会，离婚伦理嵌入到离婚制度中，主要表现形式有：“出妻（七出）、义绝、和离以及呈诉离婚。”① 可见，在封建社会中，受宗法礼制和传统伦理文化的影响，“从夫居”形态下“夫为妻纲”和妇女“保守贞洁、从一而终”是贯穿婚姻伦理的一条主线，离婚自由度低。中华人民共和国成立后，1950 年颁布的《婚姻法》规定了男女平等、保护妇女和子女合法权益，并要求夫妻互爱互敬、互相帮助、和睦团结、共同抚育子女等，并在离婚上规定了离婚自由。改革开放以来，新《婚姻法》及相关的婚姻司法解释相继颁布与实施，进一步从法律上完善了对婚姻的管理，婚姻自由得到了全面保障。从农村离婚调查的情况来看，中华人民共和国成立以来，虽然农村经历了集体化改造，尤其是行政权力的全面渗透使大多数婚姻陋习得以清

① 杨大文主编：《婚姻法学》，北京大学出版社 1991 年版，第 157 页。

除，但其对婚姻伦理的影响是有限的，尤其是“父母之命、媒妁之言”“男主女从”“从夫居”等。分田到户以来，农村生产力和生产关系得到了空前的解放，农村婚姻变迁随着人口流动而加剧，尤其是市场经济体制建立以来，其对农村社会的影响是全方位的。一是家庭离散化加剧，夫妻城乡分离现象越来越普遍，农村家庭从相对封闭式向开放式、流动性转变，形成了“半流动家庭”，普遍出现了“半工半耕”的家庭模式。二是农村婚姻伦理嬗变加速，婚外情、婚外性行为、抛夫弃子、闪婚闪离等现象不断发生，人们对婚姻的承诺和责任减少，婚姻家庭观念越来越淡薄，婚姻的庄重性和神圣性正在被消解，婚姻正在“祛魅化”。于是，婚姻当事人从“从一而终”向“从爱而终”或“崇物而终”转变，在婚姻实践中从“执子之手，与子偕老”向“好合好散”转变，婚姻去伦理化慢慢形成。

婚姻去伦理化的背后是市场经济已全面渗透到农村社会，在打工潮的冲击下家庭代际分工和夫妻城乡分工形成，传统的农村生产生活方式受到了全方位冲击，农村社会正经历着前所未有的变革。改革开放的深入推进为农村家庭提供了均等的发展机会，大量农村劳动力参与城镇劳动力市场获得非农就业机会，农村家庭经济发展策略趋于理性化。例如，丈夫进城打工、妻子留守在家，或年轻人进城务工、老人留守在家务农或带孩子，使家庭资源整合与利用实现最大化，从而使家庭离散化形成。也就是说，无论谁留守在家或是进城打工，他们都要承担起养家糊口的伦理责任。因劳动技能和家庭资源禀赋的差异，农村家庭经济的均质化发展被打破，农村经济分层和社会分化逐步形成。于是，村庄内部围绕盖房、娶媳妇、人情及社会性交往等的面子性竞争加剧，家庭生产生活的货币化程度提高，从而使人们的生活理性化增强，婚姻伦理遭到了全方面冲击。一方面，在全国婚姻市场形成和性别资源失衡的背景下，农村普遍出现了“男难娶、女好嫁”的现象，使择偶日益物质化，彩礼不断拉高，婚姻仪式越来越简化，婚姻中的“适应主义”日渐形成，农村婚姻市场出现了要价现象，加剧了婚姻去伦理化。[①]比如，在河南、山西、浙江等地农村，彩礼越来越高，甚至出现了被不少当地人戏称是“卖女儿”的现象。另一方面，婚姻的信任感和规范性日益丧失，逐步远离了传统的婚姻目的并失去了婚姻的神圣性，人们不再坚守从一而终的婚姻承诺，好合好散成为摆脱婚姻中不幸的道德借口，在市场化和多元价值冲击下婚姻正在“祛魅化”。

> 我（郭某）们这里近十年来一般家庭娶不起儿媳妇，彩礼太高了，女方家就像卖女儿一样，一般都要十多万才下得来，是家里有房子（楼房）的才是这个价钱，没有房子人家根本看不上你，你开口（提亲）的机会都没有，养儿子真是要哭一场。现在年轻人对待婚姻不严肃，像提亲、办酒、走亲等这些是应该很庄严的，他们根本不当回事，只要家底好（夫家有物质基础）能过好日子就行。现在娶个儿媳妇不容易，花那么多钱

① 桂华、余练：《婚姻市场要价：理解农村婚姻交换现象的一个框架》，《青年研究》2010 年第 3 期。

娶来的儿媳妇还不好伺候，不做家务不带孩子的，也不坐家的，都只顾自己快活去了，不会顾及我们老人的感受，更重要的是一旦小两口发生矛盾说离就离了，拉都拉不住，真是把婚姻当儿戏的（GFG，男，59岁，河南省林州市C乡S村人，NO：HN-LZ-D20160050）。

我（赵某）们这里最近十余年以来，大多数妇女都进城租房子陪孩子读书了，周末和节假日才回家，在家也不干农活了，干农活和赚钱都是男人做的事。现在农村的社会风气不好，很多年轻妇女不仅在家里是好吃懒做，而且一出门就背着丈夫偷人（越轨行为），即使被丈夫发现了，也还不能大吼大闹（大多数是不声张处理），要不然妻子要跟他离婚，离婚了女人好找对象，男人就难办了。婚姻越来越不像婚姻了，妻子不像妻子，丈夫不像男人，社会越来越乱套了（ZGC，男，57岁，山西省五寨县X乡W村人，NO：SX-WZ-D20170051）。

在转型背景下，农村婚姻伦理日渐式微，从一而终的婚姻不再是人们的最终目标，婚姻只是成为人们选择幸福生活的众多手段之一。从郭某的访谈中可见，婚姻被物质化之后，原本很庄重、严肃的婚姻仪式越来越被简化，婚姻当事人更加注重现实世界的物质生活和幸福体验。在传统的婚姻家庭责任与义务问题上，两代人产生了较大差异。一方面，年轻一代妇女不做家务、只顾自己快乐生活，也不好伺候，没有婚姻责任心和家庭责任感，对待婚姻是说离就离，把婚姻当儿戏。另一方面，父代对待婚姻的态度和责任与子代不同，他们更加看重婚姻仪式和婚姻规范。在他们看来，婚姻是严肃的，也是神圣的，是从一而终的，不是儿戏。从赵某的访谈中可以看出，现在农村的社会风气不好，农村妇女不仅好吃懒做，还悍然违背婚姻伦理，即使婚内越轨，作为婚姻当事人的丈夫，知道了也不能大吼大闹，只能不声张地低调处理，要不然妻子会威胁离婚。由此可见，农村妇女在婚姻和家庭中地位的不断提高，导致在家庭中丈夫不像男人，传统的“男主女从”现象正在不断被改变，去伦理化、去规范性的婚姻正在农村逐步形成。根据 1836 份农村离婚的问卷调查与统计，在 1135 个夫妻感情不和的离婚样本中，因夫妻一方越轨离婚的频数为 671 次，占总频数比为 32.97%，这说明在农村离婚夫妻中，传统的道德规范和婚姻伦理正在丧失，当新的婚姻规范和伦理尚未建立起来时，这种现象可能会进一步加剧。此外，近年来，在中西部农村贫困地区驻村调查时发现，农村青年夫妻“抛夫弃子”或“抛妻弃子”的行为愈演愈烈，他们在法律上未解除婚姻关系，但从实质上看婚姻已名存实亡。这类现象的发生会加快农村婚姻伦理的沦陷，进一步加剧农村离婚风险。

从农村离婚的调查情况来看，在转型背景下，农村婚姻的去伦理化主要表现为：一是婚姻观念从传统型向情感型转变；二是择偶权从传统的“父母之命、媒妁之言”转变为自主选择，择偶标准从模范型向物质型转变；三是婚姻维系从勤俭持家型向消费体验型转变；四是性观念从保守隐秘向自由开放转变等。这些都与转型期农村经济社会结构变动、农民分化以及人口城乡流动有紧密的关系。然而，在家庭离散化加剧和村庄舆论式微的背景下，婚姻从家族的公共性联姻、传宗接代和延续香火向个体性的生活体验和情感归属转变，在现代化和市场因素渗透下，农村婚姻家庭的舆论与道德评价机制日渐丧失，传统的择偶观、婚姻观和婚姻行为渐行渐远，以金钱作为物质条件和婚姻保障的择偶竞争和婚姻维系日益呈现出来。显然，在人口城乡高频度流动的背景下，农村婚姻遭受的外部冲击是巨大的，尤其是在城镇化吸引下，农村社会关系和社会交往的变化与调整以及人们的日常生产、生活、居住方式的改变对婚姻带来巨大的影响，当农村传统的伦理、道德及舆论失去对婚姻的制约之后，婚姻的不稳定性风险就会不断上升。

二、婚姻价值异化

乡土社会是人们生于斯、长于斯、死于斯的熟人社会。在熟人社会中，每个人都是生在“祖荫下”、长在“祖荫下”，并在“祖荫下”完成人生任务和实现人生意义的。在我国的亲属制度中，每个人的人伦关系是基于本宗同姓中亲亲、尊尊的原则，再叠加上各种其他的亲亲、尊尊结构，而将这些不同的亲亲、尊尊结构联结起来的是各种婚姻关系。[①] 在传统社会中，与其说婚姻是男女两性的生理结合，还不如说是他们的社会结合。一方面

① 吴飞：《五服图与古代中国的亲属制度》，《中国社会科学》2014 年第 12 期。

因为家庭中的财产、地位、荣誉以及其他家庭生产资料都是通过“父—子”传承，而婚姻关系在这过程中发挥承上启下的作用；另一方面娘家与夫家的社会关系是通过缔结婚姻联系在一起，从而构建亲缘关系网络。[①]婚姻具有社会属性，它在我国亲属关系和社会关系中具有重要作用，从功能上看婚姻是两个家族或宗族建立亲缘关系的核心和纽带。因此，在农村熟人社会中，婚姻不仅满足个人的生理需求，将情感需求和价值需求结于一体，还承载起亲属制度构建、人伦关系维系和熟人社会生成的使命。这是因为在中国文化中，婚姻是每个人和每个家庭的大事，它和中国人以家族为核心的价值观紧密联系在一起，结婚就是为了延续家族，对祖先和后代负责，[②]即“上继祖先，下嗣子孙”。由此可见，婚姻不仅是个人之事，还关涉家族、宗族、亲朋好友以及人伦和亲属制度，是男女两性建立家庭和繁衍后代的核心载体。

家庭是社会的细胞，婚姻是建立家庭的基础，婚姻家庭的和谐与幸福关涉个人生命价值和社会发展稳定。就个人的生命价值来说，“过日子”是中国人对生活过程的概括，它包括出生、成长、成家、立业、生子、教子、养老、送终、年老、寿终等环节，即一个人走完一辈子的过程。[③]婚姻是个人“过日子”历程中的重要环节，婚姻价值支配着每个人的婚姻观念和婚姻行为。婚姻价值观既包括婚姻当事人对婚姻的基本看法和观念，比如择偶观、婚

① 陈敏华：《婚姻价值：功利与情感的碰撞》，《社会》1997 年第 1 期。
② 吴飞：《当代中国婚姻的价值缺位》，《文化纵横》2011 年第 1 期。
③ 吴飞：《论“过日子”》，《社会学研究》2007 年第 6 期。

恋观、性爱观、离婚观、再婚观、生活观以及由此派生出来的家庭观等，也包括婚姻当事人对婚姻意义的行为取向，即个体在婚姻的根本目的和意义层面上的价值取向。在婚姻中，婚姻观体现在一个人选择跟什么样的人结婚、如何维护婚姻稳定、生育抚育子女以及赡养老人等的态度和行为上，它贯穿婚姻过程的始终。

在传统社会中，婚姻是集个体的生物属性和社会属性于一体的，受传统伦理文化的影响，从某种意义上说，婚姻中的生物属性受社会属性抑制，这就是人们常常可以在公共场合对婚姻行为规范和传宗接代进行闲聊，而对夫妻性方面话题避而不谈的重要原因。但是，传宗接代是婚姻当事人结婚后首先要面对的问题，即“不孝有三，无后为大”。因此，在婚姻价值取向上，传宗接代、延续香火和继承家产具有重要意义，是家族或宗族内的公共性事务，婚姻价值是以传宗接代为基础的。为了完成具有伦理性的婚姻大事，生活在“祖荫下”的每一个人通常是通过家族或宗族动用所有社会关系网络力量和调动资源来实现这一目标的。例如，家族或宗族的族长、长辈、年长者（尤其是妇女）等一般承担着为本族中每个男性青年寻找婚姻配偶的女性资源，或为本族女性青年选择好婆家的责任。也就是说，婚姻受到家族或宗族社会网络的大力支持，同时也要服从于家族或宗族利益，受到家族或宗族的束缚，因此夫妻关系依附于血缘性父子关系。由此可见，在传统社会中，婚姻价值取向是基于双系抚育、传宗接代、延续香火和继承家产的，是每个人在“祖荫下”以父母为中心的生育制度形式，因而它赋予了婚姻庄严感和神圣性。

从传统社会迈向现代社会的进程中，尤其是市场经济体制建立以来，受人口城乡流动的影响，在市场化和全球化席卷下，婚姻中的个体意识增长，情感主义和物质性体验成为年轻人婚姻的目标。一方面是在现代传媒、自媒体的便捷传播下，家庭多元化和婚姻去伦理化成为年轻一代的个性追求，比如单亲、丁克、同性恋、不婚等与传统婚姻模式相悖的家庭形式不断出现。另一方面是受农村婚姻市场失衡以及日常生活货币化程度不断提高的影响，婚姻中的理性化、功利化日益明显，彩礼不断攀升，婚姻实用主义全面渗透到农村社会，婚姻的"祛魅化"形成，导致了婚姻价值异化。受婚姻价值异化的影响，在择偶上，婚姻当事人从传统的家族化向个体主义转变，从传统的伦理性向物质消费主义转变，物质要素进入了婚姻维系领域，以物质作为支撑的夫妻感情在婚姻维系中体现得淋漓尽致，且家庭、国家与社会要素日益被消解，婚姻逐步变成个体追求幸福生活的一种途径。

> 我（索某）们村里的陆小花（别名，下同）父亲去世早，她与母亲和哥哥相依为命长大，家里一直不富裕，但人很懂事，长得很漂亮，初中没毕业就去市里发廊打工了。2006 年她跟邻县一个小伙子侯某谈恋爱并同居，因侯某收入不高，她不满意。在没有吵架的情况下，陆小花认识了跑运输的马某并跟侯某分手，原因是马某收入高，可以带她到处旅游、玩乐，让她很满足。但是，马某比陆小花大 11 岁，且是有妇之夫，马某的妻子得知他们的关系之后，多次找陆小花吵架和

打架，直到马某夫妻离婚。马某离婚后跟陆小花生活在一起。2009 年 6 月，马某出了车祸，腿被摔断，陆小花不愿再跟他在一起，不仅很快跟他断绝了关系，还躲起来不见他。马某到处都找不到陆小花，就来我们寨子上找人，并诉苦说陆小花骗了他 13 万元钱，在陆小花家赖着不走，要我们几个村干部调解。我们叫她妈妈通知陆小花，她从市里赶来之后跟马某大吵一架，说："马某，你现在是一个断腿的瘸子，赚不来钱，我还跟着你干吗，你以后能让我幸福吗？你把我当傻子了吗？"他们这一吵架，全寨子上的人就都知道了，大家对陆小花的事议论纷纷，老一辈都认为她不厚道，年轻人都说她说得有道理，怎么会这样嘛！她的事还没有完，她跟马某扯了一段时间后，又跟城里的一家超市老板曹某结婚了，曹某是离婚并带着 2 个孩子的，比她大 16 岁，但曹某比较有钱，所以他们就结婚了。真想不明白现在的年轻人，为了钱把婚姻当儿戏了（SHS，男，49 岁，贵州省都匀市 S 乡 X 村村干部，NO：GZ-DY-D20120052）。

从陆小花的择偶经历中，我们可以看出她的婚姻价值取向。在和侯某谈恋爱时，因不满意侯某收入，在认识马某后，她果断地跟侯某分手，因为马某比侯某有钱，且马某是跑运输的，不仅可以带她到处游玩，还可以满足她的物质消费需求，她不怕别人骂她是"小三"，也不在乎村庄中的人对她的议论，关键是马某能给她所要的幸福，满足她到处游玩的虚荣心。但是，当马某发生交通事故之后，不能再跑运输了，没有了收入来源，即使两人到了谈婚论嫁的阶段，她也毅然决定分手，彻底撇清关系。跟马某结束关系之后，陆小花跟曹某结了婚，理由是曹某有钱，可以给她物质上的满足，可以让她过上好日子。由此可见陆小花在择偶过程中的婚姻观念和婚姻价值取向，她不在乎对方的年龄，也不在乎对方是否离过婚，或对方是否已有子女，关键是对方要有物质基础，因为有钱、有物质基础就意味着未来可以过上好日子，就可以过上幸福无忧的生活。她把人生的未来是否幸福与婚姻选择关联在一起，婚姻成为她追求幸福的手段。在这一过程中，她不在乎与对方的年龄差距，也不在乎对方曾经的婚姻经历，只要有钱就行，这就是她的婚姻价值取向。

显然，索某的访谈还折射出他与陆小花在婚姻观念和婚姻价值取向上的差异，这种差异是两代人的差异。在索某看来，他想不明白，现在的年轻人为什么把婚姻当儿戏，为了钱就可以谈恋爱并结婚，对婚姻太随意，一点儿也不庄严，在择偶上与他们年长一代形成了巨大的反差。例如，马某出了交通事故之后，陆小花决绝地离开了他，村庄里年老的人说她不厚道，但年轻人则持支持态度，这说明两代人对待婚姻关系的态度存在巨大的差异，农村年轻一代的婚姻价值观念和价值取向正在快速变迁。从问卷调查的统计数据来看，因家庭贫困选择离婚的频数为 186 次，占总频数比为 6.09%；因夫妻一方伤残或疾病选择离婚的频数为 43 次，占总频数比为 1.41%；因夫妻一方犯罪选择离婚的频数为

36 次，占总频数比为 1.18%。这说明转型背景下农村婚姻价值已逐步异化，“嫁鸡随鸡、嫁狗随狗”和“有福同享、有难同当”的婚姻观念正在被消解，而“夫妻本是同林鸟，大难临头各自飞”的婚姻行为正在加剧。物质要素伴随现代化消费、个体的生活享受和人生体验进入婚姻维系过程之中，没有物质条件作为幸福生活的保障会导致离婚，夫妻一方伤残（或疾病）无收入来源也会导致离婚，因夫妻一方犯罪而没有家庭经济来源也会导致离婚，等等。显然，这些离婚现象的背后隐含着他们对未来美好生活的向往，通过离婚方式结束不幸福的婚姻就意味着未来会有更好的生活。比如，离婚之后去嫁给有钱人或娶个有钱人，关键是要有钱，年龄差距不是问题，是否正派不是问题，曾经是否有过婚史，偷盗、骗抢行为也不再是问题，关键是通过婚姻能否过上美好生活。

在转型背景下，农村年轻劳动力纷纷转移到城镇进行非农就业，受城市现代文化渲染，他们的婚姻观念和婚姻行为不断受到冲击，农村传统的择偶标准诸如勤劳、忠厚、勤俭、朴素等，逐步被城市现代化浪漫氛围和琳琅满目的物质消费瓦解。伴随而来的是婚姻维系中的物质保障、面子观、消费满足、幸福感等，它们成为重要条件，婚姻逐步成为一部分人追求生活体验的手段，婚姻价值不断异化。从问卷调查的数据统计来看，认为“很正常、现在离婚的人多”的 919 人，认为“感觉丢人、对不起父母和亲人”的 435 人，认为“无所谓、只要自己好好过日子就行”的 417 人，持其他看法的 65 人，分别占样本总数的 50.06%、23.69%、

22.71%、3.54%。对离婚持“无所谓、只要自己好好过日子就行”的占比接近总样本的四分之一，认为离婚“感觉丢人、对不起父母和亲人”的占比接近总样本的四分之一，认为离婚“很正常、现在离婚的人多”的占总样本一半，这表明在转型背景下农村婚姻的价值异化正在不断加剧，婚姻不稳定性因素也在增加。同时，在人口城乡双向流动背景下，农村的舆论制约功能式微，尤其是随着自由婚恋的崛起，束缚婚姻的外在力量全面消退，在婚姻不断被物化的背景下，婚姻的目的和意义发生嬗变，从而使婚姻的庄严感和神圣性消解，婚姻“祛魅化”日益凸显，离婚风险不断加剧。

第三节　个体化：当自主婚姻成为社会风尚

改革开放以来，随着现代性的扩张和人口流动的加快，社会的原子化倾向十分明显，社会成员的个体行动自由度得以增强，以及在高速便捷的交通、通信和网络等冲击下个体主义全面盛行。[①]当前，我国正处在体制转型、经济转轨、社会变迁的快速期，客观上影响了婚姻家庭和个体的日常生活领域。贝克等人认为，现代社会的整合机制面临崩解，一方面表现在阶级社会、劳动就业社会（就业市场萎缩）的终极，另一方面是传统的婚姻家庭体制面临解体，宗教信仰和教会（组织）进一步衰落，国家、

① 沈关宝：《婚姻家庭制度性变迁下的焦虑》，《探索与争鸣》2013年第5期。

民族及政权体制不断式微，个体化形成。[①]有学者认为的传统婚姻模式的变化，比如择偶中的“父母之命、媒妁之言”到自由恋爱，以及离婚率上升，这些都和贝克阐述的个体化解放维度、“祛魅”维度以及再整合维度紧密相关，尤其是社会结构的变迁对人们行为方式的影响。[②]在转型背景下，随着农村年轻劳动力纷纷进城务工、城市生活体验及现代消费文化的兴起，农村的婚姻观念、婚姻行为及婚姻价值发生了变迁，从传统婚姻中注重传宗接代向自主婚姻中注重个体情感满足转变，婚姻的公共性逐步消解和婚姻的个体化日益形成，婚姻的不稳定性风险增大。

一、婚姻公共性消解

古德认为：“婚姻是一桩公共事务，对局外人和亲属都至关重要，它牵涉许多亲属关系，而不是只涉及丈夫和妻子，并且有许多复杂的规则来指导择偶和婚配，如婚礼是为男女双方举行的一种仪式，象征着两人已进入成年（婚姻），有了新的权利和义务，这表明社会赞成这一结合，以及婚姻双方的每个家庭因缔结婚姻而联系在一起，从而使远亲也联系在一起。”[③]费孝通在《乡土中

① Beck, Ulrich and Elisabeth Beck-Gernsheim, *Individualization: Institutionalized Individualism and its Social and Political Consequences*, London and Thousand Oaks, CA: Sage Publications.2001, pp.97-137.

② 张爱华：《贝克的个体化理论以及对研究中国社会的启示》，《理论界》2011年第10期。

③ ［美］威廉·J. 古德：《家庭》，魏章玲译，社会科学文献出版社1986年版，第72—73页。

国　生育制度》中明确指出：“结婚不是件私事，婚姻的意义是确立双系抚育。抚养既须双系，而双系抚育却并没有自然的保障，因此人们得有自己的想法，用社会的力量保证生出来的孩子不但有母而且有父，于是有了婚姻。婚姻对象的选择非但受着社会的干涉，而且从缔结婚约起一直到婚后夫妇关系的维持，多多少少，在当事人之外，总有别人来干预。这样就把男女个人间的婚姻关系弄成了一桩有关公众的事件了。”[①] 由此可见，在传统社会中，婚姻具有公共性，表现在婚姻不是私事，而是以家庭或家族乃至宗族为单位建立的姻亲关系。它需要根据不同地域内的习俗举行婚姻仪式进行婚约缔结，一旦当事人举行了婚姻仪式正式结为夫妻，那么就应该承担相应的婚姻责任和义务，不仅需要经营好婚姻，还需要维系好两个家族或宗族的姻亲关系。

在传统社会中，维系婚姻的内生性规范是传统伦理文化。一方面，伦理文化为婚姻当事人赋予了婚姻内涵。婚姻是家本位和伦理本位融于一体的，是婚姻当事人在熟人社会中和“祖荫下”获得人生意义和实现人生价值的基础。《中庸》指出：“君子之道，造端乎夫妇，及其至也，察乎天地。”[②]《礼记·内则》指出：“礼，始于谨夫妇。”[③] 在熟人社会中，个体以婚姻为起点、以家庭为单位、以熟人社会为场域，在社会交往中夫妻关系是从人生本位开始，首要条件是夫妻之间的谨慎与和睦，在此基础上才能更好地

① 费孝通：《乡土中国　生育制度》，北京大学出版社 1998 年版，第 129 页。
② 《大学·中庸》，王文锦译注，中华书局 2008 年版，第 19 页。
③ 《礼记》，李慧玲等注译，中州古籍出版社 2010 年版，第 86 页。

参与社会交往，即能“察乎天地”。另一方面，传统的婚姻习俗赋予了婚姻外延，即婚姻具有公共性。婚姻的公共性是以宗法礼制、人伦秩序与地方习俗为准则进行维系的，它需要通过相应的婚姻仪式来规范或强化婚姻的外延。因为婚姻仪式是婚姻观念和婚姻行为的外在表现形式，是婚姻内涵和婚育文化的集中体现，它不仅具有象征性和规范性，还带有浓厚的庄严感和神秘性，是增进夫妻认同、亲属认同、社会认同以及构建社会秩序的重要环节。

婚姻的公共性对婚姻稳定性具有促进作用，也是婚姻合法性的基础，主要体现在择偶、婚姻仪式和婚姻维系等环节。在婚姻关系中，婚姻不只是男女两性的结合，还是一种社会行为，因此婚姻缔结完成就需要婚姻当事人承担起相应的义务和责任。《礼记·昏义》中对择偶和婚姻仪式有相应的阐释：“是以昏礼纳采、问名、纳吉、纳征、请期，皆主人筵几于庙，而拜迎于门外，入，揖让而升，听命于庙，所以敬慎重正昏礼也。”[①] 男女两性缔结婚约和夫家与娘家的联姻过程有一整套较为庄重和严肃的仪式，从择偶到婚姻仪式，每个环节都有象征意义并赋予了婚姻内涵，而在整个过程中，需要夫家和娘家的亲朋好友尤其是家族成员参加。这不仅强化了婚姻当事人结为夫妻的合法性，还为夫家和娘家的亲属搭建了一个互相了解、认识与交流的平台，展现了婚姻的公共性。然而，在转型背景下，受打工潮的影响，经历了市场化理性行为逻辑的渗透和城市物质消费观念的洗礼，农村青年择偶的

① 《礼记·昏义》。

独立性增强、婚姻仪式越来越简化以及维系婚姻的纽带去伦理化，给农村婚姻稳定带来了较大的社会风险。

我（杨某）们这一代，以前要结个婚不容易，通常男娃在十五六岁时，甚至更早一点，就要到处物色适合的女娃，一般都是婶、姑、嫂等帮忙，有适合的目标之后，家族内的长辈们还要议一议，商量是否适合，或两个家族是否可以开亲（联姻），以及是否有把握。如果男方去女方家提亲被拒，那么会让男方没面子，一切都考虑好了之后，再找媒人上女方家提亲更为妥当。男方提亲之后，女方家族内的长辈也要专门商量这事，然后再回复男方；如果同意的话，还要进入下一个环节，即定亲。定亲之后一般都会留个时间，让两个年轻人（当事人）互相走访和了解，但没有结婚之前是不能做那个事的（发生性关系）。等双方都成熟了再谈结婚之事，这中间要经历很多道手续（程序）的。不像现在这些年轻娃，出去打工谈恋爱，三言两语就哄着同居了，有些年轻娃是谈恋爱同居怀孕后父母才知道，那都生米煮成熟饭了，不同意也得同意，不结婚也得结婚嘛！现在的自由恋爱风气不正，结个婚简单，离婚也很随意，和我们以前完全不一样（YFC，男，67 岁，贵州省毕节市七星关 Y 乡人，NO：GZ-BJ-D20160053）。

我（彭某）们以前村里结婚办酒很隆重的，一般要办 3 天才结束。那个时候，年轻人结婚是大事，男方家的亲朋好友、女方家的亲朋好友不管远近，都要全程参加，当事人也提前上门请，婚礼过程中很庄重和严肃，尤其是女方家送亲到男方家来时，要找专门的人接陪，以表示对女方的尊重，宴席办理也是有村里的人帮忙做，做饭的和煮菜的全是村里人和亲友，一场婚宴要耽误几天。现在年轻人结婚，已没有什么概念了，与我们那个年代完全不同了，定好日子之后，要么到镇上找个饭店摆上几十桌，要么就是请一条龙公司（承包婚宴酒席）来办理，也不会上门请人，一般都是打个电话或发短信、发微信，婚礼也非常简单，夫妻互相鞠几个躬、喝杯交杯酒就完了，年轻人办酒就是把大家约来吃个饭和收份礼就完事了（PDQ，男，62岁，湖北省荆门市T镇人，NO：HB-JM-D20170054）。

在转型背景下，受人口城乡双向流动的影响，农村青年的择偶观和择偶行为发生了巨大变化，从传统的“父母之命、媒妁之言”变成自由婚恋，婚姻仪式从庄重、严肃、家族参与向便捷、单调、实用转变，婚姻的公共性正在逐步消解，婚姻仪式赋予婚姻的意义日渐式微。在婚姻实践中，“结个婚简单、离婚也随意”，婚礼就是“吃个饭、收份礼”那么实用，婚姻逐步向个体化转变。在择偶上，打工潮形成之前，农村通婚圈被束缚在一定的地域之内，婚姻嫁娶处于一个相对封闭的状态，通常是在熟人社会内部完成年轻人的婚配。但是，打工潮形成以来，农村传统的通婚圈被打破，尤其是全国婚姻市场形成之后，农村年轻人的婚配发生了很大的变化。一方面，父代对子代的婚姻包办失控，自由婚恋崛起；另一方面，择偶中的公共性式微，从家族或宗族式择偶向个体化择偶转变，即婚姻缔结从家族式向个体化转向，婚姻的公共性逐步瓦解。根据1836份农村离婚的问卷调查与统计，在农村离婚夫妻中，很早就认识的占样本总量18.79%，通过亲朋好友介绍认识的占样本总量39.05%，在打工期间认识的占样本总量26.36%，通过相亲认识的占样本总量8.12%，通过网络认识的占样本总量6.70%，通过其他途径认识的仅占样本总量0.98%。由此可见，打工潮对农村择偶带来了巨大冲击，其中打工、相亲和通过网络认识的超过三分之一。同时，在农村离婚夫妻的婚姻缔结形式中，既办结婚证又办结婚酒的频数为1375次，占样本总量74.89%；只办结婚证，没有办结婚酒的频数为238次，占样本总量12.96%；办结婚酒、但当时没办结婚证、孩子上户口或上学才补办结婚证的频数为223次，占样本总量12.15%，后两项相加超过四分之一，也就是说在农村离婚夫妻之中，婚姻缔结时没有举行婚姻仪式的有四分之一。事实上，近年来农村很多外出打工青年从谈恋爱到结婚，父母和亲属的参与度越来越低，甚至有些年轻人在打工期间就同居怀孕，之后匆忙回家办理结婚证并完成生育。当生完孩子之后，他们便将孩子交给父母，夫妻两人继续进城打工，一旦在城市打工生活遭遇不顺，要么吵架收场，要么返乡办理离婚手续，或者妇女就“抛夫弃子”。这些现象在贵州省毕节市、都匀市，广西壮族自治区崇左县，山西省五寨县，江西省赣州市南康区等地农村较为常见。

当前农村空心化越来越严重，尤其是中西部贫困农村地区，虽然在国家实施乡村振兴战略背景下有一部分人回乡就业或创业，但从总体上看空心化趋势明显。而且，在市场化冲击下，农村生活成本提高、农民分化程度加剧，在性别资源失衡背景下，农村婚姻“祛魅化”和“去伦理”日益凸显，导致了婚姻公共性的消解。

从婚姻制度上考察看，国家体制改革力度的不断加大对农村婚姻稳定带来了较大的影响，尤其是对离婚的影响较大。一是基层政府退出了婚姻矛盾调解，婚姻变成了个体私人事件，只要不触犯法律法规，基层政府基本上处于放任状态。二是办理离婚的手续简化。国家通过简政放权简化了离婚手续办理，以此来体现婚姻自由。比如，《婚姻法司法解释三》就没有达到保护弱者一方的目的，甚至从某种意义上说可能起到了助推农村离婚发生的效果。[①] 这表明在国家制度的推动和潜在的引导下，婚姻的外延逐步缩小，并逐步向个体化转变。显然，婚姻的公共性有助于婚姻稳定。在传统社会中，婚姻的公共性表现为家族或宗族式的参与，夫妻不仅是维系婚姻家庭稳定的核心，还是维系亲缘的基础。一旦夫妻在婚姻关系中产生矛盾，夫家和娘家的亲属都会介入到婚姻调解中来，离婚是家族的公共性大事，长辈、亲朋好友的调解客观上降低了离婚风险。然而，当婚姻的公共性日渐消解之后，婚姻逐步变成了个体化事件，正如杨某所说：“现在的自由恋爱风

① 陈友华：《减少婚姻焦虑，须从完善公共政策做起》，《探索与争鸣》2013年第5期。

气不正，结个婚简单，离婚也很随意。”

二、婚姻个体化形成

阎云翔在对东北下岬村考察后指出，国家权力是推动农村私人生活变革的重要因素。他提出了两个核心命题：一是在家庭内部，个体作为独立主体的出现及其发展，如自由婚恋的兴起、家庭核心化形成；二是国家权力渗透在私人生活变革及个体化形成中起到了重要作用。在国家转型中，农村孝道衰落，家庭私人化加剧，个体的自主性和情感、欲望增强，导致了个体化的形成。[①] 在西方关于个体化研究的理论脉络中，贝克等人将个体化划分为三个维度：解放维度、“祛魅”维度和整合维度。整合维度指个体化的核心是去传统化语境下的制度化的个体主义（Institutionalized Individualism）。[②] 去传统化的“传统”是指诸如约束阶级、家庭和性别角色的传统规范、纽带与社会形式，表现在日常生活中是个体通过传统仪式和符号来开展活动的方式减少。[③] 从纵向的维度看，传统的乡土社会是一种相对静止和相对封闭的社会。打工潮形成以来，农村人口的向外流动，一方面打破

---

① 阎云翔：《私人生活变革：一个中国村庄里的爱情、家庭与亲密关系 1949—1999》，龚小夏译，上海书店出版社 2009 年版，第 73—124、237—264 页。

② Beck，Ulrich and Elisabeth Beck-Gernsheim.Individualization：*Institutionalized Individualism and its Social and Political Consequences*，London and Thousand Oaks，CA：Sage Publications.2001.

③ 徐依婷：《个体化视角下的农村离婚现象与婚姻价值观的变迁——以四川省 S 市为例》，华中师范大学硕士学位论文 2016 年。

了传统的通婚圈，另一方面接触到现代化的城市生活方式，尤其是年轻农民工，习惯了灯红酒绿的城市生活方式和现代生活观念。随着打工年轻人的年龄增加，其生活习惯、婚姻观念慢慢地发生了改变，在人生价值取向上本体性价值逐步削弱，社会性价值逐步增强，即人生中有限生命的无限意义层面慢慢减弱，社会性消费、物质生活体验、面子获得等方面的需求增强，传统的责任伦理嬗变，传宗接代观念削弱，在婚姻价值变迁背景下婚姻的个体化日益形成。

改革开放以来，尤其是市场经济体制建立以来，席卷全国的打工潮深刻地改变了农村社会的运行机制，导致人口流动加速、家庭离散加剧、村庄舆论式微加深等，传统的婚姻观念、可预期的婚姻匹配、较为固定的婚姻仪式发生了变迁。婚姻规范传承或婚姻秩序再造越来越难以在农村熟人社会中实现，现代性因素渗透到农村社会，不仅逐步瓦解了村庄舆论，并且为婚姻价值和家庭观念带来了巨大冲击。婚姻作为个人人生历程和家庭自然更替中的重要环节，它关系到个人的幸福、家庭的和睦稳定及社会的良性运行。然而，随着现代性持续向农村渗透，农村年轻人大规模向城市转移就业，城市现代化体验、物质消费和文化娱乐消遣等个体生活体验崛起，导致了农民婚姻价值的变迁，婚姻去伦理化和婚姻的公共性逐步瓦解。在婚姻实践中从注重家族和宗族传宗接代、延续香火向个体化情感满足和生活体验转变，从从一而终向好合好散转变，传统的婚姻价值和婚姻伦理式微，婚姻的功能逐渐演变为满足个体需求的一种手段。于是，社会中的个体只强调自己私利，无视对他人应尽的义务，成为“无公德”的个人。[1]

推动婚姻向个体化转变的外在动因是市场化冲击和打工潮的形成。在市场化冲击下，农村家庭的从业结构发生了改变，大多数年轻人转移到城镇从事第二、第三产业，尤其是女性参与非农就业，改变了传统的依托夫家土地为生产资料进行家庭生产生活的格局，使她们在家庭中的权力与地位不断崛起。同时，农村性别资源失衡（尤其是中西部地区），导致婚姻的主导权转移，即婚姻主导权从传统的丈夫主导转向妻子手中，这不仅推动了家庭结构关系中纵向“父—子”主轴向横向“夫—妻”主轴转变，导致了婚姻目的中的传宗接代和延续香火逐步消解，甚至由此还引发出血亲关系弱化、姻亲关系日益增强的现象。从农村调查来看，当前，年轻夫妻离婚大多是由妻子提出的，这种现象与婚姻价值变迁、女性婚姻主导权确立和农村性别资源失衡紧密相关。[2] 在婚姻的内在动因上，与婚姻价值多元化、伦理责任缺失和夫妻义务意识下降紧密相关。比如农村婚外情、婚外性行为、“抛夫弃子”和“闪婚闪离”等现象增多，“守身如玉”“嫁鸡随鸡、嫁狗随狗”“从一而终”等传统的婚姻观念嬗变，都使离婚风险增大。

从社会基础上考察看，打工潮的冲击使农村“半流动家庭”形成，在家庭内部普遍形成了代际分工和夫妻城乡分工，老人在

---

① 阎云翔：《私人生活变革：一个中国村庄里的爱情、家庭与亲密关系 1949—1999》，龚小夏译，上海书店出版社 2009 年版，第 261 页。

② 李永萍、杜鹏：《婚变：农村妇女婚姻主导权与家庭转型——关中J村离婚调查》，《中国青年研究》2016 年第 5 期。

家从事传统农业及带孩子，年轻人外出打工，或者妻子留守在家、丈夫进城打工。这样一来，一个家庭可以有两份收入，不仅可以满足家庭日常开支，而且可以形成家庭经济结余，但是这样的分工加剧了家庭离散化，形成了夫妻分离或亲代与子代分离，对夫妻情感互动、生理需求及精神慰藉造成影响。比如，婚外性行为常常发生在夫妻两地分居的家庭中，如进城打工的丈夫嫖娼、留守在家的妻子越轨等。显然，家庭离散化是导致夫妻情感淡化和生活独立的原因，人们对婚姻的依存度下降，婚姻的凝聚力降低，且现代文化观念影响下夫妻之间的自我约束力降低，婚姻去道德化形成，维系婚姻稳定的内在因素式微。同时，受人口流动、现代性因素和市场化冲击的影响，家族或宗族内部的凝聚力降低，尤其是在国家计划生育政策实施的背景下，农村重男轻女的思想有了较大的改变，婚姻中传宗接代和延续香火的观念被削弱，在高等教育受众面扩大的背景下，农村传统的继承家产的观念弱化，导致了婚姻目的和婚姻功能的嬗变。

最近十来年，我（黄某）们村里大多数年轻人都去南宁或广东那边打工了，要么是夫妻一起去的，要么是男子出去女子在家带孩子的，只有少数年轻人留在村里。现在年轻人结婚都是结自己的婚，好像都不需要家族参与，有些年轻人去民政局领个证就把孩子生了，不会办酒的，很不像话；结了婚以后也只顾自己的小家庭，家族里的红白事是能不参加就不参加，一点家族责任心也没有。现在时代变了，年轻人都过自己的日子去了。他们（指年轻人）不理家族，家族也不理他们，以前家族里有夫妻闹矛盾大家要去劝说，问题严重的要批评教育，现在年轻人好像都跟家族没有关系了，在外打工的年轻人，夫妻闹矛盾一般都不会让家族人知道的，等过年回家才晓得离婚了，2014 年我们家族就发生了 2 起这样的事（HYY，女，57 岁，广西壮族自治区龙州县 G 镇人，NO：GX-LZ-D20160055）。

我（蔡某）们这里以前有重男轻女的观念，家族观念也很浓。最近十多年来，年轻人的家族观念完全淡化了，没有传宗接代观念，只顾自己吃喝玩乐，一旦结婚就要求分家单独过日子，管不了他们了。以前种家里的地还可以说说，现在的年轻人也不种地，都到城里打工了。我堂侄儿是中专毕业后到广州打工的，在厂里认识了一个湖南籍女孩子，就自由恋爱并结婚了，2006 年 6 月生了 1 个女儿，女儿出生之后他们就不打算再生孩子了，堂侄儿媳妇说："生孩子没什么意义，人生苦短，要过好自己的日子。"这是什么话？只顾过自己的日子，那还结什么婚？当初她不愿意再生孩子（生儿子），搞得婆媳（公媳）矛盾蛮大的。我堂侄儿当初也同意，没有反对她，为了这事我们长辈都给他们俩做过很多次思想工作，一打电话基本就谈这事，总算把堂侄儿思想工作做通了，他要求再生，但堂侄儿媳妇不愿意再生，他们俩在这个问题上开始产生矛盾，堂侄儿媳妇骂我堂侄儿没有主见，并要求他做选择，要么选择跟她过日子，要么选择离婚，后来他们就离婚了（CP，男，54岁，江西省赣州市南康区H乡人，NO：JX-NK-D20120056）。

在从传统向现代化转型的进程中，农村婚姻嬗变进程加快。推动婚姻嬗变的因素很多，但个体权利崛起是重要原因。一是农村年轻人中的大多数都接受了现代教育并经历了城市现代文化的洗礼，尤其是女性普遍受教育程度的提高和非农就业，推动了个体权利崛起。二是在家庭离散化背景下，个体从家庭生活场域中分离出来，在计划生育政策和婚姻“祛魅化”双重作用下传宗接代的伦理责任脱嵌，个体的人生预期和生活目标从纵向维度向横向维度转变，即从追求有限生命的无限意义转向现实生活层面。比如，蔡某的堂侄儿媳妇所说的“生孩子没什么意义，人生苦短，要过好自己的日子”。婚姻当事人不再奉行传宗接代、延续香火和继承家产的婚姻目的，而追求的是活在当下，即时享受的生活逻辑，这也直接推动了婚姻逻辑的转变和个体化的形成。根据1836份农村离婚的问卷调查与统计，在农村离婚夫妻中，他们对婚姻的看法是：认为婚姻很重要、关系到家庭和人生幸福的频数为890次，占样本总量48.47%；认为婚姻只是人生一部分、幸福生活才是最重要的频数为717次，占样本总量39.05%；认为婚姻不重要、人生插曲而已的频数为99次，占总样本的5.39%；对婚姻持无所谓态度、认为有没有都可以的频数为130次，占7.09%。由此可见，在农村离婚群体中，认为婚姻很重要并关系到家庭和人生幸福的不足一半，认为婚姻只是人生一部分或婚姻不重要以及持无所谓态度的占总样本一半以上。这说明传统的婚姻目的和婚姻功能日渐嬗变，婚姻中传宗接代的社会义务日益弱化，婚姻逐步成为个体追求生活体验和人生幸福的手段，当婚姻在维系过程中失去物质和情感的支撑时离婚风险就会增大。

在农村社会中，个体权利的崛起是导致婚姻公共性消解与婚姻个体化形成的重要原因，其背后的机制是在转型背景下农村婚姻从家庭本位向个体本位转变。这是因为在传统社会中，婚姻不仅是男女两性的结合，还是家族或宗族联姻的重要纽带，婚姻关系与家族和宗族的公共利益紧密联系在一起。正如黄某说的那样“他们不理家族，家族也不理他们”，以及像蔡某所说的“年轻人的家族观念完全淡化了，没有传宗接代观念，只顾自己吃喝玩乐”。这说明在婚姻逻辑转变的过程中，婚姻中的个体本位要求婚姻与家族脱嵌，婚姻当事人在经营和维系婚姻的过程中不再是以生育制度为中心的形式，他们追求的是个人生活享受和人生体验。在家庭中传统的“男主内、女主外”逐步转变为男女平等，甚至在农村出现“男赚钱、女当家”的普遍现象。在农村婚姻关系中，婚姻当事人不再信仰“从一而终”，而是实践着“好合好散”的婚姻逻辑，在人生追求和婚姻家庭关系中为“自己而活”已成为一种新型的社会义务。[①]因此，在转型背景下，婚姻的公共性消解与个体化形成，导致了农村婚姻的不稳定性风险日益加剧，离婚便

① 徐依婷：《个体化视角下的农村离婚现象与婚姻价值观的变迁——以四川省S市为例》，华中师范大学硕士学位论文2016年。

成为农村社会中的一种普遍现象。

综上所述，在转型背景下，农村婚姻的“工具化”不断增强，婚姻的目的和意义发生了嬗变，受市场化和现代性因素渗透的影响，维系婚姻稳定的纽带发生了改变，传统的婚姻伦理日益丧失，婚姻成为人们追求物质消费和情感体验的手段。然而，受人口流动、家庭离散和村庄舆论式微的影响，原本维系农村婚姻稳定的内生性秩序式微，加上在婚姻制度变迁背景下婚姻的神秘感和神圣性日益消解，婚姻的“祛魅化”日益凸显和婚姻的“个体化”日渐形成，导致了婚姻的价值观变迁不断加快，在新的婚姻价值体系尚未建立起来之时，农村离婚问题在未来一段时间内便仍有可能持续涌现。

第五章　类“灰犀牛”：乡村社会不可承受之重

离婚是社会发展进程中存在的一种普遍社会现象。按照我国《婚姻法》的规定，男女双方自愿离婚的，准予离婚。双方必须到婚姻登记机关申请离婚。婚姻登记机关查明双方确实是自愿并对子女和财产问题已有适当处理时，发给离婚证。杨善华认为，法律认定的离婚事实上只是夫妻履行办理的一个手续，但离婚所包含的意义远不止法律上的婚姻关系解除。首先，它除了社会（权威）对这一婚姻关系的保护，认定了这一婚姻已经死亡，男女双方也不再因这一关系而具有夫妻的相应身份，这一关系带来的相应的权利和义务也随即终止。其次，离婚还意味着已经妥善处理了因共同生活而产生的问题，如子女及其他亲属的抚养、财产的分割乃至因一方没有经济收入而带来的抚养问题。法律也因此承认了双方都具有重新与他人缔结婚姻、组织家庭的权利。[①] 离婚，相对于结婚来说，多了一些悲情，少了几分欢喜，因离婚而夫妻反目，至死不相往来，甚至因情生怨，也较为常见。[②]然而，进入

① 杨善华编著：《家庭社会学》，高等教育出版社 2006 年版，第 56 页。
② 石雷：《英国现代离婚制度研究》，群众出版社 2015 年版，第 1 页。

社会转型期，面对波涛汹涌的离婚潮，离婚家庭和社会潜在风险正在不断叠加，引发的负面连锁反应愈演愈烈，不仅成为令人不安的社会现象，还对全面实施乡村振兴造成不可避免的潜在风险，极有可能成为巨变时代乡村社会不可承受之重。

第一节 连锁反应：受伤害的不仅仅是两个人

离婚是社会发展进程中存在的一种普遍现象，当男女两性结婚后的现实情况与婚前的期望产生矛盾且不可调和时，离婚就成为必然的选择，是一种迫不得已的手段。①从婚姻双方来讲，离婚的确可以作为个人权利进行自由决定，以此作为婚姻质量的保证，即离婚是结束低质量婚姻的途径。若将婚姻视作“儿戏”，甚至“闪婚闪离”和“抛夫弃子”，这样的婚姻不仅会对关涉人员（父母、子女）造成永久伤害，还会对家庭的抚育功能、赡养功能、教育功能和婚姻秩序以及社会和谐造成相应的影响。因为婚姻不仅是个人完成人生任务和实现人生意义的重要途径，而且是组建家庭的基础。家庭是社会的细胞，婚姻不稳定必然会对社会稳定带来相应的影响。

① 艾尼瓦尔·聂吉木：《新疆维吾尔族人口离婚问题研究》，中央民族大学出版社2009年版，第2页。

一、个体伤害

“嫁鸡随鸡、嫁狗随狗”和“从一而终”是在传统婚姻伦理和婚姻习俗中衍生出来的婚姻行为规范。但是，在打工潮席卷下，传统的婚姻行为规范式微，伴随而来的是“好合好散”的婚姻行为逻辑。在这一过程中，结婚是皆大欢喜之事。与结婚不同的是，离婚多了一些悲情，少了几分欢喜。虽然对少数婚姻当事人来说，离婚是摆脱低质量婚姻的手段，但从总体上看，离婚对大多数人都会带来相应的负面影响，甚至使一部分婚姻当事人的心灵和精神受到永久性伤害。有学者认为，离婚经历会给当事者造成难以愈合的精神创伤，离婚当事人的自杀率、精神病发病率都比未离婚当事人高。[①]显然，离婚使婚姻当事人的社会关系支持网络处在“瓦解—断裂—削弱—重组”的循环过程。对离婚当事人来说，离婚使其失去原有正常的社会支持网络，而在物质、情感和家务方面获得的支持都极为有限，他们在离婚过程中和离婚后处于寂寞、无助、绝望状况，甚至引发犯罪或者自杀。[②]离婚意味着夫妻关系解除和家庭关系破裂，会对个人造成相应的伤害。从问卷调查来看，农村离婚造成的个体伤害非常大，具体统计详情参见下表：

---

① 李迎生：《现代社会中的离婚问题：成因与影响》，《人口研究》1997 年第 1 期。

② 陈雯：《离婚：一项社会学视角的思考》，《内蒙古社会科学（汉文版）》2009 年第 4 期。

表 5–1　农村离婚造成的个体伤害情况

离婚伤害对象	频数（次）	占总频数比（%）
自己	286	13.88
对方	106	5.15
孩子	1157	56.17
父母	220	10.68
无所谓	291	14.12
总计	2060	100

从表 5–1 中可以看出，在农村离婚群体中，认为离婚伤害的是自己的频数为 286 次，占总频数比 13.88%；认为离婚伤害的是对方的频数为 106 次，占总频数比 5.15%；认为离婚伤害的是孩子的频数为 1157 次，占总频数比 56.17%；认为离婚伤害的是父母的频数为 220 次，占总频数比 10.68%；认为离婚没有什么伤害的频数为 291 次，占总频数比 14.12%。需要指出的是，在认为伤害的是对方的被调查群体中，大多数是因自己的过错而离婚，比如有外遇、家暴或赌博等。认为离婚不会带来影响且无所谓的人占总频数比为 14.12%，比重不低。从农村调查来看，对离婚持无所谓态度的被调查群体中，主要是“闪婚闪离”、婚后无子女、一方有家庭暴力和其他原因的离婚当事人，要么对婚姻持无所谓态度，要么在婚姻中处于强势地位，比如家庭暴力中的施暴者。但是，总的来说，持这类观点的人离婚之后在心理上不会受到伤害，也有少数人会感到对不起对方，甚至会自责。同时，认为离婚伤害的是自己的人，心灵上会受到很大的伤害，甚至是永久性伤害。

我（李某）和他（宋某）是2007年在浙江萧山打工时经朋友介绍认识的，2008年结婚后生了1个女儿，之前了解不多，认识后不久就同居怀孕了，怀孕后匆忙回家办结婚证，但没有办酒。他非常喜欢喝酒，只要一喝酒，准会找我们（母女）发脾气，不仅经常打骂我（我被他打了很多次），还经常对女儿大吼大骂，有时候女儿睡在梦里都发抖，感觉她被吓坏了。在女儿1岁多的时候，有一次我们夫妻吵架，他抱起女儿狠狠地往地上一扔，摔得女儿哇哇大叫，差点没有命了，他爸爸、妈妈、伯伯、堂叔叔、姑姑说（批评）了他很多次，他都改不掉，跟他在一起太没有安全感了。婚都结了，已有孩子了，谁都希望好好过日子，但没有办法，跟他过日子随时都会没命似的，后来我们就离婚了，也终于解脱了。现在，我带着女儿回娘家这边来住，有适合的再找一个（LX，女，33岁，贵州省大方县H镇人，NO：GZ-DF-D20160057）。

从李某的离婚经历中可以看出，她是在遭遇婚姻不幸之后才选择离婚的，她离婚是为了摆脱家暴，也是为了摆脱低质量的婚姻。显然，李某对婚姻是抱有预期的，她希望丈夫不再家暴，善待她和女儿，但丈夫的屡次打骂和对女儿的粗暴是她无法忍受的。婚姻本该给予她和女儿温暖，但在实践中婚姻却给了她身心上的摧残，选择离婚是一种解脱。按照她的话说：“婚都结了，已有孩子了，谁都希望好好过日子。”为了自己的人生能幸福，也为了孩子能平安、健康成长，能好好过日子肯定是好事，但是丈夫的屡次家暴让她难以忍受，即使长辈和亲人介入调解并批评教育，宋某仍没有改变施暴和行为，她才选择解除婚姻关系。对于宋某来说，因嗜酒如命，酒后对妻子屡次家暴，在婚姻道义上处于亏理的一方，按照李某转述宋某父母的话说："他自己不珍惜，屡教不改，他活该。"宋某离婚在村庄中不仅没人同情，大家还认为是他的过错，他应该受到处罚。因此，从李某的离婚经历中可以看出，离婚对于一部分当事人来说的确是摆脱低质量婚姻的途径，他们也期待着在未来的人生路上会遇到幸福的伴侣，重新开始幸福生活。从农村调查来看，在农村社会中还存在很多类似不幸福的婚姻，当婚姻当事人一方感到遭遇夫妻感情失和以及家庭生活不顺或不幸福时，离婚便成为一种解脱。

婚姻不是男女两人之间的私事，更不是"儿戏"，它是建立在一定的社会基础之上并得到社会认可的合法行为。毫无疑问，离婚会对当事人带来负面影响。有学者认为，离婚对为数众多的婚姻当事者来说毕竟是一种迫不得已的选择，会给当事者造成难以愈合的精神创伤。[①]比如，失去爱、安全感，社会家庭支持网络中断破坏、社会角色改变以及经济问题等都会接踵而至，对离婚当事人心身健康造成严重影响。[②]离婚对女性的不利影响尤其大，表现在前夫关系网、自我关系网、身体健康、生活水平、心理健康、

① 李迎生：《现代社会中的离婚问题：成因与影响》，《人口研究》2007 年第 1 期。

② 李凌江：《离婚对当事人及子女心身健康的影响与心理干预》，《中国心理卫生杂志》1991 年第 5 期。

独立自强和归属感等七个方面。[①]也有学者从个体心理层面对离婚的影响进行研究，指出离婚给婚姻当事人带来的影响主要表现在两个方面：一方面，离婚对婚姻当事人的精神带来很大影响，常见的表现为心理压抑、焦虑、愤怒、敌意等情绪。另一方面，离婚会导致当事人免疫功能下降，引发头痛、心悸、消化不良、体重下降、高血压、心肌梗死等症状，病死率高于其他群体。[②]显然，在现代化进程中，离婚对大多数婚姻当事人都会带来不同程度的伤害，要么是直接伤害自己，要么是间接伤害自己，甚至给当事人造成精神上的巨大创伤，导致自杀率和精神病发病率是比较高的。[③]由此可见，离婚给当事人带来的影响是比较大的。

我（李某）的儿子（谭某）和前儿媳妇（苏某）是2012年在区里（平谷区）认识的，她是从河北兴隆那边嫁过来的，他们谈了半年多恋爱就去民政局办结婚证了。2013年5月生了1个孙女，一直相处得都不错，没有吵过架。我儿子在物流公司上班，她在一家公司搞销售，孙女由我们帮忙带。2016年夏天时，我儿子发现她有外遇，两个人吵了几次架就去离婚了，离婚后孙女由我们抚养。我儿子以前是很活泼开朗的，有空就约同学、朋友吃喝玩乐，很大气，也很阳光。离婚对他打击

① 易松国：《离婚的后果：离婚女性的定量分析及思考——以深圳市为例》，《江西社会科学》2006年第5期。

② Kieeolf-Glaser，JK.et al，“Marital Discard and Immunity in Males”，*Psychosomatic Medicine*，Vol.3，No.5，1988.

③ 陈雯：《离婚：一项社会学视角的思考》，《内蒙古社会科学（汉文版）》2009年第4期。

非常大，离婚后9个多月没有去上班，整天闷在家里，没精打采的，不跟他同学朋友来往，也不在村里走动，大家（亲朋好友）都为他担心，并想方设法安慰他，这才让他慢慢振作起来（LXL，女，62岁，北京市平谷区H乡人，NO：BJ-PG-D20180058）。

从谭某的离婚经历中可以看出，妻子的越轨和离婚给他带来的打击是巨大的，离婚后整天闷在家里，不上班也不跟人交往，更不在村里走动，这是因为妻子越轨并导致婚姻破裂深深地伤害了他。按照他母亲的话说："离婚对他打击非常大。"显然，婚姻对个体来说是非常重要的，温馨的家庭和幸福美满的婚姻是人生的港湾，也是人生追求并期盼的幸福生活。然而，夫妻一方越轨可能会使另一方的心灵受到永久性伤害，陷入黯淡无光的地狱般生活，对未来的人生不抱希望，在社会交往中自我边缘化，甚至封闭自己，导致抑郁、焦躁、仇恨等行为。从谭某的离婚经历中就可以看出，离婚会给个体带来巨大的伤害。当然，相对于越轨挑起离婚事端的一方，离婚或许就成为追求人生预期中幸福生活的一种手段。

离婚造成的个体伤害，主要集中在几个方面：一是在农村离婚夫妻中有过错的一方受到的伤害相对较小，比如，越轨一方或有家暴的一方，他们离婚之后的伤害主要表现在，要么自责或对引发离婚感到后悔或惋惜等，要么把离婚当成追求未来幸福生活的一种手段。二是在农村离婚夫妻中无过错的一方受到的伤害最大，比如，对方越轨、自己没有生育能力或没生儿子被迫离婚或被骗婚等，离婚之后往往会陷入人生低谷，对未来生活不抱希望，对人生意义的追求和生命价值的实现产生消极情绪，对婚姻感到失望或产生抵触心理，甚至产生反社会行为等。从农村调查来看，在农村离婚夫妻中人为因素的伤害大于非人为因素的伤害。比如，越轨的伤害比夫妻一方伤残的伤害大，这是因为在农村社会中对于非人为因素大家都会表示出同情心，而人为因素的过错通常让人处于道德的不利处境，不仅会遭到家人的指责，还要面对村民们的舆论压力，在离婚中处于不利地位。如果婚姻中已有过错的一方提出离婚，那么对另一方造成的伤害会更大，甚至会是永久性伤害。比如，苏某有越轨行为，不仅不知悔改，还向谭某提出离婚，给谭某造成了巨大伤害。

从村庄舆论影响维度看，在传统社会中，村庄处于相对封闭的状态，村庄舆论对人们的行为规范具有较强的制约作用。离婚对于生活在村庄场域中的人来说，是一件丢脸的事，不仅会使离婚当事人在村庄里抬不起头，还会连累婚姻当事人的家人，轻则被大家笑话，重则会导致当事人无法再婚，或子女在婚嫁上被人嫌弃，对当事人的伤害是比较大的。比如，在江西省赣州市南康H乡X村，20世纪80年代有一个姓杨的妇女因越轨与丈夫离婚，离婚之后不仅给丈夫和子女造成了负面影响，她自己还成为村庄中大众指责的对象，甚至村庄中还有人对她进行当面辱骂，不仅无人再娶她，还使她在村庄中无法安身，只能回娘家居住。综上所述，离婚不仅会对个体造成伤害，还会导致家庭破裂。

二、家庭破裂

众所周知，在家庭关系中，婚姻是家庭建立的核心纽带，夫妻一旦离婚就意味着家庭破裂，会给家庭成员造成相应的影响。古德在《家庭》一书中从六个层面给家庭下了这样一个定义：家庭是由多人（至少两人）居住在一起，存在一定劳动分工、许多交换（包括经济上和社会上的）和共享许多事务，如吃饭、性生活、居住等，在成年人与其子女之间存在亲子关系，父母对子女拥有某种权威，但要承担子女相应的义务，且子女之间存在兄弟姐妹关系，并建立相应的义务和保护、帮助关系。①古德对家庭的定义透露了几层重要意思：家庭的基础是婚姻（两性关系），在婚姻关系中存在夫妻分工与合作、交换、共享，除了夫妻之外还有父母与子女关系，且相互之间有相应的责任和义务关系。杨善华在论述婚姻与家庭关系时指出："在一夫一妻制下，婚姻构成了家庭的基础，建立家庭不能离开婚姻，由合法婚姻产生的家庭关系才能得到法律的保护，家庭成员之间的权利和义务也是以婚姻为前提的，即婚姻与家庭存在同一性。"②也就是说，婚姻是建立家庭的基础，婚姻的破裂必然影响到家庭。换而言之，在一个稳定的家庭关系中，婚姻的稳定是家庭稳定的核心要素，而维系夫妻关系稳定的重要因素之一是子女，因为在婚姻关系中子女与夫妻

① ［美］威廉·J. 古德：《家庭》，魏章玲译，社会科学文献出版社 1986 年版，第 12—13 页。

② 杨善华编著：《家庭社会学》，高等教育出版社 2006 年版，第 44 页。

构成三角的稳定关系。费孝通在阐述社会结构中的基本三角关系时有这样的论述：

婚姻的意义就是建立社会结构中的基本三角。夫妇不只是男女间的两性关系，还是共同向儿女负责的合作关系。在这个婚姻的契约中同时缔结了两种相连的社会关系——夫妇和亲子。这两种关系不能分别独立，夫妇关系以亲子关系为前提，亲子关系以夫妇关系为必要条件。这是三角形的三边，不能短缺的。[①]

在婚姻关系中，子女是构成婚姻稳定的等三角。恩格斯在阐述人类社会发展进程时，提出了一个重要命题：家庭承担起人自身的生产，即种的繁衍。[②]这客观上要求男女两性结婚组建家庭之后生育子女，并共同抚养子女，从而实现人类再生产。改革开放以来，随着国家体制转型和农村打工潮的兴起，农村的婚姻家庭发生了较快的变迁。彭希哲、胡湛利用1982—2010年历次人口数据分析表明，我国经历了家庭和人口的双重变迁，表现在家庭规模小型化、结构简化和人口老龄化趋势，其中家庭呈现形式上的核心化和功能上的网络化，而核心家庭大多数是有其“形”无其“实”。[③]王跃生利用全国第六次人口普查数据研究我国城乡家庭结构变动时指出，2000年以来，我国核心家庭比例呈下降之势，但单人户呈显著上升，直系家庭不但没有降低反而略有增加。[④]显

---

① 费孝通：《乡土中国　生育制度》，北京大学出版社1998年版，第159页。
② 《马克思恩格斯选集》第四卷，人民出版社2012年，第676页。
③ 彭希哲、胡湛：《当代中国家庭变迁与家庭政策重构》，《中国社会科学》2015年第12期。
④ 王跃生：《中国城乡家庭结构变动分析——基于2010年人口普查数据》，《中国社会科学》2013年第12期。

然，在我国家庭核心化背景下，核心家庭下降与单人户上升的原因很多，其中离婚是原因之一，因为离婚之后当事人在进入下一次婚姻之前很可能是以单人户状态存在，尤其是没有子女的离婚当事人。也就是说，在转型背景下婚姻与家庭变迁具有较为紧密的联系。

在传统社会中，夫妻离婚导致家庭破裂的可以分为两类。一是夫妻离婚之后妻子仍然居住在夫家村落社会，比如，分户分房（含家产、土地使用权）分抚养责任。在这类群体中，如果妻子选择再嫁，她要么会离开夫家村落社会，要么会继续留在夫家村落社会。从农村离婚调查的情况来看，夫妻离婚之后妻子选择继续留在夫家村落社会的，要么是年龄偏大或孩子已成年；要么是短暂居留，等待再婚时再离开。二是夫妻离婚之后妻子选择离开夫家村落社会。在这类情况中，妻子通常会返回娘家进行短暂居留，待再婚之后离开。显然，在传统社会中，夫妻离婚虽然导致了家庭破裂，但是通婚圈较小，在地域空间上大多数夫家与娘家相隔较近，即使离婚后各自居住，双方探望、抚育子女和子女看望父母等均很便利。随着市场经济体制的建立，农村青壮年劳动力纷纷进城打工，农村“半流动家庭”模式逐步形成，受夫妻两地居住的影响，家庭情感归属和夫妻情感已呈现离散化趋势。夫妻分离、亲子分离导致家庭功能分散化，在这种背景下，离婚对家庭破裂造成的影响是较大的，对子女造成的影响尤其巨大。

当前，我国农村家庭离散化愈演愈烈，尤其在中西部农村地区，家庭离散化已逐步成为社会普遍现象。在农村核心家庭中，传统的“男耕女织”或“男主内、女主外”的家庭生产模式逐步被打破，夫妻城乡分工模式形成。随着打工潮的全面席卷，依托代际支持的夫妻同时进城打工、孩子留守农村的模式日益凸显，农村家庭普遍处于离散化状态。受家庭离散化影响，夫妻的家庭情感归属和生产生活的内聚力降低。因此，在打工潮冲击下的农村家庭，尤其是核心家庭的“形”与“质”分离，对家务劳动、子女抚养和教育、夫妻情感互动、生产生活互动等方面产生了巨大影响，客观上给婚姻稳定造成了巨大风险。在这种背景下，农村夫妻一旦离婚，家庭功能将会缺失，夫妻与子女天各一方的模式将成为一种较为常见的现象。例如，在（NO：HN-LZ-D20160040）个案中，因丈夫岳某在打工期间越轨离婚，离婚之后郭某带着女儿回娘家，并将女儿交给父母（外公外婆）抚养，自己再次外出打工，这样在一个核心家庭中因夫妻离婚使夫、妻、孩子呈现三地分居状态。离婚使核心家庭处于彻底破裂状态，家庭的抚养功能出现了残缺，家庭赡养功能弱化，农村老人“自养”负担增加，离婚家庭中的留守儿童和留守老人群体形成。在农村社会中，无论是核心家庭，还是主干家庭、联合家庭或其他类型的家庭，夫妻离婚之后对家庭的生育抚育功能、赡养功能、家庭教育功能、家庭情感交流和家庭社会交往等都会带来冲击，客观上对农村社会产生较大影响。

我（方某）们寨子上从2003年出现第1例离婚，到目前为止共有7对夫妻离婚，其中有2对夫妻是从外打工回来离婚的，离婚之后妻子不知去向；有4对夫妻

> 离婚后，妻子回娘家去了，后来都再嫁了；有1对夫妻离婚后，妻子在村里住了1年多又嫁到邻镇了。在这7名妇女中，有6名在外打过工，只有1名没有出过远门（到外地打工）。在孩子抚育上，只有1名妇女带着女儿回娘家改嫁，其余的孩子全归男方（夫家）养。离婚后有4名妇女回来看过孩子，有1个妇女从来没有回来看过孩子，还有1名妇女没有生孩子就离婚了。在我们农村啊，现在年轻人都到外面打工了，离了婚就妻离子散了，不仅孩子受苦，老人也遭罪，家庭不像家庭了（FFG，男，64岁，贵州省大方县H镇人，NO：GZ-DF-D20160059）。

改革开放以来，在工业化、城镇化和信息化快速推进的过程中，我国农村从相对封闭的社会向流动型社会转变，从传统社会向现代社会转变。打工潮的冲击加剧了农村家庭离散化，导致了农村婚姻观念、婚姻行为及婚姻价值变迁，并随着嵌入到农村社会的国家行政权力退潮，村庄舆论式微加快，农村离婚现象迅速涌现，离婚家庭破裂的深度和广度前所未有。按照方某的说法“离了婚就妻离子散了，不仅孩子受苦，老人也遭罪，家庭不像家庭了”。在从传统社会走向现代社会的进程中，离婚对农村家庭造成的冲击是巨大的，尤其是在夫妻城乡分工的家庭中，离婚导致的家庭破裂是非常彻底的，不仅会引起家庭结构变动和家庭规模缩小，还会影响到家庭的基本功能和相应的家庭关系以及家庭生命周期。显然，在人口城乡高度流动的背景下，离婚的家庭成员虽然可以借助现代通信技术和通信工具，如手机视频、电话、微信、抖音等构建亲情互动，增进感情，但是地域空间的分隔和离婚造成的影响是难以弥补的。

三、抚育残缺

人类自身的繁衍，即人的自身生产是人类社会发展中的决定性因素之一。马林诺夫斯基认为，家庭不是生物团体单位，婚姻不是单纯的两性结合，亲子关系也不仅是单纯的生物关系，它是与传统规则、相关物质文化活动和各种制度组织而成的。[①]费孝通在《乡土中国　生育制度》中指出，人类社会要延续就必须生育儿女，夫妻共同担负着抚育孩子是婚姻的责任，婚姻的意义是建立双系抚育。[②]在费孝通的家庭社会学理论中，婚姻并非确立性关系的手段，而是服务于生育制度的，婚姻和生育要重于男女两性关系，所以抚育是双系的，从人类历史发展来看，双系抚育是人类社会有效的抚育模式。[③]因此，婚姻的社会性与抚育是紧密相关的，抚育责任是父母应该承担的义务，而夫妻离婚后，婚姻的抚育功能将出现残缺，对子女的抚养造成较为严重的社会后果。

在对离婚造成的社会问题研究中，抚养功能残缺是学者们关

① ［英］马林诺夫斯基：《文化论》，费孝通等译，中国民间文艺出版社 1987 年版，第 24—27 页。

② 参见费孝通：《乡土中国　生育制度》，北京大学出版社 1998 年版，第 116—129 页。

③ 石艳：《费孝通家庭社会学思想研究》，上海大学博士学位论文 2013 年。

注的热点问题。沃勒斯坦认为，父母离婚使婚姻抚养功能残缺，导致子女在成长过程中的心理压力持续增加，或陷入社会化困境，使他们的身心成长晚于非离婚家庭的孩子，尤其是人格和心智方面表现最为显著。[①]也有学者认为，离婚导致父母在抚养子女中缺位，不利于子女健康成长，尤其是父亲角色缺位对未成年男孩子的影响较大；[②]而父母离婚产生的单亲家庭尤其是单亲母亲家庭，在抚养孩子上会面临一系列困难。比如，单亲父母会将经济压力、精神压力和情绪不稳定等传递给孩子，不利于子女成长。[③]在国内学者的研究中，韩晓燕等人借鉴西方文献从父母离婚影响孩子的四大理论视角进行了考察，即从结构功能论、经济剥夺论、冲突理论及符号互动论视角进行影响的研究，指出婚姻冲突与离婚往往严重影响婚姻当事人及子女的身心健康，带来不良影响。[④]

在社会转型的大背景下，大量农村剩余劳动力进城务工，随着农民非农就业的人数逐步增多，农村家庭离散加剧，村庄舆论式微加深，在现代性因素渗透下农村传统的婚姻伦理嬗变和婚姻价值逐步变迁，农村离婚问题不断涌现，已对农村婚姻家庭带来了较大的影响。在传统社会中，农村的生产生活是相对静态和封

① Judith S. Wallerstein，"The Long-Term Effects of Divorce on Children：A Review"，*Journal of the American Academy of Child & Adolescent Psychiatry*，Vol.30，No.3，1991.

② Joan B. Kelly，"Changing Perspectives on Children' s Adjustment Following Divorce：A View from the United States"，*Childhood*，Vol.10，No.2，2003.

③ Paul R. Amato，"The Consequences of Divorce for Adults and Children"，*Journal of Marriage and the Family*，Vol.62，No.4，2000.

④ 参见韩晓燕、魏雁滨：《父母离婚影响孩子的四大理论视角——西方文献分析》，《浙江学刊》2004 年第 1 期；《离婚家庭青少年研究——一个独特个案的反思》，《青年研究》2004 年第 7 期。

闭的，农村的同质性也很高，在熟人社会中共享约定俗成的地方性价值规范，每个人都在“祖荫下”完成人生任务和实现人生价值。显然，婚姻是实现人生意义的重要载体，它是每个人通过结婚生儿育女组建家庭，构建夫家和娘家的亲缘关系，并参与村庄社会交往，从而获得人生意义。然而，婚姻一旦破裂就意味着人生意义难以完成，夫家与娘家的亲缘关系受阻，更为重要的是导致抚育功能和赡养功能弱化，给家庭带来较大的影响。因为在农村社会中夫妻离婚之后，大多数妻子会离开夫家，要么回娘家居住，要么再嫁。从农村离婚调查的情况来看，夫妻离婚之后很少有妻子会留守在夫家村庄社会，除非子女已长大或成家，他们可以依托子女继续在夫家村庄社会生活，尤其是中西部农村地区。当然如果子女已长大或成家，那么他们也不再需要父母抚养，要不然离婚之后绝大多数妇女会选择离开夫家村庄。同时，受离婚后居住地域空间分割的影响，离婚夫妻在子女监护和教育上大多数是由单方完成，即孩子在单亲家庭中成长，即使非监护一方给予子女生活补贴和相应的费用，对于孩子的身心成长和家庭教育来说这也是无济于事的，离婚对子女的影响是巨大的。

费孝通认为，婚姻的意义是建立双系抚育，这说明夫妻关系不只是男女之间两性关系的简单结合，它需要共同抚养孩子，以及在婚姻关系中，夫妻两人不仅有共同维护两性关系的义务，还要承担起抚养子女的共同责任。当夫妻离婚之后，婚姻的抚养功能就会出现残缺，对子女的身心健康成长造成巨大的影响。根据1377份农村离婚的调查样本（剔除459份婚姻存续期间未生育的样本），夫妻离婚后子女由男方（父亲）抚养的频数为 851 次，占样本总量 61.80%；由女方（母亲）抚养的频数为 356 次，占 25.85%；男方（父亲）和女方（母亲）分养的频数为 72 次，占 5.23%；由亲人或其他人、机构抚养的频数为 6 次，占样本总量 0.44%；子女大了不需要抚养的频数为 92 次，占样本总量 6.68%。由此可见，在农村离婚群体中，夫妻离婚后子女由男方承担孩子管教和抚育的占比超过 60%，高于孩子由女方承担孩子管教和抚育的占比，这表明农村“从夫居”以及男方承担管教孩子的传统依然占据主流，但女方家承担孩子管教和抚育的占比也不低。这一现象与打工潮背景下家庭离散化和婚姻抚育功能变迁具有较大的关联性，值得关注。

崔某今年 17 岁了，他父母离婚 6 年多了，他妈妈是去恩施打工跟别人好上了（外遇），几年不回来，2009 年回来与他爸爸离婚的。离婚后，他妈妈没有给抚养费，他爸爸是老实人，在家种地没有什么收入，家庭贫穷。2011 年也出去打工，崔某跟他爷爷奶奶一起生活，后来他爸爸到恩施去打工也没有赚到什么钱，因崔某的爷爷奶奶经常生病跑医院，日子过得辛苦。上初中那几年，他家穷，吃饭营养跟不上，崔某个头长得矮矮的、瘦瘦的，比同龄人矮半个头，穿着也很朴素，在孩子中一眼就能认出他来。主要是他妈妈不管他，他爸爸又有心无力，过得比其他留守儿童苦多了，还好现在有精准扶贫政策，他上高中的学费全部减免了，在学校期间还有帮扶单位的生活补贴，要不然他高中都读不了（JCG，男，51岁，湖北省利川县T镇X村村支书，NO：HB-LC-D20160060）。

从崔某的成长中可以看出，他父母离婚之后，母亲不承担相应的抚养责任，父亲抚养能力不足，导致崔某的生活过得非常艰苦。由于家里经济条件差，无法提供最基本的物质保障，他不仅比同龄人个头矮、身体瘦小，而且穿着朴素。显然，在农村离异家庭中像崔某一样的孩子并非个案，而是具有普遍意义，这都是父母离婚导致家庭破裂，家庭的抚养功能残缺造成的社会后果。事实上，在打工潮背景下，农村普遍出现了夫妻城乡分工模式。一旦夫妻离婚，离婚家庭的抚育功能必然会出现残缺，尤其是在监护上，留守儿童成为一种常态，对子代抚养造成了巨大影响。从农村调查来看，夫妻离婚之后，大多数年幼的子女留守村庄，由留守老人监护，年龄大一点的子女要么在上学，要么已经失学进入社会（18岁以下），日常生活照顾、成长管教、人格塑造等普遍让人担忧。随着农村离婚率上升，这种社会现象在今后一段时期内可能会进一步增加，造成的后果可能会更加严重，值得我们高度关注。

四、教育缺位

夫妻离婚不仅会造成个体伤害、家庭破裂和抚育残缺，还会导致子女教育缺位，对子女的成长带来较大影响，甚至引发孩子辍学、酗酒、抽烟、离家出走以及暴力倾向等不良行为。众所周知，家庭是子女生活、成长和社会化的重要场所，父母离婚导致了家庭破裂，从而使家庭的教育功能弱化，对子女教育造成较大影响。在我国传统伦理文化中，父代对子女的伦理责任主要体现在“生一养一教”上，在这三个环节中，教育是重要的环节。而子女教育主要包括家庭教育、学校教育和社会教育，其中家庭教育需要在家庭中通过父母合作才能取得更好的效果。家庭教育同时也是学校教育和社会教育的基础，没有良好的家庭教育，不仅影响子女的学校教育，还会影响子女成长过程中的社会教育。显然，家庭教育对个体的智力形成、人格塑造、价值观培养至关重要，不仅是培育个体基本情感的实践场域，还是个体社会化的重要场所。因此，对于离异家庭来说，家庭教育缺位不仅影响子女的心理特征、个体行为习惯、价值观生成等，还影响着子女的社会化。

国外学者沃勒斯坦和刘易斯等人通过对美国60个离异家庭的父母和子女深度访谈和跟踪研究后指出，父母离婚对子女造成的影响是消极和持久的，即使子女长大成人，这种消极影响依然存在，只是在他们人生的不同阶段表现不同而已。比如，童年时期父母离异，子女普遍会感到孤独、恐惧和迷茫，对父母和亲人感到愤怒；青少年时期比正常家庭的子女缺乏社会规则，以及成年前性早熟，接受高等教育的比例较低，结婚之后更不愿意生育抚育子女等。显然，父母离婚对子女的影响是巨大的，父母不负责任地选择离婚给子女留下的是“意外财产”，即成长中的伤害，因此离婚不是父母的唯一选择。[1]在国内学界对父母离异的子女的研究中，学者们借用西方的社会化理论、抗逆力理论、优势视角理论等进行解释，主要集中在父母离婚对子女的成长造成的影响上。比如，父母离婚后对子女压抑、焦虑、抑郁、悲伤、怨恨、敌视等情绪不良与心理不适测量，或对子女厌学、逃学、吸烟、饮酒、暴力、早孕、犯罪等偏差行为进行了细致的描述、归因分析和对策研究等。[2]事实上，夫妻离婚对孩子的健康成长造成极大的影响，因为在离异家庭中成长的儿童发生越轨行为、心理畸形以及违法犯罪的概率非常高，[3]尤其是父母离异之后家庭教育缺位，孩子在成长过程中缺少父母管教不仅会导致他们亲情淡漠，还可能做出危害社会的犯罪行为。[4]

显然，在家庭中父母离婚导致了教育功能缺位，对子女的教育、成长会带来一系列问题，尤其是父母离婚之后，监护人之一的父亲或母亲外出打工，孩子交给爷爷奶奶或外公外婆隔代监护抚养对孩子的影响更大。从农村离婚调查的情况来看，在农村父母离婚且外出打工后，由爷爷奶奶或外公外婆抚养（监护）的孩子学习成绩差、厌学、偷盗行为、性格孤僻、遇事急躁、心理问题等都是较为普遍的。比如，贵州省大方县H镇X村有16名（小

---

① Angie Manzano，&Karla Mantilla，“Why Divorce is Bad for Kids”，*Off Our Backs*，Vol.30，No.10，2000.

② 田国秀：《父母离婚对孩子的影响——20世纪50年代以来美国学界研究的五个阶段》，《北京社会科学》2014年第9期。

③ 李迎生：《现代社会中的离婚问题：成因与影响》，《人口研究》2007年第1期。

④ 张雪绮：《浅析父母离婚对青少年犯罪的影响》，《青少年犯罪问题》1996年第1期。

学2—4年级）父母离婚的留守儿童，其中11名孩子的学习成绩在班上靠后，4名孩子处于中等偏下，1名孩子处于中等水平。同时，在这16名儿童中，性格孤僻不喜欢交往的7名，有厌学行为的4名（其中1名儿童有偷盗行为），喜欢打架滋事的2名。这说明父母离婚对孩子的学习和成长产生了负面影响。受家庭生计和代际分工的影响，在农村离婚群体中，爷爷奶奶和外公外婆成为承担起离异孩子管教和抚养的重要力量，有效地减轻了夫妻离婚后抚育孩子的重任，但是必须看到的是，隔代抚养在教育问题上带来的影响是较大的，尤其是父母离异的孩子因父母离婚本身会造成的影响及社会后果会进一步凸显出来。显然，随着农村离婚率不断上升，在人口流动的背景下，农村离异家庭留守儿童将逐步增多，在家庭离散化和抚养功能残缺的双重作用下他们身心健康成长和家庭教育已成为亟待解决的社会问题。

黄某今年15岁，下个月就要从镇里的初中毕业了，虽然他在上初中，但经常不在学校，学校对他也没有办法。在他6岁多时父母就离婚了，离婚之后母亲回娘家并改嫁，父亲在广州那边打工，后来跟一个湖南妇女再婚，很少回家。黄某从小就跟爷爷奶奶在一起，小时候很乖的，9岁时他爷爷去世，之后一直是他奶奶看管，不仅缺乏父爱和母爱，还缺家庭教育，从小就喜欢偷东西，大家看在他可怜的分上，也不追究，抓住他偷东西也只是劝说而已。上初一时，跟同学打了几次架，有一次他用板凳砸同学的脚，把同学的脚砸骨折了……学校对他的行为很头痛，不好管。在学校时经常旷课，学习成绩差，喜欢跟社会上的小混混在一起做坏事，被派出所抓了好几次，关了几天说服教育一下就放了，也起不到什么作用，大家都知道他父母离婚了，家里没有人管教。我们村里还有几个父母离婚的孩子都差不多，要么就是喜欢玩手机游戏不好好学习，要么就是偷鸡摸狗或调皮捣蛋；有的对亲朋好友冷漠，有的脾气暴躁，还有的性格孤僻，这些事要责怪也只能责怪他们的父母，孩子是无辜的（HGP，男，46 岁，广西壮族自治区龙州县 G 镇 G 村村支书，NO：GX-LZ-D20160061）。

家庭是孩子成长的场域，在孩子成长和教育中具有无可取代的作用。家庭教育的侧重点是培养子女道德品质、心智、人格以及生活行为习惯，教会子女如何做人和处世。[①] 家庭教育是学校教育和社会教育的基础，也是个体社会化的起点，它对孩子的心智成长具有重要作用，是在父母言传身教中潜移默化的渗透，不仅具有自然性（天然性）和灵活性，还具有长久性和延续性。从黄某的个案中可以看出，他成长在离异家庭，母亲改嫁，父亲再婚且常年在广州打工，是留守型离异儿童，由爷爷奶奶监护长大，在他 9 岁时爷爷去世，与奶奶相依为伴。他不仅缺乏父爱和母爱，还缺乏父母管教，在家庭教育上出现了严重缺失，按照黄某所在村的村书记的话说“这些事要责怪也只能责怪他们的父母，孩子

① 梁炜昊：《论家庭教育的责任缺位与理性回归》，《新疆师范大学学报（哲学社会科学版）》2008 年第 4 期。

是无辜的”。在农村离婚家庭中，受家庭教育缺失的影响，子女在性格上往往会变得孤僻、缺亲情、不友善、不善于跟人交往等，甚至像黄某一样学习成绩差，跟社会上的混混一起做坏事，出现扯皮打架、习惯性偷盗等反社会行为。离异家庭子女受家庭教育缺失的影响，在学校教育上往往出现德育缺失、家长监督缺位和课外辅导空白现象，学习成绩差，不求上进，甚至调皮捣蛋，对学校造成管理困扰，成为名副其实的“问题学生”，导致家庭教育与学校教育陷入双重缺位的困境。

在农村离异家庭中，像黄某一样的隔代教育（监护）子女不少，因家庭教育缺位和学校教育的课外监督不足，他们中的大多数人在心智培养、思想观念教育、人生价值观念引导上较为欠缺，在社会化过程中偏离社会规范的行为举止不能得到及时和有效的纠正，因此在社会化过程中发生社会越轨行为的风险高，甚至出现违法犯罪行为。例如，在贵州省黔南州都匀市 S 乡 M 村，离异家庭子女在外出打工过程中，参与偷盗、抢劫案件的 4 人，1 人在谈恋爱过程中导致 16 岁的女朋友怀孕生子，1 人被骗婚（17 岁女孩）。在贵州省毕节市大方县 H 镇 Z 村，2 名离异家庭的男孩（不满 18 岁）外出打工期间因参与抢劫而犯罪。这些现象并非极端案例，而是在农村离异家庭中发生频率较高的。诚然，在转型背景下，受打工潮的影响，农村家庭离散化程度高，一旦夫妻离婚之后，子女隔代教育现象就普遍存在，受教育缺位的影响，一些离异家庭的子女不仅性格孤僻、脾气暴躁、与人交往不热情，而且发生社会越轨现象的概率大，走上违法犯罪之路的风险高。

五、赡养弱化

夫妻离婚之后，家庭的破裂必然会削弱相应的家庭功能，尤其是夫妻离婚导致赡养功能弱化在农村表现尤为突出。在传统社会中，婚姻的重要目的之一是传宗接代，这不仅体现了“上以事宗庙、下以继后世”的意涵，还满足了养儿防老的现实需求。费孝通在论述我国老年赡养问题时指出，中国的赡养模式与西方社会存在根本性的不同，在中国的家庭结构中赡养表现为“反哺式模式”，而西方社会则是“接力式模式”。[①]在我国农村社会中，虽然传宗接代的重男轻女思想已有大的转变，但是在赡养问题上受国家养老制度建设相对滞后的影响，父代对子代的赡养期待仍然较为强烈。在传统的家庭关系中，赡养模式表现为一种代际交换，在代际交换过程中存在两种交换模式，即“延时交换”和“即时交换”模式，总体而言是遵守公平原则的。[②]在农村离婚家庭中，受家庭破裂的影响，不仅导致赡养功能弱化，还会导致家庭经济收入下降，甚至因此引发家庭贫困。[③]

婚姻是建立家庭的基础，也是建立家庭的核心要素，通常情况下婚姻是构成家庭的初级形式，在此基础上延伸出代际关系（婆媳关系）和父母与子女的关系（父子关系）。家庭关系建立之

---

① 费孝通：《家庭结构变动中的老年赡养问题——再论中国家庭结构的变动》，《北京大学学报（哲学社会科学版）》1983 年第 3 期。

② 郭于华：《代际关系中的公平逻辑及其变迁——对河北农村养老模式的分析》，《中国学术》2001 年第 4 期。

③ 陈雯：《离婚：一项社会学视角的思考》，《内蒙古社会科学（汉文版）》2009 年第 4 期。

后，它就具备了经济合作、情感归属、抚养和赡养功能，家庭便成为夫妻通过分工与协作完成家庭生产生活及人口再生产的场所。因此，在打工潮的冲击下，农村家庭内的夫妻分工（如夫妻城乡分工）与协作（男主外、女主内）不仅是履行家庭经济再生产功能的理想形态，还是家庭生育抚育子女、赡养老人和参与社会交往的重要途径。然而，夫妻离婚导致家庭破裂，原有的夫妻分工和协作终止，家庭功能出现缺失，无疑会对家庭生产生活、生育抚育子女和赡养老人产生较为严重的影响。

在农村社会中受传统伦理文化的影响，“养儿防老”是约定俗成的规范。在以父系夫权为纵向主轴的家庭结构中，儿子是家产的合法继承人，也是赡养父母的责任者。对于女儿来说，她们的赡养伦理责任是夫家的公公婆婆（不含入赘婚姻）。因此，在传统社会中子女赡养伦理的责任分工是明确的。但是，国家全面实施计划生育政策，导致农村子女数量减少，而家庭抚育质量提升，农村子女享受的物质资源和教育资源明显提高，尤其是在国家倡导“生男生女都一样”的政策理念指导下，农村重男轻女思想弱化，双女户甚至独女户逐步增多，家庭内养儿防老的传统逐步发生了变化，表现为入赘婚姻、青年一代婚姻两头走的居住模式逐步增多。[①]女儿承担赡养父母责任的现象越来越普遍。不过需要指出的是，在中国传统社会中，亲属关系的构建是基于父系社会来组织的，女儿不是父亲的继承人，不是后嗣，故不承担父母赡养

① 王会、狄金华：《“两头走”：双独子女婚后家庭居住的新模式》，《中国青年研究》2011年第5期。

义务。[1] 女儿赡养父母的伦理基础与儿子存在较大差异。[2] 随着农村社会结构变动，亲属关系逐步功利化，女儿与娘家联系越来越紧密，许多姻亲关系比宗亲在家庭关系中还重要，女儿承担赡养责任逐步显现。[3]

受农村家庭生产资料和就业结构变化的影响，传统的养儿防老正逐步向子女共同赡养转变。比如，在农村一子一女家庭中，女儿自愿和儿子共同赡养父母的情况较为普遍。近年来，虽然国家不断对农村医疗、社保、困难老人等进行各类补贴，但相对于农村来说，子女赡养老人仍是主要模式，尤其是体弱多病时老人需要子女进行赡养照顾及临终关怀。

> 我（骆某）与她（韦某）是1999年在浙江打工时经亲戚介绍认识的，2000年12月（农历）结婚，2002年4月（农历）儿子出生，2005年女儿出生，家里共有6口人，父亲（常年生病）、母亲、我、妻子、儿子、女儿。我是家里的独子，上面两个姐姐都嫁到邻乡了。儿子出生后，她没有再出去打工，在家带孩子，我断断续续去浙江打过工，2005年女儿出生之后，我也没有再去外省打工，农闲时在附近乡镇打零工，先后做泥水工、木工。从2008年起，农闲时我到市里跑三轮车（经营

① ［日］滋贺秀三：《中国家族法原理》，张建国、李力译，法律出版社2003年版，第255—264页。

② 唐灿等：《女儿赡养的伦理与公平——浙东农村家庭代际关系的性别考察》，《社会学研究》2009年第6期。

③ 张国庆：《现阶段中国农村血缘与姻缘博弈现象探析》，《许昌学院学报》2003年第4期。

载客），赚钱不多，但能维系家庭日常生活开销。2009年6月，我发现她有外遇（与村里的M），我跟她交涉多次她不悔改，我只好把她的情况也告知她娘家，她娘家父母和嫂嫂也说她不对，叫她不要再犯错了，她不但听不进去，还要求和我离婚，我也挽留不了就离婚了。离婚后她回娘家不久就嫁人了（没有和M结婚），没有承担孩子抚育的任何费用，但回来看过2次孩子，每次都给孩子买衣物。离婚后，我既要赚钱养家糊口，又要养孩子，还要养老人；不仅孩子没养好，老人也照顾不周，没办法只能自己撑着，还好政府给我家上了低保（后来是精准扶贫户），家庭可以维持（LZH，男，40岁，贵州省都匀市S乡人，本书负责人分别于2012和2016年两次访谈骆某，NO：GZ-DY-D20160062）。

婚姻稳定是在家庭内部实现夫妻分工与协作的基础，一旦婚姻破裂，夫妻的分工与协作就不复存在，这不仅会给家庭经济收入带来影响，还会影响抚养孩子和赡养老人。从骆某的离婚后果中可以看出，离婚对其家庭的影响是巨大的，他不仅要抚养孩子，还要承担起赡养的重任，按照他的话说："不仅孩子没养好，老人也照顾不周。"显然，在家庭经济收入来源上，婚姻破裂就意味着家庭中少了一个主要劳动力，夫妻在家庭内部的分工被终止，家庭财富的创造就会受到较大的影响。骆某离婚前，可以和妻子进行合理分工，即妻子在家带孩子和照顾老人，料理家庭日常事务，他可以农闲时到市里跑三轮车，家庭日常开销能够维持。也就是说，在农村离婚夫妻中，受家庭破裂的影响，家庭经济收入与家庭再生产必然会受到较大的影响。一方面，在家庭内部分工体系中，夫妻离婚导致城乡分工或代际分工模式中断；另一方面，夫妻离婚后家庭中少了主要劳动力，家庭收入普遍会降低，客观上削弱了子代对父代赡养的经济支撑，不仅会导致赡养资源减少，还会导致家庭陷入贫困，甚至需加入农村贫困户和低保户行列。离婚还会对家庭的社会交往功能带来较大影响。从农村调查来看，离婚之后，有一部分婚姻当事人在精神和心理上往往会受到相应的冲击。受家庭抚养功能和赡养功能削弱的影响，有一部分家庭因子女成长、教育和老人赡养方面以及家庭经济收入方面引发的家庭问题往往会叠加在一起，从而使家庭的社会交往功能开始收缩，比如，人情交往、合作互助等方面的频度减少。

市场经济体制建立以来，我国现代化进程加速，农村被深度卷入市场化和现代化进程中，随着农村日常生活货币化程度提高，物质消费欲望被激活，面子竞争、生活体验竞争等不断加剧。农村家庭为了应对市场化和现代性渗透的影响，普遍实行家庭代际分工和夫妻城乡分工模式，在家庭经济不断分化的背景下，为了使子代在村庄社会中获得社会性竞争优势，父代往往会对子代无限付出，比如帮助子代带孩子、帮助子代操劳农活，勤俭节约、埋头苦干，并主动降低自己的生活标准以应对子代物质诉求并减轻子代赡养负担，从而使代际重心下移。但是，当子代婚姻破裂之后，他们对未来生活的期许往往会伴随对子代的操心而在精神上遭遇打击，还因为子代家庭负担加重甚至陷入家庭经济危机，不得不进一步倾尽全力帮助子代，引起在赡养的“反哺模式”中不对称的现象。于是，农村老人因子女离婚不仅会陷入赡养上物质匮乏的状态，还会陷入精神焦虑当中。比如，在山西省五寨县W村，访谈离婚当事人魏某的父亲对儿子赡养有什么期望或打算时，他说：“他都离婚了，一个人要养孩子也不容易，我们自己能养自己就尽量不给他添麻烦。”事实上，在农村像魏某父亲一样希望实行自养的老人不少，他们往往会为了给子代减轻赡养负担，而主动降低对子代的物质赡养诉求，以应对子代家庭破裂带来的问题。因此，可以说农村夫妻离婚对赡养功能的影响是较大的，而这种影响程度取决于子代家庭的经济实力和其赡养能力。对于沿海发达地区农村来说，农村家庭经济收入普遍较高，影响相对较小，但在中、西部农村尤其是西部欠发达地区农村，影响是巨大的，也是深远的。此外，从农村离婚家庭对赡养的正面影响考察看，相对于那些经常吵架，甚至经常实施家暴的离婚夫妻，离婚之后夫妻从此分道扬镳，各自追求幸福，会给家庭带来一份安宁，也会给老人和子女留下一个宁静的家庭空间，从这个层面上说离婚具有一定的积极作用，但从总体上来考察，离婚对家庭的影响是比较大的。

六、婚姻失序

改革开放以来，在现代化进程中农村社会处于“解构—重组”之中，农村婚姻秩序的维系主要来自两个方面：一是自上而下的国家制度。比如，婚姻制度、相关的法律法规等。二是农村社会内部的内生性规范秩序。比如，传统的婚姻仪式、约定俗成的婚姻行为和婚姻规范等。新《婚姻法》的修改与完善进一步保障了婚姻自由，从法律上对个体离婚自由权利进行了保障，而在国家推动基层政府改革的进程中，嵌入到农村社会的行政权力退潮，乡村两级基层组织逐步退出了离婚调解过程。按照农民的话说："离婚是私事，只要不触犯法律就没有人会管你。"也就是说，在农村社会中，婚姻从行政性调解向法律约束转变客观上弱化了维系婚姻稳定的制度性要素。同时，受人口流动和舆论式微的影响，农村的婚姻仪式、婚姻行为和婚姻价值发生了变迁，维系婚姻稳定的内生秩序弱化，离婚问题不断涌现给农村婚姻秩序带来全面性冲击。

在农村婚姻的内生秩序中，人口未形成大规模流动之前，通婚圈囿于狭小地域之内，婚配资源供给体系较为稳定。在婚姻缔结上，虽然也讲究"门当户对"，但它是基于夫家与娘家的门第、人丁、家族声誉来选择的。比如，男当事人诚实、忠厚、勤劳，以及家族人丁兴旺、声誉好是择偶的标准；女当事人贤惠、勤劳、通情达理往往是择偶标准。在婚姻维系上，约定俗成的婚姻秩序是"嫁鸡随鸡、嫁狗随狗""从一而终""相敬如宾"等，婚姻的公共性强，舆论对婚姻行为具有较强的约束力，客观上规范了婚姻行为、维系了婚姻稳定。比如，离婚被认为是不雅行为、婚外情会被大家唾骂、娶寡妇被认为晦气、娶二婚的被认为没有本事等，更重要的是物质要素、情感体验及面子攀比没有进入婚姻维系领域，使婚姻具有内生性的稳定秩序。受打工潮席卷的影响，农村性别资源流失加剧，婚配资源失衡，农村普遍出现了“男难娶、女易嫁”的现象，男性青年打光棍的风险凸显。显然，在离婚率不断上升的影响下，农村婚姻内生秩序遭受了全方面冲击，伴随而来的是激烈的婚姻资源争夺，离婚妇女和寡妇成为“抢手货”，家庭资源禀赋不足的男性沦为光棍的风险急剧上升，离婚男当事人“重返光棍”概率非常大。[①]上述情况导致了农村婚姻秩序失范，婚姻市场上的竞争越演越烈，彩礼不断攀升，择偶被物化，婚姻仪式、婚姻行为和婚姻规范变迁，婚外性行为已成为司空见惯的常态。[②]

在转型背景下，我国人口性别结构失衡导致了女性资源稀缺，造成了初婚市场上男性婚姻受到挤压的普遍现象。[③]在农村社会中，尤其是中西部贫困地区，受女性资源流失的影响，婚姻市场受到挤压的现象更为严重。农村离婚会使农村婚姻市场进一步失衡。一是农村年轻妇女离婚后通常会选择远离夫家村庄社会。从农村调查来看，越是贫困落后的地区，女性推动离婚的概率越大，而离婚后她们大多会选择嫁到城郊或条件相对较好的村庄。二是

① 宋丽娜：《“重返光棍”与农村婚姻市场的再变革》，《中国青年研究》2015年第11期。

② 陈讯：《越轨抑或常态：理解农村婚外性行为的一个视角——基于鄂东北y村的调查与分析》，《西北人口》2013年第1期。

③ 李树茁：《性别失衡、男性婚姻挤压与婚姻策略》，《探索与争鸣》2013年第5期。

农村年轻男性离婚后会重返婚姻市场，加剧了婚姻资源争夺，不仅对婚姻市场造成巨大冲击，还对婚姻稳定带来较大影响。根据1836份农村离婚的问卷调查与统计，再婚的频数为823次，占样本总量44.83%；没有再婚（以问卷调查的时间为准）的频数为1013次，占55.17%。这一数据表明，农村夫妻一旦离婚后，再婚的难度较大，尤其是男性。究竟是什么原因影响农村离婚夫妻再婚呢？我们来看1013份没有再婚的样本数据情况（参见表5-2）。

表5-2 农村离婚没有再婚的情况

没有再婚的原因	频率（人/次）	百分比（%）	有效百分比（%）	累计百分比（%）
离婚后不好找对象	309	30.50	30.50	30.50
离婚后没遇到适合的人	472	46.59	46.59	77.09
不再想找对象了	126	12.44	12.44	89.53
孩子小、还没打算找对象	66	6.52	6.52	96.05
其他	40	3.95	3.95	100
总计	1013	100.00	100.00	—

从上表可以看出，在农村社会中，夫妻一旦离婚，不好找对象的频数为309次，占样本总量30.50%；离婚后还没有遇到适合的人的频数为472次，占样本总量46.59%；不再想找对象了的频数为126次，占样本总量12.44%；孩子小、还没有打算找对象的频数为66次，占样本总量6.52%；其他情况的频数为40次，占

样本总量3.95%。由此可见，在没有再婚的群体中，认为不好找对象和没有遇到适合的人累计占比为77.09%，超过四分之三，这说明农村夫妻离婚后面临的再婚压力非常大。同时，在没有再婚的群体中，不再想找对象和孩子小、没有打算找对象以及其他情况的累计占比为22.91%。在这几种类型中，从农村离婚调查的实际情况来看，不再想找对象的离婚当事人大多是年龄偏大，或者是生病及其他原因。在孩子小、还没有打算找对象的离婚当事人中，年龄大多较小，在婚姻市场上因年龄优势获得再婚的机会较大，尤其是女性。因孩子小还没有打算找对象的女性较多，大多数是孩子未上学，甚至孩子仍需哺乳，但随着孩子长大，她们往往会选择再婚。相反，对于农村男性来说，一旦离婚且带着孩子，那么在婚姻市场上的再婚机会就会大大减少，尤其是中西部性别资源失衡的贫困地区，男性离婚后再婚的机会是非常小的。

受农村性别资源失衡的影响，农村离婚男性再婚的机会少、成本高，尤其是中西部农村地区。例如，在云南省文山州陶村（共1493人），1979年至2016年共有17对夫妻离婚，其中16名离婚妇女再婚，1名妇女是因年龄大不打算再婚；在16名离婚后再婚的妇女中，4人外出打工远嫁省外、1人外出打工嫁到昆明市呈贡区农村、2人嫁到离县城不远的城郊村、6人嫁到附近乡镇中心村（集市所在地）、3人嫁到附近乡镇其他村。在17名离婚男性中，仅有2人再婚，14人找不到婚配对象无法再婚，1人因年龄大不打算再婚。这种现象在中西部农村贫困地区是普遍存在的，在东部浙江省临海市、山东省平阴县、江苏省淮安市、河北省青龙县也较为普遍。显然，农村离婚会加剧婚姻的重组和失衡，对农村婚姻家庭带来较大的冲击。一方面在婚姻重组与失衡背景下助推农村彩礼不断攀升，另一方面在婚姻家庭博弈中妇女的地位不断得以提升，传统的婆媳关系、家庭关系以及赡养责任伦理嬗变，给农村婚姻家庭和社会带来较大影响。

我（魏某）是跑长途货车的，2009 年离婚，因为她有外遇。离婚后她回了娘家（邻镇），后来嫁人了，儿子由我抚养，她不管的（不付抚养费），也不需要她管。我和现在的妻子（王某，本村人）是经朋友介绍认识的，2012 年我们结婚时的彩礼一般在 6 万元左右，因为我是二婚，她是初婚，她们家当时叫我拿 8 万元做彩礼，还要去城里买房子，要是我不答应就结不了婚，因当时有一个竞争者（追求王某），所以我肯定答应嘛！我还多给了她父母 1 万块，叫他们拿去买衣服，因为我是二婚，还带着孩子，多拿 2 万多彩礼是应该的，去城里买房也是为了将来孩子上学，也是应该的。我们村里的光棍要么就是无法支付彩礼钱，要么就是自身条件差，我跑车赚了一些钱，有条件娶媳妇就是花点钱也要娶，要不然我就要打“光棍”了（WY，男，37 岁，山西省五寨县 X 乡人，NO：SX-WZ-D20170063）。

农村离婚会导致离婚当事人进行婚姻重组，影响婚姻重组的主要因素是婚姻当事人的婚姻资源禀赋和性别资源。在婚姻市场上的竞争中，初婚者普遍比再婚者具有优势，尤其是离婚后带着孩子的男性到婚姻市场上参与竞争时大多数是处于劣势的。相反，离婚妇女在农村婚姻市场上仍然有一定的优势，尤其是在性别资源失衡的农村。从魏某的二婚经历中可以看出，对方是初婚且开出高于当地彩礼以及附加到城里买房的条件，但魏某答应了女方的要求。这背后隐含着两个关键的因素：一是魏某是再婚，初婚的妻子可以向他进行彩礼要价，假如他不答应就很可能无法结婚，按照他的话说："我肯定答应，要不然就要打'光棍'。"这是他可以预见的后果之一，尤其是离婚之后带着孩子客观上为再婚增加了难度，并且当初王某还有一个追求者。二是再婚要具备婚姻资源禀赋。魏某能够成功再婚是因为他搞运输赚到了钱，以经济为后盾可以在婚姻市场上的竞争中占据优势，从而再次进行婚配，要不然就可能沦为单身。从魏某的案例中还可以看出，因为他是离过婚的人，在婚姻市场竞争中他根据自己的家庭经济条件抬高彩礼进行婚配资源争夺，这无疑拉高了当地的彩礼市场。显然，离婚意味着婚姻重组，在婚姻重组过程中不仅会拉高彩礼市场，还会提升妇女在家庭中的地位，甚至在婚姻上陷入恶性竞争，不仅进一步加剧农村婚姻失序现象，还对农村的孝道文化和家庭责任伦理带来较大的冲击。

从农村离婚对社会的积极影响看，离婚隐含着结束不幸福的婚姻的意涵，是婚姻当事人重新选择并追求幸福生活的自由权利，也意味着《婚姻法》中的离婚自由得以全面实践。换言之，在社会运行中，适度的离婚率是有利于社会良性运行和协同发展的，是社会进步的一种表现。但是，过快过高增长的离婚率对社会造成的影响是比较大的，尤其是离婚对农村婚姻家庭以及农村社会的影响是显而易见的，并逐步为农村婚姻稳定和家庭和谐带来潜在的社会风险，这一风险随着农村离婚率攀升还会日益加剧，从而导致农村婚姻失序现象进一步加剧。

七、社会失和

婚姻是乡村社会中的大事，不仅是两个家庭的联结和建立合法的双系抚育，还是乡村社会亲缘社会网络和各种关系再生产的基点，以及维系乡村社会秩序及其内在权力结构稳定的基础。[①]农村社会是一个熟人社会，婚姻不仅具有社会性，还具有家族和宗族之间的联姻功能，从这个层面上说婚姻具有很强的公共性。在传统社会中，婚姻关系是连接夫家和娘家两个家族或宗族的核心纽带，是熟人社会中构建互助合作、人情往来和社会交往等的重要基础。离婚就意味着夫家与娘家的连接纽带受阻，以及熟人社会中互助合作、人情往来和社会交往受限，甚至使农村社会失去和谐稳定的基础，带来相应的社会问题。

20世纪80年代到90年代，农村夫妻离婚之后，大多数夫家和娘家都会闹得不愉快，甚至产生较大的矛盾或爆发较大规模的打架行为。那个时候，离婚在农村社会中被认为是不雅行为，要面对强烈的村庄舆论，对夫家和娘家的声誉会产生不良影响。如

① 王庆明、王朝阳：《人情冷暖与亲属实践：中国乡村婚姻困境的一种解释》，《开放时代》2019年第3期。

果妻子在家不会理家、好吃懒做、不会为人处世，以及妻子越轨导致离婚，村庄舆论不仅会指责妻子，还会指责娘家没有教育好她，给娘家造成负面影响。如果丈夫好吃懒做、嗜赌，或家暴、越轨导致离婚，那么村庄舆论不仅对丈夫进行指责，还会遭到丈母娘家人指责，尤其是丈夫家暴、越轨导致离婚，丈母娘家通常会被卷入进来。比如，妻子娘家兄长或胞弟可能会对丈夫进行殴打或惩罚，为妻子在夫家受苦或受到伤害找回面子。当然，娘家人惩罚丈夫是有度的，在离婚原因中如果是丈夫不对，那么娘家适度惩罚不仅会挽回面子，也是为妻子找回尊严的做法，夫家也接受。但是，如果娘家人过分惩罚丈夫或群殴丈夫，那么夫家人甚至整个家族都会介入，形成娘家与夫家的对峙状态，以致引发治安甚至刑事案件。

20 世纪 90 年代中后期至 2005 年前后，随着打工潮兴起以及跨地域跨省婚姻增多，一方面，现代传媒的影响，比如电视入户的正面教育与引导，客观上削弱了传统村庄舆论对离婚的制约作用，随着离婚行为的增多，舆论制约力严重下降；另一方面，现代性因素渗透到村庄中，原本封闭型村庄的格局逐步被打破，人们更加注重追求美好生活，客观上减少了暴力性械斗事件，娘家与夫家对峙或打群架的现象越来越少。但是，娘家与夫家闹得不和谐的现象仍较为常见，尤其是在孩子抚养权争夺和抚养费分摊上往往产生矛盾，甚至闹上法庭进行裁决。这一时期农村离婚引发的社会不和谐问题从内生性秩序向法治轨道上转变。

2005 年以来，农村跨地域跨省婚姻增多，因夫妻离婚引发的娘家与夫家矛盾大大减弱。娘家与夫家地理空间的分隔弱化了直接冲突或对抗，同时跨地域跨省婚姻的缔结使不同地域的婚俗文化相交融，农村社会变迁加快，村庄舆论式微程度加深，婚姻的公共性削弱与个体化形成，在法治逐步普及下因离婚引发娘家与夫家的矛盾向法治化轨道转变。虽然离婚会导致娘家与夫家不和谐，但大多都会通过法律途径解决，诸如孩子抚养和家庭财产分割等问题。从总体上看，目前农村社会已经很少发生因离婚引发的群殴和械斗事件了。

> 我（杨某）们这里以前都是在本地找对象，在 20 世纪 80 年代离婚男家（夫家）和婆家（娘家）大多数都会吵架的，甚至打架，比如婆家兄弟觉得男家欺负了他们家的女娃（离婚女当事人），都会去找男家扯皮或打架，那个时候离婚的阵势大，村里和镇里都会来调解，不仅要劝说不离婚，还要防止扯皮打架。离婚后，男家和婆家在头几年都很少来往，甚至不来往，那个时候离婚影响很大的，比如男家和婆家离婚了，那么接下来不仅不来往，也不会再嫁来娶来的（指通婚），当孩子慢慢长大后，社会慢慢开放了，男家和婆家才会慢慢来往。不过，现在社会都开放了，大家都想得开了，都是自由恋爱，离婚时男家和婆家也很少扯皮打架了，好聚好散，都是和平分手（YMP，男，55 岁，重庆市渝北区 G 镇 X 村村干部，NO：CQ-YB-D20110064）。

在传统社会中，村庄舆论对夫妻吵架是持宽容态度的，但对离婚行为持负面看法。俗话说“哪有夫妻不吵架”，反映了舆论对吵架的宽容性。夫妻离婚就要另当别论了，因为离婚意味着夫家和娘家建立的姻亲关系破裂，在熟人社会中，两家的社会交往就会受到阻碍。在看待离婚行为的舆论导向上，如果妻子在夫家不守妇道或为人处世不当导致夫妻离婚，那么村庄舆论会对夫家表示同情，并对娘家进行谴责，娘家人通常也不会对夫家进行惩罚或报复，而丈夫（夫家）选择离婚也挽回了面子。如果离婚是男方理亏，比如，丈夫有家暴、嗜赌或婚外情等，这就涉及娘家在熟人社会中的面子问题，通常会牵扯女当事人的父母、兄弟姐妹及直系亲人。因此，一旦发生了离婚行为，作为娘家亲属，为了应对不利的舆论压力，他们通常都会找夫家理论，吵架或打架的风险极高，这么做是为了在熟人社会中表明嫁出去的女儿不能遭到不公平对待，不仅是为了从道义和面子上化解村庄舆论压力，还要为当事人找回公道和尊严。当然，夫妻已经选择了离婚，这就表明夫家与娘家在社会交往中撕破了脸皮，夫家与娘家的对峙不可避免，这种风险取决于夫家与娘家直系亲属的处理能力。从杨某的访谈中可见，20 世纪 80 年代，农村离婚事件很容易引发娘家和夫家的冲突，这是因为村庄比较封闭，离婚现象少，易形成舆论压力，且婚姻的神圣性和公共性强，人们对待婚姻很慎重，包办婚姻中夫妻离婚会引起双方父母或长辈介入，夫妻一旦选择离婚就意味夫家与娘家的姻缘关系破裂。随着农村社会流动和社会变迁加剧，人们对离婚的看法发生了转变，尤其是自由婚恋崛起、跨地域跨省婚姻逐步增多对比带来的影响是较大的。

在传统社会中，农村夫妻离婚对夫家和娘家的和谐相处造成了较大的影响，会削弱农村社会内部结构关系中的姻亲关系，加之受人口流动和通婚扩大的影响，农村社会中的姻亲关系逐步减弱。在国家行政体制改革背景下嵌入农村社会的行政权力退潮，农村社会中的离婚行政调解向法治处理转变，以及在婚姻个体化趋势下离婚逐步从家族公共性事件向个体私事转变，农村社会中离婚的社会基础变迁加快，为构建农村社会和谐稳定带来了一系列新问题。有学者研究认为，离婚会加快大龄离婚人口梯度失衡，对人口的出生率造成较大影响，并对人口迁移带来相应的影响。一方面，离婚之后，婚姻当事人为摆脱离婚烦恼离开原居住地；另一方面，因再婚者通婚圈扩大，促成人口迁移。[①]也有学者将离婚放到人口的生命历程中去进行研究，认为离婚对死亡率有相应的影响。比如，农村女性离婚当事人，受传统观念和婚姻破裂之后生存状况恶化的影响，对死亡率的影响会更大。[②]然而，离婚不仅会使婚姻当事人出现健康方面的问题，还会使婚姻当事人失业引发家庭经济困难，导致社会资本损失等。[③]

从宏观层面考察看，农村离婚的社会后果不容忽视。一是加剧农村婚姻重组，强化农村婚姻市场竞争，在性别比失衡背景下进一步加速农村婚姻失序，引发新的社会问题。在婚姻市场的竞

① 张洪芹：《中国离婚状态人口的两性差异特点、成因及影响》，《人口学刊》1999 年第 4 期。

② 刘海城等：《全国及分区域不同婚姻状况人口死亡特征研究》，《中国人口科学》1998 年第 4 期。

③ 张思齐：《离婚对家庭成员影响的差异性探讨——基于当代西方社会学者研究的视角》，《国外社会科学》2017 年 2 期。

争中，受婚姻资源禀赋的影响，农村“光棍”问题会进一步加剧，加之出生性别比的失调，未来农村婚姻稳定风险将进一步凸显。二是婚姻的解体必然对家庭和社会造成相应的影响，尤其是离婚造成的次生问题往往被忽视。比如，在云南、贵州、湖北、湖南、河南等省农村，离婚之后的男当事人无法在当地婚姻市场娶妻子，由此引发了心理问题，在村庄中搞婚外情、婚外性行为，甚至强奸妇女。当然，从处理结果来看，大多数离婚当事人与别人发生婚外情或婚外性行为，通常是涉事人与受害者私下进行。一旦发生强奸事件，就超越了私人调解和处理的界限，基层派出所和法庭就会强势介入处理。从对农村离婚当事人的访谈来看，有少数离婚当事人因受离婚伤害，对未来人生持悲观态度，甚至怀恨社会，因此走上违法犯罪之路，对社会的和谐稳定造成巨大影响。这些都表明由离婚引发的社会问题逐步凸显出来，成为农村社会治理中的难点。

综上，家庭是社会的细胞，婚姻不仅是建立家庭的基础，还是个体完成人生任务和实现人生意义的重要内容之一，是男女两性生物性和社会性的结合，它具有社会性，所以婚姻并非私事。离婚是超越婚姻当事人之间的事，涉及家庭的其他成员，尤其是孩子和老人。在转型背景下，农村离婚率不断上升，由此造成的社会问题日益严峻。一方面，离婚导致了婚姻解体和家庭破裂，给婚姻当事人造成伤害，导致家庭的抚养功能残缺、教育功能缺位和赡养功能弱化，对家庭造成巨大影响。另一方面，离婚加剧了农村婚姻重组，导致了婚姻失序，使婚姻市场竞争更为激烈，甚至陷入恶性竞争。同时，受婚姻破裂的影响，娘家与夫家、血亲与姻亲之间的关系变得微妙，维系村庄稳定的社会结构的关系网络发生了变化，加剧了社会失和风险。总的来看，农村离婚造成的社会问题是多方面、多层次和多维度的，需要引起高度重视。

第二节　累计效应：乡村振兴不可回避的风险

安东尼·吉登斯把风险社会看成是现代性产生的一种后果。与传统社会相比，他认为风险社会中的风险具有人为性和社会性，即在传统社会中，风险是外在的，是自然因素引起的，它源于人类自己，是社会发展和科学技术进步共同作用导致的负面后果。[①] 他还指出，在现代化发展的进程中，社会风险的发生是一种必然的结果，它打破了地域和时空限制，从这个层面上说，风险呈现出一种全球性、难以预测和不可控制的特点。从历史发展和总体上看，人类虽然不可能彻底避免和消除风险，但针对具体和特定的社会风险而言，有能力将其降到最低。[②] 贝克对工业化社会进行研究后指出，风险社会在个体化层面上表现为人际关系的“信任危机”和“生存性焦虑”，即人们生活在风险社会有一种害怕感。[③]

---

① ［英］安东尼·吉登斯等：《现代性——吉登斯访谈》，尹宏毅译，新华出版社2000年版，第42—47页。

② ［英］安东尼·吉登斯：《第三条道路——社会主义的复兴》，郑戈译，北京大学出版社2000年版，第179—197页。

③ ［德］乌尔里希·贝克：《自由与资本主义》，路国林译，浙江人民出版社2001年版，第136—137页。

从传统社会向现代社会转型的进程中，我国乡村社会经历了前所未有的变迁，农村社会日益理性化、家庭离散化以及婚姻个体化，不断加剧农村婚姻家庭的不稳定风险。显然，在国家全面实施乡村振兴战略的背景下，离婚潮的到来将对重塑农村传统伦理，加强精神文明建设、家风建设、婚育文化建设及乡村治理等造成不可回避的社会风险。

一、婚姻伦理风险

在西方研究离婚的理论脉络中，代际传递论是重要的解释理论，它的理论解释视角是将离婚放到代际影响中去考察，发现离婚具有较强的传递性，对婚姻的维系带来较大风险。比如，邦帕斯（Bumpass）等人在 1987—1988 年根据美国家庭调查的数据进行研究，发现父母离异会导致子女婚姻解体的概率比增加 70%，并指出婚姻的稳定性在父代与子代之间进行代际传递。[①]保罗·阿马托（Amato）基于美国的调查数据，从父母离异对子女的婚姻稳定性影响维度进行了考察，发现父母离婚与子女离婚的风险增加有紧密关系，若妻子成长在父母离异的家庭，那么她的离婚发生比将增加 69%，而丈夫成长在父母离异的家庭，那么他的离婚

① Bumpass，L.L.，T.C.Martin&J.A.Sweet，“The Impact of Family Background and Early Marital Factors on Marital Disruption”，*Journal of Family Issues*，Vol.12，No.1，1991.

发生比将增加189%。[①] 保罗·阿马托（Amato）的研究支持了邦帕斯的观点。在家庭场域中，父代离婚对子代具有直接影响，使他们在成长中普遍对婚姻的信心较低，使他们对婚姻观念和婚姻价值形成了负面的刻板印象。西方关于离婚的研究为本书提供了宝贵的理论借鉴，但西方的研究仅从家庭内部代际传递视角层面进行研究，并未将离婚导致的风险从个体的婚姻价值伦理视角进行研究，并未将婚姻价值变迁和伦理影响放到社会传递层面进行分析。在我国农村社会中，离婚不仅对婚姻当事人和家庭、社会带来不利影响，还会对婚姻伦理建设和婚姻稳定带来风险。

在我国的婚姻伦理中，夫妻“从一而终”和“相敬如宾”说明要对婚姻忠诚、恪守本分、互相尊重、各尽其职，夫妻的行为要符合地方约定俗成的风俗礼仪规范。而夫妻关系是一种社会关系，除了要有恩爱情感之外，还要有相应的责任和义务，主要包括对配偶、孩子及家族的责任，这要求夫妻把义理放到首位，夫妻双方在婚姻中都要使自己的行为符合义理，遵守婚姻传统伦理。[②] 在转型背景下，农村社会从相对封闭向开放转变，从传统向现代转变，婚姻伦理观念从一元向多元转变，使以家本位和家庭至上的传统观念向以人为本和个体化转变。[③] 显然，婚姻伦理观念转变为婚姻稳定性带来了相应的冲击，直接后果是婚姻的

---

① Paul R. Amato，“Explaining the Intergenerational Transmission of Divorce”，*Journal of Marriage and Family*，Vol.58，No.3，1996.

② 闫玉：《当代中国婚姻伦理的演变与合理导向研究》，吉林文史出版社 2009 年版，第 67 页。

③ 闫玉：《当代中国婚姻伦理的演变与合理导向研究》，吉林文史出版社 2009 年版，第 120—122 页。

稳定性下降，即婚姻伦理多元化影响婚姻稳定性，而离婚尤其是“闪离”又进一步加剧了婚姻伦理多元化，并不断诱发婚姻伦理风险，从而导致夫妻信任危机和婚姻焦虑。从农村离婚调查的情况来看，近年来受离婚潮的影响，农村社会的贞操观念日趋淡薄，未婚同居、未婚怀孕、婚外情等现象逐步增多，外出打工的年轻女性“傍大款”、年轻男性“钓富婆”的现象并不少见，离婚自由的个体权利崛起，赡养义务式微等，使农村婚姻价值变迁加快。于是，在婚姻经营过程中从注重家庭、家族利益向个体生活体验转变，从共同努力奋斗向追求个体物质享受转变，从注重传宗接代向个体情感满足转变，使农村婚姻伦理缺失进一步加剧。

现在的婚姻都是为了钱，有钱了生活就好了，妻子也不会花心了，没有钱娶来的妻子不仅会经常吵架，搞不好还会乱搞男女关系，甚至私下逃跑或离婚。近年来，我（杨某）们村里的风气越变越坏了，不正之风很严重。我们寨子上有一家三兄妹全部离婚了，老大（姓田）是2002年离婚的，老二是2009年离婚的，老三是女儿嫁到邻县后2011年离婚的。他们家不仅有离婚的传统，还喜欢乱搞男女关系。老二是跟寨子上一个女的（妇女）乱搞男女关系才离婚的，老三在女儿嫁到邻县后也是跟别人有不正当关系才离婚的。可能是受他们家的影响，寨子上的风气越来越差，也越来越乱，去年我侄儿跟邻村一个女的有不正当关系，我劝他知错就改，要不然家族的名誉就毁了，他不仅没有听进去，还很不高兴地对我说：“现在村里离婚的人都那么多，我就搞一哈（下）男女关系，又没有杀人放火，有什么大不了的？她（侄儿媳妇）不接受就离嘛！”他那么说，当时气死我了，我狠狠地骂了他一通，哎！现在很多年轻人根本没把婚姻当回事，太不正经了，搞不懂他们是怎么想的（YCL，47 岁，贵州省都匀市 S 乡人，NO：GZ-DY-D20160065）。

在传统社会中，离婚行为通常会被舆论话语置于不利地位，婚外情将被视为违反伦理的不道德行为，婚姻当事人在村庄熟人社会中通常会受到强烈谴责，尤其是女性会被认为是淫乱行为，如果因婚外情导致怀孕生子，那么在村庄熟人社会舆论中轻则被人背后嘲笑，重则被视为“孽种”。这表明在传统社会中，超越夫妻关系边界的越轨行为或离婚行为是不符合社会价值规范的，会被村庄熟人社会视为伤风败俗或不正之风的公共性事件。从杨某的访谈中可以看出，现在农村的“不正之风”正在进一步加剧，婚姻都是为了钱，没有物质做基础，婚姻是不稳定的，不仅会导致夫妻经常吵架，还会引发婚外情的问题，甚至导致“抛夫弃子”或“离婚”。这表明农村婚姻正面临着巨大的伦理风险。在这背后，是人们的婚姻价值发生了变迁，正如杨某劝他侄子对婚外情要知错就改，但他侄子拧他：“现在村里离婚的人都那么多，我就搞一哈（下）男女关系，又没有杀人放火，有什么大不了的？”由此可见，离婚对农村婚姻伦理造成了相应的影响。在杨某侄子看来，搞婚外情没有离婚严重，没有什么大不了的，言下之意是他只搞一下婚外情，还没有离婚呢！显然，受离婚的影响，农村的婚姻伦理和婚姻价值发生了嬗变，婚姻伦理中的彼此忠诚和恪守本分式微。村庄熟人社会中的婚姻神圣性逐步消解，个体化体验成为年轻一代追求婚姻的价值所在，婚姻“祛魅”之后的农村社会，已逐步被一个较为理性化的婚姻行为和婚姻观念主导，农村婚姻伦理性风险在逐步加剧。

彭某是我（许某）们村的。他是在2003年9月离婚的，离婚前都是很诚实本分的人，离婚的原因是妻子在市里打工期间有外遇，他发现之后不仅多次打他妻子，还暴打过那个男人。他妻子外遇对他打击很大，伤了他的心，在离婚后大概1年的时间，他都是萎靡不振的样子。2006年，他跟村里人南下广东惠州打工，据村里一起去的人说，他在惠州打工时喜欢去“花灯酒绿”的地方混（嫖娼），还生过病的（染过性病），2008年金融危机他回来后就没有再南下了，现在农闲时也会去市里打工。自从他打工回来之后，搞得村里没有安宁过，这几年他跟村里4个妇女和村外1个妇女都有不正当关系，扯皮打架很多次了，其中村里的1个妇女因为和他有外遇还离婚了，离了之后他又不娶人家，也不知道收敛，还不停地跟村里和村外的女人搞不正当关系。他这行为把村里的风气都搞坏了，村里经常跟他一起打牌的几个男人都被带坏了，都开始好他“那一口”了，怎么对得起家里的老婆孩子呀！真是没责任和良心（XFH，62岁，湖北省荆门市T镇人，NO：HB-JM-D20170066）。

离婚不仅会给婚姻当事人带来影响，还会带来次生影响。因为离婚当事人在遭遇婚姻不幸之后，往往会做出违背道德伦理之事，轻则影响身边的人，重则报复社会。从许某的访谈中可以看出，彭某遭遇了不幸的婚姻，他妻子越轨对他打击很大，使他从离婚前的诚实本分变为离婚后的“讨人嫌”，不仅嫖娼，而且在婚姻观念和婚姻行为上发生了巨大变化。比如，他跟村里一个妇女搞婚外情，在该妇女离婚之后他并没有娶她，也没有收敛，而是继续跟别人保持不正当关系。可见，彭某跟异性保持不正当关系并不是以结婚为目的的，而是不断进行性体验和耍流氓，更为关键的是，他把经常一起打牌且有老婆有孩子的人都带坏了，他们都开始搞不正当的男女关系，既没有履行婚姻责任，也没有尽到做父亲的责任，而是在婚姻行为中做出不道德的从众行为，婚姻价值取向呈现出去伦理化趋势。

从农村离婚调查的情况来看，离婚问题引发的婚姻伦理风险呈不断上升之势。一是离婚消解村庄舆论。在农村熟人社会中，离婚通常被视为丢人之事，也往往被人耻笑。村落共同体是在人与人、人与村落社会长期生产生活和社会交往中形成的价值规范，村庄舆论制约着人们违背村落社会共同价值的行为。因此，从这个层面上说，村庄舆论能有效地规范婚姻生活和约束婚姻行为，婚姻当事人在婚姻生活中即使遇到困难或夫妻之间产生矛盾也不会轻易选择离婚，客观上可以有效地促进婚姻关系的稳定。但是，随着村庄舆论式微，尤其是农村夫妻离婚现象不断增多，村庄舆论逐步失去了对离婚行为的制约力，俗话说的“舆不责众”正是这个道理。在北京市平谷区农村调查时，村干部陈某说：“以前离婚的人少，离婚怕大家背后说三道四的，现在离婚的人多了，没有人把离婚当回事了。”二是离婚引发从众行为。我国法律规定，婚姻自由不仅包括结婚自由，还包括离婚自由。在农村婚姻关系中，受社会结构性因素弱化和村庄舆论式微的影响，夫妻产生矛盾在缺乏相应的调解机制下便很容易产生离婚从众行为。从纵向维度考察看，取消农业税之前，国家行政权力全面嵌入农村社会，在婚姻家庭矛盾调解中起着缓冲作用，甚至能有效地消解离婚从众行为。但是，取消农业税之后，随着国家嵌入农村社会的行政权力退潮，婚姻变成了家庭私事，没有了国家行政权力的管控，变成了个体自由权利与法治相结合的婚姻维系模式，为从众行为留下了空间。在湖北公安县农村调查时发现，2005 年至 2011 年，村里一年平均 5 例离婚，其中三分之一的离婚夫妻因缺乏相应的调解机制，抱着从众心理解除了婚姻关系。比如，有 2 名离婚受访者异口同声说：“现在离婚的人多，一时气不过，说离就离了。”三是各种离婚原因叠加推动了婚姻价值多元化。农村离婚问题是由各种原因引起的，由各类矛盾引起的离婚往往在村庄熟人社会中被大众知晓，并有可能成为村庄内部婚姻行为规范和舆论式微的方向。比如，婚内越轨从之前被大众唾骂到现在逐步被人接受，认为越轨后知错能改就可以既往不咎，并能继续维系婚姻关系，尤其是在性别失衡的中西部农村地区。随着农村离婚问题不断涌现，离婚群体数量增加，在各种离婚原因交织和叠加的背景下，农村婚姻价值观念呈现多元化发展之势，不仅对农村婚姻行为规范和婚姻伦理建设带来了较大的风险，而且对农村婚姻的稳定性带来较大的影响。

二、婚姻行为风险

在转型背景下，农村离婚率不断上升的背后是婚姻的去伦理化。夫妻从“相敬如宾”、“从一而终”和“嫁鸡随鸡、嫁狗随狗”向“好聚好散”转变，这表明婚姻的价值观发生了变迁。婚姻价值观的变迁引起婚姻行为的转变。在农村熟人社会中，传统的婚姻行为受到婚姻伦理、婚姻制度、地方约定俗成的价值规范约束。在传统社会迈向现代社会的进程中，婚姻去伦理化日益明显，在人口流动、家庭离散、婚俗变迁、婚姻制度改革以及村庄舆论式微趋势下，婚姻的“工具化”增强、“祛魅化”凸显，个体化形成，从而导致农村离婚率不断上升。受离婚率上升的影响，农村社会中衍生出来的婚姻失范行为风险便与日俱增，成为社会关注的重要现实问题。

婚姻行为从形式上看是男女两性间的结合，但这种结合具有的意义却是社会性的，而婚姻行为的社会性是在婚姻过程中表现出来的，可以把它概括为：婚姻行为是存在于婚姻过程中的通过择偶、定亲、成婚等方式表现出来，是具有某种特定社会意义的人类活动。[①] 王跃生认为婚姻行为包括的内容很多，可以从多维度、多视角进行考察。比如，婚姻行为从人口学上看，男女初婚年龄和夫妇婚龄差异最有统计意义，它们与生育行为、家庭生命周期直接相联；从社会学角度看，初婚年龄和夫妇婚龄差异指标可以对一个时代的婚姻方式或男女在婚姻市场中的地位及其变化等有所反映。[②]有学者认为，婚姻行为包括初婚年龄、婚姻圈、结婚方式、婚姻文化等，[③]王歌雅认为，婚姻行为就是在婚姻伦理基本规范的制约下进行的，包括结婚行为、离婚行为和再婚行为，以及违背伦理的婚姻行为等。[④]有学者认为，农村婚姻行为受传统礼俗和现代法制约束，表现在结婚登记制度和法定结婚年龄、通婚范围以及实行一夫一妻制等。[⑤]也就是说，在国家相关制度嵌入下，农村婚姻行为不仅受婚姻制度的约束，还受地方性规范制约，形成了一定时代人们认可的婚姻行为规范。阎云翔通过对下岬村情况的研究后认为，在国家转型背景下，农村社会中个体的独立性日益增加与个人的情感追求和体验欲望日益强烈，夫妻之间的亲密关系在婚姻家庭生活中日益凸显，尤其是年轻一代，随着浪漫爱情和自由婚恋崛起，个人欲望、情感占有、物质体验的人生

① 张华：《河南潢川农民的婚姻行为研究》，《北京大学学报（哲学社会科学版）》，1993 年第 3 期

② 王跃生：《清代中期婚姻行为分析——立足于 1781—1791 年的考察》，《历史研究》2000 年第 6 期

③ 甘品元：《毛南族婚姻行为变迁研究》，《广西民族大学学报（哲学社会科学版）》2007 年第 6 期。

④ 王歌雅：《中国婚姻伦理嬗变研究》，黑龙江大学博士学位论文 2006 年 6 月。

⑤ 黄观鸿、程贵铭：《农村婚姻中的礼俗与法——河北省黄龙寺村婚姻行为研究》，《中国农业大学学报（社会科学版）》1999 年第 4 期。

观逐步形成，变成了“无公德”的个人。[①]在我国农村社会中，婚姻行为与传统伦理文化、生育观念、婚姻价值是紧密相关的。

受离婚率上升的影响，农村社会中因离婚衍生出来的一系列婚姻行为风险日益凸显，表现为婚外性行为加剧、“抛夫弃子”现象增多、农民工“临时夫妻”形成以及从事非法活动等社会治安问题日益严峻。在诸多社会问题不断衍生和叠加的背景下，重建农村婚姻伦理任重道远。从农村调查来看，因离婚衍生出来的婚姻行为风险较多，有几类较为突出的问题值得高度关注。一是婚外性行为加剧。在农村社会中，夫妻离婚之后，妻子通常会选择离开夫家或再嫁，尤其是年轻离婚妇女，而丈夫再婚的概率较小，这就形成了离异单身群体。众所周知，在离异单身群体中受婚姻破裂的影响，一方面大多数人会经常处于性压抑状态，受生理压抑的影响，往往会脾气暴躁、行为举止异常。另一方面少数人会为了满足性需求，在村庄中找性伙伴，尤其是留守妇女。比如，在湖北省公安县S镇X村调查时，1名离异单身男子在村里跟4名留守妇女保持不正当性关系。X村的另外2名离异单身男子受访时毫不避讳地说，“每隔两三个月就会进城找性工作者”。农村离婚问题会进一步加剧婚外性行为，从而衍生出社会风险。二是间接助推农村“抛夫弃子”行为，使婚姻去伦理化加剧。受离异单身群体增加的影响，农村婚姻将会进行重组，一些离异单身男子与留守妇女会发生婚外情，并导致她们“抛夫弃子”，衍生出

① 阎云翔：《私人生活变革：一个中国村庄里的爱情、家庭与亲密关系1949—1999》，龚小夏译，上海书店出版社2009年版，第243—251页。

严重的社会风险。比如，在贵州省都匀市S乡调查时发现，有3名离异单身男子与留守妇女发生婚外情之后，导致留守妇女“抛夫弃子”，最终离婚。这一现象并非偶然，在江西省赣州市南康区、贵州省毕节市七星关Y乡、贵州省大方县H乡、广西壮族自治区龙州县G镇等地调查时均有发现。可以说，农村离婚衍生出来的社会风险往往会不断叠加，造成较为严重的社会问题。三是导致农民工“临时夫妻”形成。农村离异单身男子要么继续留守村庄，要么进城打工。进城打工的男子因婚姻破裂，在性需求的驱使下，他们要么找性工作者解决生理需求，要么找外出打工的农村妇女搭伙过短暂的“夫妻生活”，学界将这一现象称为农民工“临时夫妻”。比如，在广东省东莞市G镇调查时发现，在7例农民工“临时夫妻”中，有4对农民工“临时夫妻”的当事人之一是离异单身，他们组建“临时夫妻”的主要目的是解决生理问题。此外，农村夫妻离婚往往会导致当事人身心受到伤害，促使离婚当事人从事违法犯罪活动，比如，组织卖淫或贩毒、实施诈骗、拐卖儿童、拐卖妇女骗婚、从事传销活动等，衍生出一系列社会问题。这些社会问题不断叠加，为社会治理带来巨大难题。

近十年来，时代变得太快了，离婚一年比一年多，我（栗某）们村这几年每年都有人离婚，婚姻乱了套，年轻人的一些做法不可理喻。我们这一代人对婚姻是非常严肃的，夫妻吵架、打架都不会离婚，现在的年轻人只要是几句话不投机说离就离了，真让人搞不懂。我们

> 这地方，现在很多女孩子在外打工，还没有结婚就同居，有些女孩子只有十五六岁就怀孕了，怀孕了怎么办呢？只有回来履行一个程序了（指结婚没有办仪式），要不然就要掉下来（孩子生下来），那就更丑了（指父母丢脸）。在选对象上，女孩子挑有钱的男人嫁，离过婚的、年纪大的、社会上的烂者（混混），只要你有钱就可以，没有钱你求都求不来（不愿嫁你）。男孩子只要是女的就行，寡妇、离过婚的女人也争着去娶，因为女孩子都不愿意嫁农村了，不娶也不行，要不然就打“光棍”了。更为重要的是结婚了也乱搞男女关系（婚外情），离婚都不当回事，何况搞点男女关系，对吧？哎！现在年轻人完全不把婚姻当回事，思想太开放了，我们完全不适应（LDH，53岁，贵州省都匀市S乡H村村干部，NO：GZ-DY-D20160067）。

农村离婚不仅会加速婚姻行为变迁，还会加剧婚姻去伦理化。从栗某的访谈中可以看出农村婚姻行为的变迁，按照他的话说“离婚一年比一年多”，“婚姻乱了套”。显然，农村离婚衍生出来的风险与婚姻行为是具有相关性的。在栗某看来，他们那个年代的人即使夫妻之间吵架、打架也不会离婚，但现在的年轻人变了，变成“几句话不投机说离就离”，把婚姻当“儿戏”。这种转变的背后隐含着人们对婚姻的根本看法和婚姻的价值取向，婚姻的“工具化”不断增强，婚姻的神圣性和神秘感逐步消退，婚姻的个体生活体验和实用主义日益形成，即“女孩子挑有钱的男人嫁，男孩子只要是女的就行”。由此可见，婚姻的“祛魅化”对婚姻行为带来了巨大的影响，人们在择偶上奉行实用主义原则。因此，在渐行渐远的乡土社会中，婚姻的“祛魅化”不仅使离婚率上升，还衍生出了一系列婚姻行为风险。

在转型背景下，农村社会中的内生秩序日益式微，以地缘、血缘和姻缘关系建立起来的社会价值规范嬗变，在国家行政权力逐步退出农村私人生活管理的背景下，婚姻价值发生了变迁，离婚问题的涌现衍生出诸多婚姻行为蜕变。从农村调查的实际情况来看，婚姻行为的蜕变主要包括以下几个方面。一是在择偶行为上的蜕变。农村传统的择偶观念和择偶标准发生了巨大的变化。对未婚女性来说，结婚的目标是嫁个有钱人，不管你的钱从哪里来，关键是有钱才能过上好日子；对未婚男性来说，只要是女的就不挑，关键是要结婚才行等。二是在婚姻仪式上越来越便捷化，婚姻仪式的庄严感和神圣性消退。比如，领张结婚证就行，办不办酒无所谓，甚至未婚同居或“先上车后补票”等。婚姻的庄严感和神圣性消退衍生出了一系列陋习，主要包括：彩礼节节攀升，闹洞房无底线、无原则等。三是在婚姻维系中“全乱了套”，“搞搞男女关系”玩玩也不足为奇，即使离婚也无所谓，“说离就离”。婚姻道德日益坍塌，婚姻价值变迁加剧，农村婚姻行为日益失控。日子过不下去或感觉婚姻不幸福就“抛夫弃子”和“抛妻弃子”，甚至在进城打工过程中组建“临时夫妻”等，各种婚姻失范行为叠加，衍生出一系列社会问题，从而导致了婚姻不稳定风险的日益加剧，离婚便成为一种常态。

三、家庭发展风险

家庭是社会的细胞，是人类社会发展的基石，是个体生活和情感依托的重要场所，是社会良性运行和协调发展的重要推动力量。习近平总书记曾深刻指出，要注重家庭、注重家教和注重家风建设。“天下之本在国，国之本在家”，家庭和谐则社会安定，家庭幸福则社会祥和，家庭文明则社会文明。家庭是以婚姻、血缘或收养关系为核心建立的社会单位，在通常情况下婚姻是构成家庭的基础，这就是夫妻、父母与子女之间的关系。[①]从功能上考察看，家庭具有经济合作、情感归属、社会分工以及抚育、赡养等功能，是家庭成员通过分工与合作完成家庭生产生活和人口再生产的场所。从家庭结构上考察看，可以划分为单亲（身）家庭、核心家庭、主干家庭、联合家庭等。在家庭的生命周期中，它要经历“诞生（组成）—发展—消亡”的过程，男女两性结为夫妻是家庭的开始，夫妻维持稳定的关系是家庭稳定的自然前提，夫妻离婚意味着家庭破裂，这种破裂具有人为性（非自然性），因此以夫妻为主导在家庭关系中起核心作用，是贯穿家庭生命周期的主线。在传统社会中，“男主外、女主内”是家庭分工模式，是夫妻合作进行家庭经济再生产和参与社会交往的基本形态，是抚养子女和赡养老人以及维系家庭稳定的基本保障。

随着改革开放的深入推进，市场化和现代性因素全面渗透到

① 杨善华编著：《家庭社会学》，高等教育出版社2006年版，第3—5页。

农村社会中，农村正处于全方位的、深层次的大转型、大变迁时期，社会结构变动加剧和社会分化加速，内嵌于经济发展和社会变迁之中的家庭婚姻关系发生巨大变化。一是在国家大力推进工业化和城镇化发展的背景下，受打工潮的影响，农民从单一的农业生产向工业和服务业拓展，从家庭收入相对均等化到收入差距逐步被拉大，并不断被分化成为不同的阶层。农村阶层不断分化导致了农村利益主体和利益来源的多元化，表现为各利益主体的关系复杂化，利益争夺矛盾日益明显化，并形成了多元的、复杂的利益新格局以及社会矛盾新体系。[①] 二是受农村阶层分化的影响，农村家庭模式多样化、结构简化、日常生活货币化、人情交往理性化以及家庭功能多元化等日益形成，家庭代际分工和夫妻城乡分工成为农村的一种普遍形式。在打工潮冲击下，农村核心家庭形式上增多，但实质上以代际关系构建的超越核心家庭形式的子代与父代（亲代）进行合作的家庭模式普遍出现，客观上强化了子代对父代的依赖，而这种代际依赖关系的重要连接纽带是“夫—妻”和“父—子”构建的家庭协作关系，核心是子代夫妻之间的婚姻关系。因此，在一个完整和稳定的家庭基本单位中，一旦夫妻离婚，便导致家庭关系破裂。显然，家庭作为夫妻经济发展协作、社会交往分工的基本单位，不仅承担生育抚育后代和赡养老人的基本任务，还是个体的情感归属和人生意义体验的场域，而家庭的破裂或出现变故必然会为家庭经济发展和家庭的基本功

---

① 杨华：《建构农村阶层关系研究概念体系》，《华中农业大学学报（社会科学版）》，2013 年第 3 期。

能带来影响。

从骆某离婚经历（参见NO：GZ-DY-D20160062）可以看出，离婚前，他和妻子有明确的家庭分工，妻子在家负责带孩子和照顾老人，农闲时他可以安心进城打工，但离婚之后，他必须回归家庭，既要赚钱养家糊口，又要承担起家庭的日常生活事务，按照他的话说：“离婚后，我既要赚钱养家糊口，又要养孩子，还要养老人；不仅孩子没养好，老人也照顾不周到，没办法只能靠自己撑着。”显然，骆某离婚后家庭经济发展模式发生了改变，家庭收入下降，沦为村庄中的贫困家庭，成为低保户（精准扶贫户），这表明农村离婚给家庭发展带来了巨大风险。在现代化进程中，传统的“男主外、女主内”的家庭劳动分工模式在市场化和打工潮的冲击下发生了改变，在家庭内部逐步形成了夫妻城乡分工模式或父代与子代的代际分工模式，即父代在家从事传统农业和照顾孩子，子代务工赚取货币性收入，或子代与父代在从事农业生产中进行家庭内外分工模式，从而维系家庭生产生活，这就构成了当前城乡二元结构背景下农村家庭劳动分工的基本形式。这样一来，在主干家庭中普遍存在父代与子代的代际分工，在核心家庭中普遍存在夫妻城乡分工的家庭再生产模式，整合了家庭中的劳动力资源，增强了家庭经济的抗风险能力。因此，在农村家庭中，无论是实行代际分工模式还是城乡分工模式，都要维持家庭的完整性，如此才能保证父代与子代、丈夫与妻子各司其职地进行家庭分工，才能更好地实现家庭的经济功能。由此可见，在农村家庭中，一旦夫妻离婚，不仅会使一个完整的家庭破裂，夫妻城乡分工模式终止，还会导致在一个完整的农村家庭中，以婚姻关系为核心的家庭关系瓦解，从而使家庭功能残缺，对家庭发展造成巨大冲击。

家庭负担是关系到家庭发展的重要因素。从问卷调查的数据统计来看，在1377个离婚家庭的子女抚养中，子女居住在男方并由男方抚养（包括代际帮助）占样本总量61.80%，子女居住在女方并由女方抚养（包括代际帮助）占样本总量25.85%，夫妻分养的占样本总量5.23%，由亲人抚养的仅占样本总量0.44%，子女已成年不需要抚养的占样本总量6.68%。子女抚养加重了家庭负担，为家庭经济发展带来了潜在的贫困风险，而骆某正是因离婚才使家庭陷入贫困的。从农村离婚群体的子女上学负担考察看，在1377个离婚家庭中，孩子还小没有上学的频数为172次，占样本总量12.49%；孩子继续上学的频数为988次，占样本总量71.75%；孩子大了无须上学的频数为196次，占样本总量14.23%；其他情况的频数为21次，占样本总量1.53%。显然，在农村离婚家庭中，夫妻离婚后需要继续承担子女上学的超过70%，占绝大多数。孩子还小没有上学的占样本总量12.49%，在这一群体中，随着时间的推移孩子长大之后会接受教育，仍需要承担教育责任，会给家庭发展带来相应的影响。孩子大了不需要承担教育责任及其他情况的占七分之一。从总体上看，婚姻解体意味着家庭破裂，而家庭破裂对城乡分工和代际分工造成巨大的冲击，使家庭陷入贫困的概率较大。

我（何某）们是2008年离婚的，有3个孩子，离婚后她带着小女儿回娘家，后来嫁人了；我没有再婚，大女儿和儿子（排行第三）由我养。大女儿去年考上了贵阳一所职业学院（大专），儿子今年初一。父母跟我们住一栋房子，父亲心脏不好，不能干重活。每年我把庄稼种了再出去打工（市里或贵阳），孩子留给父母看管。我还有一个弟弟，他家也有3个孩子，他们去江苏打工把小儿子带去了，老大老二留在家里也是由我父母看管。没有离婚时还好，有两个人分担家庭，离婚后家里什么事都要靠自己，既要找（赚）钱养家，又要照顾人情世故（人情交往），有些亲戚朋友办酒（红白喜事）走不过来就没有走，比如，办满月我就没有办法去，要么就我母亲去时带个礼去，要么就不去了。我家经济负担不轻，这几年政策好，我家前年（2014年）列为贫困户，女儿上学免了学费，要不然“吃不消”（HTH，41岁，贵州省毕节市七星关Y乡人，NO：GZ-BJ-D20160068）。

在农村社会中，夫妻离婚使家庭破裂，不仅会给家庭经济发展带来风险，还会给家庭参与村庄社会交往带来风险。俗话说“男主内、女主外”，其中不仅包含家庭生产生活分工，还包括家庭社会交往分工。在农村熟人社会中，家庭社会交往具有非常重要的意义，尤其是在红白喜事中的社会交往不能少。从家庭更替维度考察，农村家庭立足于村庄熟人社会包括了三个基本要素：财产、伦理责任和社会交往。这三个要素直接影响家庭的发展，财产要素是实现家庭生产生活的基础，伦理责任是维系家庭稳定的柔性规范，社会交往是使家庭在村庄立足或被认可的重要途径，它包括人情往来和互助合作。夫妻离婚之后，推动家庭发展的三大要素将会受到相应的影响，带来较大风险。比如，何某离婚之后，家庭发展过程中没有妻子为他分担责任，参与社会交往时出现了家庭功能残缺的现象，社会交往风险凸显出来。按照习俗，满月酒一般由家庭中的妻子前往参加，没有妻子的他要么选择母亲参加时帮助带个礼，要么选择不去。在村庄的红白喜事中，何某参与度受限，久而久之可能被大家边缘化，影响家庭的人情往来和互助合作。再比如，山东省昌乐县Y镇W村村民李某，离婚后，他不再与妻子娘家交往，由于需要照顾老人和子女，他几年不参与村里的红白事操办（帮忙），他母亲逝世时村里没有人帮他操办，他不得不请村干部帮忙才将母亲下葬。此事发生之后，村里人都将这事作为范例，用来教育子女。由此可见，离婚对家庭的社会交往影响是比较大的。

在农村家庭中，夫妻关系是否稳定事关家庭发展。如果夫妻总是闹矛盾，尤其在离婚过程中长期僵持，甚至付诸司法解决，那么对家庭的财力和物力消耗较大，对家庭生产生活造成的影响也较大。从农村调查情况来看，通过走司法程序进行离婚的夫妻，要么涉及财产分割，要么涉及子女抚养权，这一过程往往会经历较长时间，对家庭和当事人造成较大影响。当然，对于想离婚的一方来说，影响相对较小。夫妻离婚虽然在家庭功能上的风险是可预测的，但是衍生出来的家庭发展风险较高，特别是在伦理方面的风险具有长久性、多变性和不可预测性，是多层次和全方位的，影响较为深远。

四、社会稳定风险

家庭是社会的细胞，离婚不仅会导致家庭破裂，还会给社会稳定带来潜在的风险。塞缪尔·亨廷顿在《变动社会的政治秩序》一书中从政治社会学视角提出了一个核心命题：现代性产生了社会稳定，而现代化却产生了社会不稳定。在他的阐述中，传统社会是一个高秩序的稳定社会，但在传统社会向现代社会转型（或过渡）进程中常常会发生动乱，人们新的行动方式、价值理念和合法性秩序建立之后，这种动乱才会逐步告别，并进入现代性社会。[①]从亨廷顿的分析中可以看出，从传统社会向现代社会转型过程中，社会稳定的风险是不可回避的，这与个体行为、价值观念和社会秩序的建立密切相关。社会学家帕森斯从结构功能主义视角出发，认为社会稳定的关键在于社会运行中各个社会的子系统之间的互相协调或媾和，其中经济和政治稳定是基本，社会秩序稳定和社区稳定是条件，并进行社会价值观念的整合，从而达到社会稳定的目标。[②]在此基础上，默顿认为社会制度对个体行为的影响是显著的。他指出，在社会和文化结构的很多要素中，文

① ［美］塞缪尔·亨廷顿：《变动社会的政治秩序》，张岱云等译，上海译文出版社1989年版，第35—78页。

② ［美］帕森斯：《现代社会的结构与过程》，梁向阳译，光明日报出版社1988年版，第81—107页。

化要素规定了个体的目标，社会制度规定了达到目标的合法途径，个体要达到自己所期望的目标就要与标准联系起来，使两者之间达到一定的平衡才能保持下去，即社会才能保持稳定。显然，一个秩序稳定的社会，是存在于这个社会中的各个要素被整合为一个有机整体的社会，但这并不意味着社会在运行过程中就没有了社会风险。

中国传统社会是一个宗法性强、封闭性大、同质性高的一体化社会，表现出高度的稳定性。[①] 但是，在转型背景下，受市场化和现代性全面渗透的影响，农村阶层分化加剧，社会性竞争越演越烈，以家庭为单位的代际分工和夫妻城乡分工形成，打破了封闭性和同质性的一体化社会，宗法性内生秩序式微，利益主体多元化格局形成，各类潜在的社会风险增加。离婚导致家庭破裂，不仅使原有的夫妻经济合作和分工模式解体，还瓦解了个体的情感归属和抚育赡养以及社会交往功能，这样一来，很容易使离婚当事人、家庭成员在个人行为和价值观念上发生社会越轨行为，从而给社会稳定带来风险。

众所周知，离婚会给当事人带来心理和精神上的伤害。在离婚过程中或离婚之后往往会伴随着夫妻之间的争吵、纠纷以及暴力犯罪行为，可能给当事人造成永久性伤害，甚至导致当事人精神病、自杀或走上犯罪的道路，给家庭发展、社会和谐与稳定带来巨大风险。从社会稳定运行与协调发展来看，家庭是每个人的

① 高兆明：《社会失范论》，江苏人民出版社 2000 年版，第 29—30 页。

生活场所和人生情感归属的场域，婚姻破裂对家庭造成巨大的冲击，衍生出一系列问题对社会稳定造成影响。在打工潮背景下，农村家庭离散化增多，夫妻分居异地时，一方越轨会对婚姻造成巨大冲击，在这一过程中引发的夫妻冲突、受害者与第三者的冲突是引发社会治安问题的潜在风险点。比如，在安徽省芜湖市繁昌区P镇X村的一对夫妻，丈夫在南京打工期间，妻子与邻村某男子发生了婚外情，丈夫返乡后将邻村该男子打伤住院（法院鉴定为轻伤），受到了法律的相应处罚，但他并没有挽回破碎的婚姻。在农村婚姻维系过程中，夫妻一方越轨，打破了夫妻之间性的权利和义务的平衡，衍生出的社会治安风险是较大的。可能的社会后果主要有几类：一是受伤害方如果是男性，他为了在村庄中挽回颜面，通常会采取暴力或威胁等手段对第三者进行惩罚。当然，这种情况要取决于受伤害方是否比第三者强大，如果受伤害方没有第三者强大，要么不声张处理求和，要么直接与妻子离婚。二是受伤害方如果是女性，面对丈夫的背叛，她要么选择忍气吞声，要么选择报复或离婚。若选择报复，那么取决于她能不能驾驭丈夫和有没有能力对第三者进行报复。三是若夫妻双方都是越轨者，这类婚姻关系引发的社会冲突较少，离婚的概率非常高，他们要么为了孩子保持名义上的婚姻，要么等待时间办理离婚手续。

当夫妻关系破裂，婚姻已没有挽回余地，进入离婚环节，双方要么较为和平地离婚，这类离婚可以避开对彼此造成伤害；要么争吵不断、纠缠不清，甚至出现暴力行为，这类现象将会对当事人带来较大影响，造成永久性伤害，甚至衍生出一系列社会治安问题。在夫妻和平离婚的过程中，发生社会治安事件的概率非常低。这类离婚在最近十余年较多，尤其是“80后”和平离婚的多，这与打工潮席卷、村庄舆论式微和婚姻价值变迁的关联度较高。在争吵、纠纷不断以及付诸暴力的过程中离婚，极容易引发社会治安问题，潜在的风险较高。2012年，笔者在贵州省都匀市S乡做田野调查时得知，该乡因离婚问题发生了一起严重的刑事案件。

2008年，田某（女）在娘家人一片反对声中坚持与刘某办理了结婚证（未办结婚酒）。娘家反对的理由是刘某家贫穷。结婚后，两人一起去浙江打工。2009年8月，两人返乡生下1子。孩子出生后，刘某在家照顾母子两人，因刘某家境贫穷且夫妻没有了打工收入，生活非常拮据。2010年回娘家拜年时，田某夫妻与刚结婚的堂妹夫妻放鞭炮给娘家增添喜庆，因经济条件受限，他们买的鞭炮少，草草收场。田某父亲责怪田某嫁了一个穷女婿，刺激了田某，使田某在这事上与刘某吵架，导致夫妻矛盾激化。夫妻两人过完春节之后虽然都去浙江打工，但处于分居状态。在夫妻分居期间，田某的堂妹将索某（堂妹夫家寨子上的人，比刘某家富裕，是强悍之人，刘某不敢找他打架）介绍给田某，田某与索某建立起恋人关系（非法同居）。刘某知道这事之后找田某谈，要求看在孩子面上与索某断绝来往，但遭到田某拒绝，夫妻关系进一步恶化。2012年4月16日，夫妻闹离婚吵架，田某跑回娘家。4月19日中午，索某从邻村开着皮卡车到田某娘家找田某（娘家默许他们交往），并在田某父母家留宿。4月20日，刘某来田某娘家接田某回家正好碰到索某，刘某大怒：“我就是一个穷光蛋，但是你给我戴绿帽子不仅丢我的脸，连我刘家的脸都被你（因是刘家媳妇）丢光了……”大吵一架之后，在娘家人的劝说下，两人约定好吃完午饭后去乡政府民政股办理离婚手续。吃完午饭之后，田某、刘某、索某和田某堂哥4人一起去乡政府办理离婚手续。索某开皮卡车，田某堂哥坐在副驾驶位，田某夫妻坐后排。车开到山脚下时，夫妻为了孩子抚育之事又开始吵架，刘某叫索某停车，要求下车跟田某商量，田某刚下车，刘某就将事先准备好的匕首狠狠地向田某胸部刺去，几秒钟内连刺了7刀。田某倒下之后，刘某拿着匕首向自己胸前连刺了4刀，夫妻两人当场死亡（TJX，22岁，贵州省都匀市S乡X村人，NO：GZ-DY-D20120069）。

在农村熟人社会关系网络中，妻子明目张胆地越轨会使丈夫颜面扫地。丈夫若要找回尊严，严惩第三者是合情合理的选择。当第三者强大到能让受害者知难而退时，受害者选择法律手段维护自己的合法利益是正确的途径，但是受农村性别失衡的影响，当妻子越轨并提出离婚时，作为受害者的丈夫通常会掂量离婚带来的后果，选择法律途径常常会逼迫妻子更加坚定地离婚。因此，作为受害者，丈夫一般会低调地选择妥善的处理方式，较为常见的处理方式是劝说妻子回心转意。夫妻一旦越轨，就彻底打破了夫妻之间的权利与义务关系，尤其是妻子肆无忌惮地进行婚外情时，往往会激怒丈夫，为了维护男人的尊严采取极端的方式就不可避免了。正如刘某所说："你给我戴绿帽子不仅丢我的脸，连我刘家（夫家）的脸都被你丢光了。"在农村社会中，如果夫妻一方越轨之后仍没有悔改之意，那么受害一方可能会动用亲属和朋友网络参与化解矛盾。如果越轨一方有离婚的决心，尤其是女性，那么夫妻关系将降到冰点，受害一方采取暴力报复就不可避免，从而引发社会治安或刑事案件。从纵向的维度考察看，在打工潮形成之前，农村处于相对封闭的状态，因通婚圈小和村庄舆论制约力强，一旦夫妻进入离婚环节，夫家和娘家通常会被卷进来，轻则调解，重则吵架或打架。从农村调查的实际情况来看，在 20 世纪 80 年代的离婚夫妻中，离婚常常导致夫家和娘家吵架，甚至发生肢体冲突或大打出手的现象，引发社会治安问题。随着打工潮的兴起、通婚圈扩大、村庄舆论式微以及家庭离散化加快，夫家与娘家对夫妻离婚的介入被削弱，尤其是取消农业税之后，国家嵌入到农村社会的行政权力退潮，离婚逐步从家族公共性事件向个体性私事转变，夫家和娘家逐步从吵架或打架的深度介入转向劝说。虽然离婚引发夫家和娘家群体性冲突的概率降低，但在人口流动加剧的背景下，受农村社会变迁的影响，农村婚外情或婚外性行为逐步增多，成为夫妻离婚过程中引发社会治安问题的潜在风险，这一现象值得进一步关注。

从离婚后的社会稳定考察看，夫妻办完离婚手续意味着解除了婚姻关系，在个体人身权利上得到法律保障。事实上，农村夫妻离婚之后引起的纠纷大多集中在子女抚养方面，引发的社会治安或刑事案例甚少。从时间维度考察看，在农村打工潮形成以前，夫妻离婚之后夫家和娘家通常会处于不友好甚至充满敌意的状态，当然这取决于夫妻是否有孩子，如果已生育养育子女，那么夫家与娘家之间的关系相对来说不会太紧张，尤其是在非宗族性的农村地区，引发的社会治安风险较低。打工潮形成以来，农村夫妻离婚之后，当事人直接产生矛盾和引发社会治安的事件较少（除非关涉子女抚养）。但是，由离婚对个体造成的伤害而衍生出来的次生社会风险较高。一是男性因离婚受伤害可能会精神失常、心理变态或行为失范等，给社会带来危害。比如，有的男性离婚后从事抢劫、强奸、偷盗、诈骗、暴力等活动，对社会稳定带来巨大风险。二是女性因离婚受到伤害可能对社会带来较大危害，她们离婚后可能从事卖淫、诈骗、偷盗、拐卖儿童等活动，给社会稳定带来较大风险。三是农村离婚问题会造成出生率下降、妇女儿童的生活水平降低，以及家庭成员的心理压力增大。比如，有研究表明，残缺家庭滋生出不利于社会发展和稳定的风险因素，在其中生长的孩子心理不正常和社会越轨及犯罪率普遍较高的现象频发。

综上，在社会转型背景下，农村离婚衍生出一系列社会风险，集中表现在婚姻伦理风险、婚姻行为风险、家庭发展风险和社会稳定风险上。这些风险与国家体制转型、经济转轨、人口流动、家庭离散和舆论式微紧密相连，在婚姻“工具化”、“祛魅化”和“个体化”作用下展现出来的，是婚姻价值变迁作用下引起的社会后果。在新的婚姻价值体系尚未建立起来时，农村婚姻失范行为在未来一段时期可能会进一步加剧，成为全面实施乡村振兴战略亟待解决的现实问题。

结论　劳燕分飞为哪般？

家庭是农村社会最重要的细胞，而婚姻是这个最重要细胞的甬道。婚姻是男女双方的社会性结合，它不仅关系夫妻双方的个体生活、情感体验、抚育子女、赡养老人和人生价值与意义，还关涉娘家和夫家建立的社会交往和熟人社会关系网络，并担负着维系农村社会稳定与发展的重担。在社会转型的背景下，城乡人口高速流动，农民的价值体系经历了嬗变和重构，市场化和城镇化裹挟着现代性全面渗透到农村社会，成为推动农村婚姻观念、婚姻习俗、婚姻行为和婚姻价值等的变迁的重要力量。因此，要理解农村离婚潮的到来，就需要从农村离婚的外因和内因入手，从个体权利、婚姻自由与村庄社会结构等方面去理解农村离婚的实践逻辑。本书通过对我国农村离婚问题的现状、特点、原因及发展趋势等进行分析，得出的研究结论是：农村夫妻离婚的原因是多方面的，农村离婚潮的到来是内因和外因共同作用的结果。从内部因素来看，受婚姻价值变迁的影响，农村婚姻的“工具化”增强、“祛魅化”凸显和“个体化”形成，助推了农村离婚潮的来临，由此衍生出一系列社会问题，引发了很多社会风险。从外部因素来看，人口流动加剧了农村家庭离散化，在社会结构弱化与婚姻制度变迁背景下，农村婚姻行为、婚姻观念、婚姻习俗以及村庄舆论等发生了嬗变，为农村离婚提供了一个相对宽松的外部环境。

一、个体选择与农村离婚的实践

当前，我国正经历从传统社会向现代社会、从农业社会向工业社会、从封闭型社会向开放型社会转变的过程中，农村的婚姻家庭正在快速变迁。离婚是社会发展中存在的一种社会现象。在婚姻关系中，一旦夫妻矛盾不可调和，离婚便成为一种选择。从夫妻双方来讲，离婚可以作为个人权利进行自由选择，以此作为婚姻质量的保证，即离婚是结束低质量婚姻的途径。从某种意义上说，这也是社会进步的表现。夫妻选择离婚是婚姻自由的体现，也是我国相关法律在农村实践的体现。但是，当前农村的离婚潮如此凶猛，不仅反映了农村的婚姻危机，还反映了农村婚姻秩序、婚姻价值和家庭观念的快速变迁。

“好合好散”是农村包办婚姻瓦解与自由婚恋形成的集中体现，不仅体现了农村夫妻结婚自愿，还体现了农村夫妻离婚自由。这一社会现象形成正是婚姻主导权下移，婚姻主体的个体权利崛起与父权衰落的象征。离婚是婚姻关系无法维系时夫妻个人婚姻权利的选择。从农村离婚的原因统计分析看，感情不和、性格不合和家庭矛盾分别排在前三位，在总频数中占比分别为 37.18%、26.99% 和 18.93%。其中，夫妻感情不和和性格不合在总频数中占比超过 60%。此外，家庭贫困或生育问题导致离婚的频数在总频数中的占比均超过 6%，因夫妻一方伤残（或疾病）、犯罪和征地拆迁等离婚的频数在样本总量中均占有一定的比重。由此可见，当前，农村社会夫妻离婚的原因是多样化的，这表明农村传统的“嫁鸡随鸡，嫁狗随狗”的婚姻行为日渐消解，离婚潮来势汹涌。

打工潮的形成推动了农村婚姻关系的变化。一是打破了传统的通婚圈，跨地域、跨省婚姻日益增多。受通婚圈扩大的影响，婚姻缔结和维系中传统的娘家与夫家关系发生了质变，使婚姻的“公共性”瓦解与“个体化”形成。同时，受进城打工接受城市现代生活洗礼的影响，婚姻当事人的本体性价值削弱、社会性价值增强，在婚姻关系中更加追求社会性消费、物质生活体验、面子获得等，传宗接代、家族兴旺等观念被削弱。在婚姻关系维系中，婚姻当事人从注重家族和宗族传宗接代、延续香火向个体化情感满足和生活体验转变，从“从一而终”向“好合好散”转变。这一转变虽然是婚姻当事人婚姻自由和选择权的崛起，但是客观上推动了离婚潮的形成。二是打破了传统的就业方式，农村夫妻从事非农就业的逐步增多，家庭代际分工和夫妻城乡分工模式越来越普遍，家庭离散化日益形成。受农村性别资源转移、婚姻主导权下移的影响，在家庭权力结构中，农村普遍出现了由纵向“父一子”主轴向横向“夫一妻”主轴转变的现象，维系婚姻稳定的社会结构性力量削弱，导致了农村婚外情（婚外性行为）、“抛夫弃子”和“闪婚闪离”等社会现象增多，婚姻关系维系中的“守身如玉”、“嫁鸡随鸡，嫁狗随狗”和“从一而终”等传统观念发生了革命性变化，农村离婚风险不断增大。

婚姻是组建家庭的基础，家庭是社会的细胞，婚姻家庭的不稳定必然会引起社会的不稳定。在传统“从夫居”的农村社会中，婚姻的目的是传宗接代、延续香火和完成个体的生命意义，在婚姻维系中当事人要服从于家庭、家族及宗族利益，生活在“祖荫下”的人们需要延续婚姻传统伦理并不断重构家族、宗族关系。因此，离婚不是个体之事，它关涉家庭、家族及宗族，尤其是子女健康成长和老人赡养以及社会和谐稳定。离婚使家庭破裂，不仅会造成婚姻当事人心灵上的伤害，还会导致抚养残缺、教育缺位、赡养弱化、婚姻失序和社会关系失和。从社会的角度看，离婚不仅意味着家庭破裂，还会衍生出一系列不稳定的社会风险。比如，婚姻伦理风险、婚姻行为风险、家庭发展风险和社会稳定风险。由此可见，在农村社会中，没有可以预期的幸福婚姻，没有安全稳定、和谐的家庭，社会秩序就会失去家庭这个基础力量的支撑，就会引发更多的社会问题和衍生不确定的社会风险。

二、结构弱化与离婚的影响机制

在社会转型期，我国经济迅速发展、人口高度流动、改革循序渐进、习俗变迁加剧。农村离婚具有较为鲜明的时代特征，是我国社会转型、农村家庭变动和婚姻价值变迁的一种映照。表面上看，农村离婚是社会转型期和全国婚姻市场形成之后农村婚姻危机的一种表现，是夫妻矛盾交织和家庭矛盾汇聚所产生的后果。

事实上，农村离婚融合了诸多复杂的元素，形成了婚姻与诸多社会元素相互嵌入的结构与体系，它与社会结构弱化、婚姻家庭观念嬗变和婚姻资源的重新配置紧密相关。分田到户以来，尤其是市场经济体制建立以来，我国农村的生产力和生产关系得到解放和优化，释放了大量剩余劳动力进城务工，形成了史无前例的打工潮。人口流动加剧了农村家庭离散化，夫妻城乡分工模式导致了婚姻功能弱化和家庭功能蜕变，在维系婚姻稳定中夫妻互助关系减少、情感关系弱化，个体独立性和自主性增强，婚姻行为嬗变。受婚姻制度改革的影响，原本嵌入到农村社会中的婚姻调解制度逐步退出，在《婚姻法》不断完善下农村婚姻与传统内生性规范脱嵌，“说离就离”成为一部分婚姻当事人追求婚姻自由的借口。2020 年年底，民政部虽然出台了离婚冷静期政策，但是效果有待观察和检验。同时，受农村婚俗变迁和婚姻行为转变的影响，村庄舆论式微程度前所未有，维系婚姻稳定的柔性规则逐步消解，为农村夫妻离婚提供了一个宽松的外部环境。

在传统社会中，婚姻的重要功能是生育抚育子女、传宗接代和继承家庭，是以父母为中心的生育抚育模式，是娘家和夫家结成亲缘关系的核心纽带，可以说，婚姻附属于生育制度。受社会结构弱化与价值变迁的影响，婚姻的目的和意义逐步异化，它成为追求或获取个体幸福生活的手段，生育抚育功能和维系娘家与夫家关系的功能削弱，婚姻逻辑逐步转变，物质要素在婚姻稳定性中的重要性日益凸显，婚姻的“工具化”日益增强。婚姻的“祛魅化”加速，其神秘感和神圣性日渐消解，传统婚姻伦理嬗变加速，婚姻的责任和义务逐步减少，家庭观念越来越淡薄。在婚姻维系中，夫妻少了一些“相见如宾”，不再恪守“同甘共苦”，使婚姻“从一而终”向“崇物而终”转变，从“执子之手，与子偕老”向“好合好散”转变，婚姻普遍呈现出去伦理化。婚姻的公共性和庄重感弱化，“个体化”增强，婚姻当事人从注重传宗接代向个体情感满足和物质消费体验转变，婚姻的传统功能式微。在婚姻维系中，满足个体性需求成为追求幸福生活的目标，为“自己而活”成为婚姻中的普遍现象。部分婚姻当事人只想在婚姻中索取，却无视婚姻的责任和义务，成为婚姻中的无公德个人。婚姻的去道德化加速，聚合力降低，使农村离婚风险上升。

农村社会结构弱化对婚姻稳定性的影响是较大的。从农村婚姻缔结和维系的动态考察看，自由婚恋崛起加剧了农村婚姻从“父母之命、媒妁之言”的包办型向介绍型和自由恋爱型婚姻缔结模式转变，包办型婚姻逐步演变成介绍型婚姻和自由型婚姻。在运用 probit 模型对农村社会结构性因素与离婚的相关性进行验证（样本量为 1836 个）时，不同类型的婚姻关系中所对应的回归系数为 0.089，相应的 p 值为 0.003，高度显著。在包办型婚姻维系中，主要以家庭、家族以及婚姻习俗和地方性规范为主，因通婚圈相对狭窄，夫家与娘家居住距离近，以家族、宗族以及地方性规范秩序为核心维持婚姻的稳定性。在婚姻关系中，夫妻一旦产生矛盾需考虑夫家和娘家的面子，以及熟人社会中家族和宗族的利益，因此，社会结构性因素对离婚的干预性较强。在自由型婚姻维系中，尤其是跨省、跨地域缔结而成的婚姻，夫妻通常是因打工相识，主要以情感或物质为基础建立婚姻，社会结构性因素对离婚的干预较小。在介绍型婚姻维系中，其社会结构性因素对离婚具有相应作用。上述情况表明，在社会转型背景下，农村离婚不仅有个体原因和婚姻价值变迁的推动，还与社会结构变化紧密相关。

三、婚姻自由错位与农村离婚潮

从农村离婚考察来看，无论是个体婚姻权的选择，还是社会结构性力量的弱化，都隐含了婚姻自由的变化，只是婚姻自由在形式和内涵上发生了错位，导致了农村离婚迅速上升。在传统社会中，受宗法礼教和婚姻伦理的影响，父代对子代婚姻权的干预较多，包办婚姻现象普遍存在，主要表现在：一是父代在子代的婚姻择偶权问题上处于主导地位。父代掌握了家庭生产资料的分配权，且受传统伦理文化影响，子代服从于父代则是“孝”的表现。二是父代对熟人社会中的人际关系、家庭、家族及宗族之间的社会交往熟悉，子代的婚姻大事往往会选择知根知底的夫家/娘家进行缔结，或子代联姻要有利于家庭、家族及宗族的长远利益发展，从而构建夫家与娘家的紧密社会交往关系。这样一来，婚姻当事人的婚姻自由权往往被剥夺，反对包办婚姻在农村社会中就普遍存在，即婚姻形式上是不自由的。打工潮形成以来，农村青年纷纷进城打工，受非农就业和地理距离的影响，子代在婚姻权上逐步脱离了父代的管控，婚姻主导权下移和青年一代的自由婚恋全面崛起，跨省、跨地域婚姻逐步成为农村青年婚姻缔结的普遍现象，农村婚姻在外在形式上摆脱了父代干预，婚姻形式自由得以实现。显然，婚姻权被剥夺的当事人，一旦被动结为夫妻关系，潜在的离婚风险就会一直伴随。

在传统社会中，婚姻是以双系抚育为中心的生育制度形式，不仅是实现传宗接代、延续香火和完成生命意义的重要途径，还是夫家和娘家联姻的核心纽带。因此，婚姻不仅具有社会性，还具有公共性，其内涵是实现人有限生命的无限意义，即婚姻内涵是自由的，是每个人实现本体性价值中的重要环节。受人口流动和现代性因素全面渗透农村社会的影响，婚姻的“工具化”增强和“个体化”形成，使婚姻的内涵发生了“祛魅”，强调个体化生活体验的婚姻行为逐步增多，婚姻的目的和意义逐步脱离了以父母为中心生育制度的形式，婚姻不再是家族与家族之间的联姻和结盟，婚姻的亲情感和归属感弱化，逐步转变为以个体化生活享受和个体性幸福生活追求的手段，婚姻的内涵陷入了物化，甚至与物质紧紧地捆绑在一起。在婚姻关系的维系中，当没有物质条件作为支撑时，夫妻离婚的风险就会逐步上升。

在传统社会中，婚姻从缔结到维系再到自然解体，要求夫妻“相敬如宾”和“从一而终”，赋予了婚姻伦理意涵和传宗接代的使命，婚姻的稳定性较强，夫妻之间即使产生了矛盾也不会轻易选择离婚。随着农村青年一代自由婚恋的全面崛起，婚姻虽然不再受到传统宗法礼制束缚，但婚姻的目的和意义被物质捆绑，导致了婚姻形式自由和内涵自由错位，青年一代更加注重物质性消费和个体情感体验，物质要素全面渗透到婚姻维系领域，使婚姻价值快速变迁。因此，在婚姻的“工具化”不断增强、“祛魅化”日益凸显以及“个体化”形成的背景下加速了农村离婚率上升，在新的婚姻价值体系尚未建立起来时，我国农村离婚率仍将持续上升，成为乡村社会之殇。

余论　巨变时代的个体、家庭、社会与婚姻

农村离婚问题与时代背景紧密相关，学界既有的对农村离婚问题的研究可以归纳为几个视角。一是国家、现代性与地方社会结构视角。立足于这一视角进行研究的学者大多具有社会学、人口学、民族学、人类学等学科背景，在解释路径上要么从“社会结构—个体行动”维度进行阐释，要么从“传统—现代”二维框架角度进行分析和解释。二是个体理性化视角。立足于这一视角进行研究的学者，将农村离婚问题放到经济学中去研究，尤其是市场化冲击背景下农村离婚问题成为关注的热点，其理论基础源于理性经济人的假设，在解释路径上侧重于理性化行为对婚姻稳定性造成的影响。三是权利与义务视角。立足于这一视角进行研究的学者，通常是以婚姻自由为切入口，从法学的角度对婚姻当事人的婚姻权利与义务进行分析和解释。此外，也有学者从政策制度视角对农村离婚问题进行研究。事实上，农村离婚问题融合诸多复杂的社会元素，形成了婚姻稳定性与诸多社会元素相互嵌入的结构与体系，这客观上需要以多维视角对其进行研究。一方面，在巨变时代，人口高度流动、社会加速转型与农村经济快速发展遮蔽了农村离婚造成的诸多社会影响；另一方面，夫妻离婚

作为习以为常的社会事件，是在国家法律和政策允许下终止婚姻的行为，客观上削弱了离婚对家庭稳定和社会发展衍生出来的潜在风险。诚然，研究农村离婚问题，不仅需要承接学界既有的研究传统，回应经典命题，还要开展拓展性讨论，这客观上需要将农村离婚问题放到巨变时代的城乡关系中去考察，通过研究可以较为清晰地看到在农村社会转型过程中个体权利崛起与婚姻的意义、家庭功能转型与婚姻的作用以及社会流动与当下农村的婚姻形态。

一、个体权利崛起与婚姻意义

通过对农村离婚的研究可以发现，个体婚姻权利的崛起推动了婚姻价值变迁和离婚自由的形成。从宏观层面上看，人口流动推动了全国婚姻市场的形成，在全国婚姻市场的竞争中，择偶上的优胜劣汰机制导致人们的婚姻观、家庭观以及婚姻价值行为取向发生了改变。一是个体婚姻权利崛起使传统社会中“父母之命、媒妁之言”的婚姻缔结方式瓦解与自由婚恋形成。在自由婚恋模式中，受婚姻主导权下移的影响，婚姻缔结与瓦解的主导权掌握在当事人手中，婚姻的传统规范和社会结构性力量削弱，夫妻在婚姻维系中一旦产生矛盾，离婚风险就会加大，最为典型的表现是农村“闪婚闪离”现象不断增多。二是人口流动与个体婚姻权利崛起助推了跨省、跨地域婚姻缔结模式形成。通过研究可以看到，在跨省、跨地域婚姻维系中，受生活习俗、文化差异、社会规范等因素的影响，离婚风险较大。传统的农村社会是一个相对封闭性和均质化的社会，婚姻圈被囿于狭小的范围，婚姻观念、婚姻习俗和婚姻行为规范受舆论制约，夫家与娘家的互助合作和社会交往较为频繁，婚姻的公共性强。在择偶上，俗话所说的“门当户对”不仅指家族人丁兴旺、家庭或家族声誉好，还包括婚姻当事人勤劳、诚实、节俭等，相对于均质化的农村社会来说，在经济分化并不明显的背景下，“门当户对”的经济意义小于社会意义。在婚姻维系上，俗话所说的“嫁鸡随鸡，嫁狗随狗”，指的是男女两性一旦结为夫妻，就要恪守婚姻伦理，尽职尽责，履行“有福同享、有难同当”的婚姻规范。显然，通过对比研究，我们可以观察到，个体婚姻权利崛起与物质要素全面向婚姻维系领域渗透之间存在较为紧密的联系，尤其是个体追求幸福生活和情感体验与物质要素支撑起婚姻的稳定性呈高度显著，导致了婚姻的意义被物化，婚姻的神圣性和庄严感式微，推动了农村离婚潮形成。

国家政策嵌入对农村婚姻的影响较大。通过研究可以发现，《婚姻法》的修改与完善和婚姻制度变迁释放了个体的婚姻权利，尤其是在农村社会结构性力量弱化的背景下，《婚姻法》及相关司法解释的出台从法律上使个体的婚姻权利从紧向宽转变，相关的结婚和离婚登记制度也日益简化，助推了个体婚姻自由权利的崛起。从历史维度考察来看，中华人民共和国成立以来国家颁布的《婚姻法》以及通过集体化对农村社会的改造，使农村地区从法律上正式确立一夫一妻制，彻底改变了婚姻关系中女性的地位，使旧社会三妻四妾的现象不复存在，有效遏制了农村婚外情、近亲结婚、童养媳等现象。改革开放以来，受国家体制转型的影响，农村传统的婚姻价值体系发生了变迁。在婚姻维系过程中传统的婚姻伦理和家庭、家族及宗族等社会结构性力量退出，婚姻中的个体享乐主义盛行，物质要素和情感要素成为维系婚姻稳定的重要纽带，使婚姻意义与农村传统的社会规范和婚姻伦理脱嵌，婚姻的不稳定性日益凸显。

社会转型与婚姻意义嬗变具有显著性相关。通过研究可以看到，社会转型对农村婚姻的影响是全方位、深层次和深远的。在我国工业化、城镇化和现代化进程中，人口城乡双向流动形成，农村家计模式从传统的“男主外、女主内”的夫妻协作模式向“半工半耕”模式转变，加剧了农村家庭离散化，使得城市农民工“临时夫妻”的社会现象不断浮现，农村“空心化”背景下留守妇女的婚姻生活和情感依靠逐步成为社会问题。同时，受国家行政体制改革和司法建设进程加快的影响，原本嵌入到农村社会中有效的婚姻调解机制（乡—村两级）逐步瓦解，在《婚姻法》不断强化个体权利和婚姻自由的背景下，农村离婚行为逐步转变为“个体化”行为，客观上弱化了婚姻的公共性，助推了婚姻意义蜕变，加剧了农村离婚风险。

二、家庭功能转型与婚姻作用

在我国现代化进程中，国家政策嵌入和市场经济渗透对农村婚姻家庭的影响是深远的。通过对农村离婚问题的研究，我们可以看到，在家庭功能转型的背景下农村家庭关系的变化。从家庭结构上看，农村家庭功能的名与实分离较为明显。一方面，虽然农村家庭核心化表现明显，但依靠代际支持维系母家庭与子家庭协同发展较为普遍，尤其是在打工潮背景下“父—子”家庭功能分工协作成为农村发展稳定的基石；另一方面，在夫妻城乡分工背景下，农村家庭离散化使家庭功能转型，家庭经济依赖丈夫，而家庭社会交往依靠妻子，由此衍生出农村家庭经济的非农性收入增加较为明显，姻亲关系交往较为密切。同时，受家庭结构和家庭关系变化的影响，农村独子家庭增多。受非农就业的影响，子代在家庭权力关系变迁中逐步取得主导地位，家庭权力重心下移，夫妻关系逐渐成为家庭的主轴，农村纵向的代际关系逐渐依附于横向的夫妻关系，代际关系失衡成为一种普遍的社会现象。因此，在农村性别资源紧张的背景下，女性在婚姻中逐步取得了主导地位。当前农村离婚潮中的很多妇女并不是被动选择离婚，恰恰相反，她们是主动选择离婚。

婚姻是组建家庭的基础，家庭是社会的细胞，婚姻破裂必然会造成家庭功能残缺，引发农村社会的不稳定。农村家庭功能转型需要稳定的婚姻作为基石，更需要夫妻在家庭发展中形成合力。通过对农村离婚的研究可以看到，离婚使家庭破裂，不仅会造成婚姻当事人心灵上的伤害，还会导致抚养残缺、教育缺位、赡养弱化、婚姻失序和社会失和等问题，婚姻维系的社会关联度远远超出了个体情感和个体生活，关涉家庭成员幸福、家庭经济发展和社会稳定。离婚还会衍生出一系列不稳定的社会风险，比如婚姻伦理风险、婚姻行为风险、家庭发展风险和社会稳定风险等。因此，没有可以预期的幸福婚姻，没有安全稳定、和谐的家庭，社会秩序就会失去家庭这个基础力量的重要支撑。

婚姻在农村家庭功能转型中扮演了核心作用。通过对农村离婚研究可以看到，个体权利与义务观的改变给农村家庭关系带来了一系影响。在城镇化进程中，农村家庭普遍实行代际分工，事实上是父代不断向子代输送资源，这些资源包括在物质上对子代进行无偿援助、在劳动力上对子代进行力所能及的帮助，从而使子代在农村社会竞争中占据有利位置。由于父代的资源输送和市场化渗透，农村日常生活货币化和消费主义盛行，加剧了农村婚姻物质化，在家庭适应主义和婚姻享乐主义影响下农村婚姻去传统化和去伦理性日益凸显，而离婚潮又不断强化个体生活体验和离婚自由，从而形成了恶性循环。显然，农村离婚与家庭结构变动、家庭功能转型是密不可分的。当前，从农村代际关系维度考察看，父代对子代“生—养—教”与子代对父代“赡—送—祭”的责任伦理一直在延续，这种延续在经历了市场化和现代性因素洗礼之后是否断裂、能否坚持下去，是有待观察和研究的问题。

三、社会流动与农村婚姻形态

打工潮形成以来，农村大量的年轻劳动力在城乡之间不断流动，客观上为他们重塑个人情感与亲密关系的现代观念提供了机会和空间。然而，在高速流动的社会中所形成的社会互助、社会交往、情感满足等，是不同于传统农村同质化很高的熟人社会的，个体情感、亲密关系和婚姻家庭形态需根据个人的迁移和流动进行重构，由此导致婚姻的不稳定性加剧。通过对农村离婚问题的研究，我们可以看到，在流动的农村社会中，婚姻正遭遇多重因素的影响，除了社会结构弱化和非农就业带来的冲击之外，还受性别资源梯度转移、个体婚姻权利崛起、情感满足和物质消费等因素的影响。事实上，在国家大力推行义务教育政策和中职教育政策的情况下，农村妇女的文化技能普遍提高，适应城镇生活的能力提升，尤其是在打工潮背景下农村妇女非农就业技能提高，对丈夫或夫家的依赖性降低。因此，在婚姻维系中，她们一旦遭遇不顺或幸福感降低，那么“抛夫弃子”就成为“解脱”。从农村调查的实际情况来看，当前，在我国农村社会中普遍存在着青年妇女“抛夫弃子”的外逃现象，即在打工潮背景下，农村青年男女结婚生子后，女方出于各种原因抛夫弃子外逃，不与丈夫及夫家人联系，也不承担养育子女义务，独自在外生活（大多数女性与异性非法同居甚至生育子女），导致婚姻名存实亡。虽然夫妻未办理离婚手续，但妻子外逃后不履行婚姻责任和义务，他们的婚姻形态可以称为“隐性离婚”。

农村人口向城镇迁移与流动，使传统的村落共同体日益瓦解，乡土社会中的熟人社会主体流失，农村空心化日益严峻。然而，在流动型社会关系网络中，亲缘关系淡化、地缘关系弱化以及熟人社会关系网络日益土崩瓦解，农村原有的社会规范约束力降低，青年人婚恋行为中的偶发性风险增加。可以观察到的是，在城乡一体化背景下，农村青年纷纷进城从事非农产业，他们从熟人社会到半熟人社会或陌生人社会流动。一方面，农村进城打工的青年远离了家乡，农村社会关系网络中的亲友、家族、村庄不再是他们的主要情感依托，他们逐步远离了农村传统习俗、生活场域、社会交往、情感满足等。另一方面，农村进城打工的青年在生活方式转换、就业稳定以及社会交往等方面的节奏加快，跨省婚恋、网络婚恋、未婚同居、恋爱怀孕、生育年龄提前等行为不断叠加，导致农村“闪婚闪离”现象不断增多，并使其逐步成为农村社会中的一种婚姻常态。

在国家计划生育政策实施的背景下，农村的独子家庭、两女家庭较为普遍，这对农村婚姻模式产生了相应的影响。从农村调查来看，当前，在我国很多农村地区出现了“两头婚”或“两头走”的婚姻形态。在国家政策的嵌入与改造下，农村“两头婚”不仅打破了“从夫居”的婚姻行为，还对农村家庭更替产生深远影响。可以确定的是，农村“两头婚”的出现对婚姻的目的和意义造成了冲击。一是传宗接代观念逐步弱化，婚姻所延展的意涵从纵向家庭的“父—子”关系向横向的“夫—妻”关系转移，这种转移凸显了婚姻逻辑的转变：婚姻中所延伸和体现个体的本体性价值层面上的意义弱化与社会性价值层面上的意义增强，人们更加注重追求眼前的物质消费和情感体验，去传统化的婚姻伦理日益形成。二是农村“两头婚”从现实层面解决了赡养老人的问题，它是农村夫家和娘家的家庭内部进行血亲与姻亲关系调适和有效整合的路径。“两头婚”的婚姻意义重构、婚姻伦理变化、家庭功能整合以及衍生出来的社会关系重塑与社会风险等有待于进一步观察和研究。

参考文献

一、中文参考文献

1. 费孝通:《家庭结构变动中的老年赡养问题——再论中国家庭结构的变动》,《北京大学学报(哲学社会科学版)》1983 年第 3 期。

2. [苏] E·库兹明、[苏] H·谢苗诺夫:《社会心理学》,卢盛忠译,杭州大学出版社 1984 年版。

3. [英] 马林诺夫斯基:《文化论》,费孝通等译,中国民间文艺出版社 1987 年版。

4. [美] 彼德·布劳:《社会生活中的交换与权力》,张非等译,华夏出版社 1988 年版。

5. [美] 帕森斯:《现代社会的结构与过程》,梁向阳译,光明日报出版社 1988 年版。

6. 雷洁琼:《中华人民共和国建立以来婚姻家庭制度的变革》,《北京大学学报(哲学社会科学版)》1988 年第 3 期。

7. [美] 塞缪尔·亨廷顿:《变动社会的政治秩序》,张岱云等译,上海译文出版社 1989 年版。

8. 巫昌祯等：《当代中国婚姻家庭问题》，人民出版社 1990 年版。

9. 杨大文主编：《婚姻法学》，北京大学出版 1991 年版。

10. 李凌江：《离婚对当事人及子女心身健康的影响与心理干预》，《中国心理卫生杂志》1991 年第 5 期。

11. 曾毅主编：《中国八十年代离婚研究》，北京大学出版社 1995 年版。

12. 曾毅、吴德清：《八十年代以来我国离婚水平与年龄分布的变动趋势》，《中国社会科学》1995 年第 6 期。

13. 张雪绮：《浅析父母离婚对青少年犯罪的影响》，《青少年犯罪问题》1996 年第 1 期。

14. 李培林：《农民工流动的社会网络和社会地位》，《社会学研究》1996 年第 4 期。

15. 许烺光：《祖荫下——中国乡村的亲属、人格与社会流动》，王芃、徐隆德译，南天书局 1997 年版。

16. 陈敏华：《婚姻价值：功利与情感的碰撞》，《社会》1997 年第 1 期。

17. 费孝通：《乡土中国　生育制度》，北京大学出版社 1998 年版。

18.《费孝通选集》，天津人民出版社 1998 年版。

19. 叶文振、林擎国：《当代中国离婚态势和原因分析》，《人口与经济》1998 年 3 期。

20. 刘海城等：《全国及分区域不同婚姻状况人口死亡特征研

究》,《中国人口科学》1998 年第 4 期。

21. 辜胜阻、成德宁:《农村城镇化的战略意义与战略选择》,《中国人口科学》1999 年第 3 期。

22. 张洪芹:《中国离婚状态人口的两性差异特点、成因及影响》,《人口学刊》1999 年第 4 期。

23. 叶文振、徐安琪:《中国婚姻的稳定性及其影响因素》,《中国人口科学》1999 年第 6 期。

24. [英] 安东尼 · 吉登斯等:《现代性——吉登斯访谈》,尹宏毅译,新华出版社 2000 年版。

25. [英] 安东尼 · 吉登斯:《第三条道路——社会主义的复兴》,郑戈译,北京大学出版社 2000 年版。

26. 吴鲁平:《农村青年择偶观从传统向现代的位移》,《中国青年研究》2000 年第 3 期。

27. 王跃生:《清代中期婚姻行为分析——立足于 1781—1791 年的考察》,《历史研究》2000 年第 6 期。

28. 尚会鹏、何祥武:《乡村社会离婚现象分析——以西村为例》,《青年研究》2000 年第 12 期。

29. [德] 乌尔里希 · 贝克:《自由与资本主义》,路国林译,浙江人民出版社 2001 年版。

30. 郭于华:《代际关系中的公平逻辑及其变迁——对河北农村养老模式的分析》,《中国学术》2001 年第 4 期。

31. 徐安琪、叶文振:《父母离婚对子女的影响及其制约因素——来自上海的调查》,《中国社会科学》2001 年第 6 期。

32. 徐安琪、叶文振：《中国婚姻研究报告》，中国社会科学出版社 2002 年版。

33. 贺雪峰、仝志辉：《论村庄社会关联——兼论村庄秩序的社会基础》，《中国社会科学》2002 年第 3 期。

34. 徐安琪、叶文振：《婚姻质量：婚姻稳定的主要预测指标》，《学术季刊》2002 年第 4 期。

35. 孙立平：《断裂：20 世纪 90 年代以来的中国社会》，社会科学文献出版社 2003 年版。

36. 瞿同祖：《中国法律与中国社会》，中华书局 2003 年版。

37. [日] 滋贺秀三：《中国家族法原理》，张建国、李力译，法律出版社 2003 年版。

38. 张国庆：《现阶段中国农村血缘与姻缘博弈现象探析》，《许昌学院学报》2003 年第 4 期。

39. [德] 韦伯：《学术与政治：韦伯作品集 I》，钱永祥等译，广西师范大学出版社 2004 年版。

40. 韩晓燕、魏雁滨：《父母离婚影响孩子的四大理论视角——西方文献分析》，《浙江学刊》2004 年第 1 期。

41. 韩晓燕、魏雁滨：《离婚家庭青少年研究——一个独特个案的反思》，《青年研究》2004 年第 7 期。

42. 梁漱溟：《中国文化要义》，上海人民出版社 2005 年版。

43. 马忆南：《离婚救济制度的评价与选择》，《中外法学》2005 年第 2 期。

44. 卢向虎、张正河：《我国城乡差距形成和扩大的原因到底是什么？》，《调查世界》2005 年第 3 期。

45. 杨善华编著：《家庭社会学》，高等教育出版社 2006 年版。

46. 王歌雅：《中国婚姻伦理嬗变研究》，黑龙江大学博士学位论文 2006 年。

47. 易松国：《离婚的后果：离婚女性的定量分析及思考——以深圳市为例》，《江西社会科学》2006 年第 5 期。

48. 潘九根等：《我国城乡二元结构的形成路径分析》，《求实》2006 年第 12 期。

49. 李迎生：《现代社会中的离婚问题：成因与影响》，《人口研究》2007 年第 1 期。

50. 王跃生：《中国农村家庭的核心化分析》，《中国人口科学》2007 年第 5 期。

51. 吴飞：《论"过日子"》，《社会学研究》2007 年第 6 期。

52. 李奋生、梁舒禹：《城乡二元结构对农民工的影响及对策探析》，《特区经济》2007 年第 11 期。

53.《大学·中庸》，王文锦译注，中华书局 2008 年版。

54. 贺雪峰：《农民价值观的类型及相互关系——对当前中国农村严重伦理危机的讨论》，《开放时代》2008 年第 3 期。

55. 梁炜昊：《论家庭教育的责任缺位与理性回归》，《新疆师范大学学报（哲学社会科学版）》2008 年第 4 期。

56. 艾尼瓦尔·聂吉木：《新疆维吾尔族人口离婚问题研究》，中央民族大学出版社 2009 年版。

57. 闫玉：《当代中国婚姻伦理的演变与合理导向研究》，吉林文史出版社 2009 年版。

58. 阎云翔：《私人生活变革：一个中国村庄里的爱情、家庭与亲密关系 1949—1999》，龚小夏译，上海书店出版社 2009 年版。

59. 陈雯：《离婚：一项社会学视角的思考》，《内蒙古社会科学（汉文版）》2009 年第 4 期。

60. 荣娥：《乡村社会中的婚姻礼仪变迁》，《湛江师范学院学报》2009 年第 4 期。

61. 唐灿等：《女儿赡养的伦理与公平——浙东农村家庭代际关系的性别考察》，《社会学研究》2009 年第 6 期。

62. 贺雪峰：《乡村社会关键词》，山东人民出版社 2010 年版。

63. 桂华、余练：《婚姻市场要价：理解农村婚姻交换现象的一个框架》，《青年研究》2010 年第 3 期。

64. 陈锋：《依附性支配：农村妇女家庭地位变迁的一种解释框架——基于辽东地区幸福村的实地调查》，《西北人口》2011 年第 1 期。

65. 吴飞：《当代中国婚姻的价值缺位》，《文化纵横》2011 年第 1 期。

66. 黄盈盈、潘绥铭：《21 世纪我国女性的多伴侣性行为变迁之分析》，《中国青年研究》2011 年第 3 期。

67. 王会、杨华：《规则的自我界定：对农村妇女主体性建构的再认识》，《华中科技大学学报（社会科学版）》2011 年第 4 期。

68. 刘中一：《乡村社会变迁场景中的婚嫁习俗》，《中国农村观察》2011 年第 5 期。

69. 张爱华:《贝克的个体化理论以及对研究中国社会的启示》,《理论界》2011 年第 10 期。

70.《马克思恩格斯选集》第四卷，人民出版社 2012 年版。

71. 孙鑫:《社会转型期东北地区高离婚率的成因及影响研究》，黑龙江省社会科学院硕士学位论文 2012 年。

72. 任剑涛:《祛魅、复魅与社会秩序的重建》,《江苏社会科学》2012 年第 2 期。

73. 陈讯:《候权与赠权：妇女在家庭中的地位是如何实现的——基于鄂中 T 镇婆媳关系演变历程的分析》,《妇女研究论丛》2012 年第 3 期。

74. 王会、欧阳静:《“闪婚闪离”：打工经济背景下的农村婚姻变革——基于多省农村调查的讨论》,《中国青年研究》2012 年第 3 期。

75. 王会、欧阳静:《农村青年“闪婚闪离”现象及其原因探析》,《中国农村观察》2012 年第 3 期。

76. [德] 黑格尔:《法哲学原理》，范扬、张企泰译，商务印书馆 2013 年版。

77. 许慎:《说文解字》，徐铉校，中华书局 2013 年版。

78. 石艳:《费孝通家庭社会学思想研究》，上海大学博士学位论文 2013 年。

79. 陈讯:《越轨抑或常态：理解农村婚外性行为的一个视角——基于鄂东北 y 村的调查与分析》,《西北人口》2013 年第 1 期。

80. 杨卿：《法律·仪式·秩序》，《社会中的法理》2013年第1辑。

81. 潘允康：《论婚姻的社会性》，《社会学评论》2013年第2期。

82. 杨华：《建构农村阶层关系研究概念体系》，《华中农业大学学报（社会科学版）》，2013年第3期。

83. 陈友华：《减少婚姻焦虑，须从完善公共政策做起》，《探索与争鸣》2013年第5期。

84. 桂华：《解析中国农民自杀》，《天涯》2013年第5期。

85. 李树茁：《性别失衡、男性婚姻挤压与婚姻策略》，《探索与争鸣》2013年第5期。

86. 李友梅：《转型期中国式婚姻焦虑》，《探索与争鸣》2013年第5期。

87. 刘玉光等：《金融发展与中国城乡收入差距形成——基于分省面板数据的实证检验》，《南开经济研究》2013年第5期。

88. 沈关宝：《婚姻家庭制度性变迁下的焦虑》，《探索与争鸣》2013年第5期。

89. 吴小英：《婚姻的“祛魅”与家庭观的位移》，《探索与争鸣》2013年第5期。

90. 陈讯：《婚姻价值的变革》，中国社会出版社2014年版。

91. 桂华：《礼与生命价值——家庭生活中的道德、宗教与法律》，商务印书馆2014年版。

92. 杨菊华、何炤华：《社会转型过程中家庭的变迁与延续》，

《人口研究》2014 年第 2 期。

93. 陈讯:《抛夫弃子：理解农村年轻妇女追求美好生活的一个视角——基于黔南 S 乡的调查与分析》,《贵州社会科学》2014 年第 9 期。

94. 田国秀:《父母离婚对孩子的影响——20 世纪 50 年代以来美国学界研究的五个阶段》,《北京社会科学》2014 年第 9 期。

95. 吴飞:《五服图与古代中国的亲属制度》,《中国社会科学》2014 年第 12 期。

96. 石雷:《英国现代离婚制度研究》，群众出版社 2015 年版。

97. 宋丽娜:《“重返光棍”与农村婚姻市场的再变革》,《中国青年研究》2015 年第 11 期。

98. 彭希哲、胡湛:《当代中国家庭变迁与家庭政策重构》,《中国社会科学》2015 年第 12 期。

99. 徐依婷:《个体化视角下的农村离婚现象与婚姻价值观的变迁——以四川省 S 市为例》，华中师范大学硕士学位论文 2016 年。

100. 李永萍、杜鹏:《婚变：农村妇女婚姻主导权与家庭转型——关中 J 村离婚调查》,《中国青年研究》2016 年第 5 期。

101. 陈琳等:《打工潮背景下农村“80 后”返乡妇女家庭地位崛起研究——基于黔东北 D 村的田野调查》,《中国青年研究》2016 年第 12 期。

102. 张雪霖:《阶层分化、社会流动和农村离婚新秩序——以鲁西北 C 村离婚经验为例》,《中国青年研究》2016 年第 12 期。

103. 胡文秀：《舆论视野中的村庄变迁》，华中师范大学硕士学位论文2017年。

104. 张思齐：《离婚对家庭成员影响的差异性探讨——基于当代西方社会学者研究的视角》，《国外社会科学》2017年2期。

105. 王德福：《弹性城市化与接力式进城——理解中国特色城市化模式及其社会机制的一个视角》，《社会科学》2017年第3期。

106. 夏柱智、贺雪峰：《"半工半耕"与中国渐进城市化模式》，《中国社会科学》2017年第12期。

107. 陈讯：《婚姻要价、代际支持与农村青年城镇化——基于晋西北W村的调查》，《中国青年研究》2018年第2期。

108. 李培林：《"转型与发展：中国社会建设四十年笔谈"——中国改革开放40年农民工流动的治理经验》，《社会》2018年第6期。

109. 李强：《"转型与发展：中国社会建设四十年笔谈"——改革开放40年中国社会分层结构之变迁》，《社会》2018年第6期。

110. 李卫东：《人口流动背景下农民工婚姻稳定性的影响因素分析》，《人口与发展》2018年第6期。

111. 王思斌：《"转型与发展：中国社会建设四十年笔谈"——改革开放以来我国社会政策的发展及其社会建设意涵》，《社会》2018年第6期。

112. 周晓红：《"转型与发展：中国社会建设四十年笔谈"——培育与大变迁时代相适应的社会心态》，《社会》2018年第6期。

113. 王庆明、王朝阳：《人情冷暖与亲属实践：中国乡村婚姻困境的一种解释》,《开放时代》2019 年第 3 期。

114. 许宪春等:《中国平衡发展状况及对策研究——基于“清华大学中国平衡发展指数”的综合分析》,《管理世界》2019 年第 5 期。

二、外文参考文献

1. Angie Manzano, & Karla Mantilla, “Why Divorce is Bad for Kids”, *Off Our Backs*, Vol.30, No.10，2000.

2. Norval.D. Glenn & Beth. Ann. Shelton, “Regional Difference in Divorce in the United Sates” , *Journal of Marriage and the Family*, Vol.47, No.3, 1985.

3. Kieeolf–Glaser, JK.et al, “Marital Discard and Immunity in Males” , *Psychosomatic Medicine*, Vol.3, No.5, 1988.

4. Conger, R.D, Elder, G.H. Jr, Lorenz, F.O, “Linking Economic Hardship to Marital Quality and Instability” , *The Journal of Marriage and Family*, Vol.8, No.3, 1990.

5. Bumpass, L.L., T.C.Martin & J.A.Sweet, “The Impact of Family Background and Early Marital Factors on Marital Disruption” , *Journal of Family Issues*, Vol.12, No.1, 1991.

6. Judith S. Wallerstein, “The Long–Term Effects of Divorce on Children: A Review” , *Journal of the American Academy of Child & Adolescent Psychiatry*, Vol.30, No.3, 1991.

7. L.S.Matthews, &K.A.S.Wickrama, "Predicting Marital Instability from Spouse and Ob-server Reports of Marital Interaction", *Journal of Marriage and the Family*, Vol.3, No.58, 1996.

8. Paul R. Amato, "Explaining the Intergenerational Transmission of Divorce", *Journal of Marriage and Family*, Vol.58, No.3, 1996.

9. Vinokur, A.D., R.H.Price & R.D.Caplan, "Hard Times and Hurtful Partners: How Financial Strain Affects Depression and Relationship Satisfaction of Unemployed Persons and Their Spouses", *Journal of Personality and Social Psychology*, Vol.71, No.1, 1996.

10. Paul R . Amato, "The Consequences of Divorce for Adults and Children", *Journal of Marriage and the Family*, Vol.62, No.4, 2000.

11. Beck, Ulrich and Elisabeth Beck-Gernsheim, *Individualization: Institutionalized Individualism and its Social and Political Consequences*, London and Thousand Oaks, CA: Sage Publications.2001.

12. Joan B. Kelly, "Changing Perspectives on Children's Adjustment Following Divorce: A View from the United States", *Childhood*, Vol.10, No.2, 2003.

后　记

本书是在我主持的国家社会基金项目结项成果基础上大修改而成（比如，删除文献综述、理论视角、对策建议和重写结论、余论等，以及对书中的相关章节进行重新论证），就研究内容而言，虽然呈现在大家眼前的还很青涩，抑或有些观点判断不对或解释不力，但这本书融入了我近十年来对农村离婚问题的调查和思考，也是我从事农村离婚问题研究以来的一次总结。不足之处，诚请学界前辈和同人批评指正。

20 世纪 80 年代初期以来，国内学界兴起了婚姻家庭领域的研究热潮，研究涉及面较广、涵盖学科较多，成果产出颇丰，农村离婚问题的相关研究推进较快。然而，20 世纪 90 年代末期至 21 世纪初期，“三农”问题成为国家政策调整和支持的重点，国内学界农村问题研究开始转向，农村离婚问题以及婚姻家庭领域的研究进入一个相对较长的低潮期，造成了农村婚姻家庭变化与学界的研究热度不匹配的现象。

我关注农村婚姻家庭的变化较晚，现在回想起来可能是在几次偶然的农村调查中“误入”了这个领域。2010 年那个非常寒冷的冬天，在导师贺雪峰教授的安排下，我和刘燕舞师兄背上行囊到鄂中T镇做田野调查。我此行的目的是做经验训练，农村的所有问题都关注，但刘燕舞师兄已完成了经验训练，开始做博士论文调查，调查的重点是农民自杀问题。在近二十天的调查中，我们白天进行了大量访谈，晚上进行长时间讨论，他对农村家庭变化的诸多判断让我深受启发，我的研究兴趣和重心开始向家庭与村庄社会层面转移。2011年初春，我和桂华、王德福、陶自祥等人到重庆北部农村调查，在十多天的调查中，我们对农村婚姻家庭的变化讨论甚多，收获较大，我的研究重心开始向农村婚姻方面聚焦。2011年底，在初步确定博士论文选题方向之后，我和陶自祥到赣南农村做试调查（事实上贺老师给予我们充分的学术空间，让我们自由发挥，如果试调查效果不好是可以换博士论文选题的）。二十余天的调查与思考从经验层面上对我的冲击非常大，尤其是对农村妇女“抛夫弃子”行为或称为农村“隐性离婚”的问题使我有较为深刻的认识和理解。返汉后，我跟贺老师商量，确定了博士论文选题。在贺老师的耐心指导下，我与吕德文、杨华、桂华、王德福、陈锋、林辉煌、耿羽、陶自祥、黄鹏进、王会、陈辉、王永涛等同人几经讨论，开启了博士论文的调查与写作。就这样，我与农村离婚研究结缘了。

完成学业返黔工作，我在申请国家社会科学基金时有幸获得立项，有了国家社科基金资助，可以继续从事农村离婚及相关的婚姻家庭研究。然而在工作中，根据单位工作性质和承担科研任务的实际需要，我对大数据与政府治理、社会治理等领域产生了兴趣，尤其是2015—2017年精力分散较多，但总的来说，我的研究重心仍在农村婚姻家庭上。我所在的研究团队被学界称为“华中乡土派”，“乡土”二字不仅是我从事学术研究的“根”，还是我学术生命中的“魂”，因此在未来一段时期内我会将“勿忘初心”与“顶天立地”相结合，继续从事农村婚姻家庭研究。

借这本书的出版，我要感谢我的导师贺雪峰教授。贺老师一直关心我的学术进步，始终耐心指导和鼓励我一步一个脚印地从事学术研究，为我提供了无限的学术资源和充分自由的成长空间。他对学术研究的执着追求和对学生的无限关爱深深地感染着我。感谢武汉大学中国乡村治理研究中心这个学术团队（因名单长不一一列举），我的学术研究中最幸福、最快乐的时光是与团队成员一起到农村驻村调查，呼啸着深入到祖国的大好河山，经历了春夏秋冬的白天与长夜，穿梭于不同区域的农村，那些热烈讨论和深夜冥思苦想的场景历历在目，并将永远印刻在我的记忆中。

感谢贵州省社会科学院吴大华书记、张学立院长、唐显良副院长、郑云跃副院长、李胜副院长、黄勇副院长等院领导，以及许峰处长和相关领导、同事等对我的关心，本书的出版离不开你们的帮助，深表感谢！

感谢贵州大学公共管理学院庄勇老师一直以来对我的关心和帮助。同时，感谢参与我主持的国家社科基金项目的各位成员，尤其是帮助我做问卷调查和统计分析的友人和学生，感谢你们的辛勤付出！

感谢东方出版社李志刚老师为本书出版所付出的辛勤工作！

陈　讯

2021 年 1 月 18 于贵阳

图书在版编目（CIP）数据

离婚：巨变时代乡村社会之殇 / 陈讯著．—北京：东方出版社，2022.2
ISBN 978-7-5207-2520-0

Ⅰ.①离… Ⅱ.①陈… Ⅲ.婚姻问题－研究－中国 Ⅳ.① D669.1

中国版本图书馆 CIP 数据核字（2021）第 243037 号

离婚：巨变时代乡村社会之殇
（LIHUN：JUBIAN SHIDAI XIANGCUN SHEHUI ZHI SHANG）

作　　者：陈　讯
策　　划：李志刚
责任编辑：黄彩霞　李志刚
出　　版：東方出版社
发　　行：人民东方出版传媒有限公司
地　　址：北京市西城区北三环中路 6 号
邮政编码：100120
印　　刷：北京联兴盛业印刷股份有限公司
版　　次：2022 年 2 月第 1 版
印　　次：2022 年 2 月北京第 1 次印刷
开　　本：640 毫米 ×950 毫米　1/16
印　　张：22.5
字　　数：252 千字
书　　号：ISBN 978-7-5207-2520-0
定　　价：62.80 元
发行电话：（010）85924663　85924644　85924641

版权所有，违者必究
如有印装质量问题，请拨打电话：（010）85924725